中山大学法律评论

Sun Yat-sen University Law Review

第 15 卷 · 第 2 辑　Vol. 15, No. 2 (2017)

邮　箱：sysulawreview@126. com；lawrev@ mail. sysu. edu. cn

网　址：http://law. sysu. edu. cn/research/research8/1

地　址：中国广州市新港西路 135 号　邮　编：510275

微　信：SUSYLawReview

微　博：新浪"中山大学法律评论"　　博　客：http://sysulr. fyfz. cn

主　办　中山大学法学院

襄　助　中山大学法学院方圆学术基金

组　编　中山大学法学理论与法律实践研究中心
　　　　中山大学司法体制改革研究中心
　　　　中山大学法学实验教学中心

SUN YAT-SEN UNIVERSITY
LAW REVIEW

中山大学法律评论

中山大学法学院主办

第15卷 丨 第2辑（2017年） Vol.15, No.2 (2017)

主 编 谢进杰
Editor – in – Chief　　Jinjie Xie

中国民主法制出版社
2018年·北京

图书在版编目(CIP)数据

中山大学法律评论.第15卷.第2辑/谢进杰主编.
—北京:中国民主法制出版社,2018.2
ISBN 978-7-5162-1070-3

Ⅰ.①中… Ⅱ.①谢… Ⅲ.①法学—文集 Ⅳ.
①D90-53

中国版本图书馆 CIP 数据核字(2018)第 026467 号

图书出品人:刘海涛
出 版 统 筹:乔先彪
责 任 编 辑:程王刚

书名/ 中山大学法律评论(第15卷第2辑)
作者/ 谢进杰 主编

出版·发行/ 中国民主法制出版社
地址/ 北京市丰台区玉林里7号(100069)
电话/(010) 63292534 63057714(发行部) 63055259(总编室)
传真/(010) 63056975 63292520
http://www.npcpub.com
E-mail:flxs2011@163.com
经销/ 新华书店
开本/ 16 开 710 毫米×1000 毫米
印张/ 13.75 **字数/** 210 千字
版本/ 2018 年 6 月第 1 版 2018 年 6 月第 1 次印刷
印刷/ 北京建宏印刷有限公司

书号/ ISBN 978-7-5162-1070-3
定价/ 45.00 元

目 录

Table of Contents

Symposium

Institutional Choice between Tort and Crime

iv

主题研讨 | 侵权与犯罪之间的制度选择

Symposium | Institutional Choice between Tort and Crime

行为与罪过：两个世界的光和影

李瑞杰*

【提　要】　既往的刑法学理与审判实践，在运用规范逻辑考察行为成立与否与行为个数认定的同时，还保留着简单套用生活意义上相关概念与标准的残余，从而在生活世界与意义世界的光与影中迷失了方向。既然刑法学是规范之学，那么应当树立规范意识，区分事实与规范，遵循刑法体系的内在条理，以行为刑法理论与罪责刑法理论为基点，厘定行为的概念内涵、行为个数的判断标准，检讨概括故意的概念、犯罪参与的基本原理，反思想象竞合犯与牵连犯的刑罚处断、想象竞合与法条竞合的区分标准。

【关键词】　行为　法益　罪责　行为个数　数罪并罚

引言

刑法体系明显存在于两个维度，一个是外在体系，即对刑法规范和构成要件所进行的概念上的梳理、解释和阐明，另一个是内在体系，即贯通和支配整个刑法的精神理念、价值旨归、基本原则各自的以及它们之间的实质联系。彼此之间不相抵牾，应当是刑法体系的固有品格，对此，德国刑法学鼻祖费尔巴哈即认为，"任何混乱以及不协调都是对理性的侮辱，理性的最高使命是协调与统一"。[1]

立足于规范逻辑的刑法立场，观察行为成立与否与行为个数，是科学适用刑法、准确认定犯罪的应有之义。遗憾的是，既往的刑法学理与审判实

---

*　西南政法大学法学院研究生。感谢陈忠林先生对拙文中肯的修改意见。E-mail:1911751049 @ qq. com。

〔1〕　参见[德]埃里克·希尔根多夫《刑法的体系构成》，黄笑岩译，载梁根林、[德]埃里克·希尔根多夫主编《刑法体系与客观归责：中德刑法学者的对话》(二)，北京：北京大学出版社，2015年，第35页。

践,在推进刑法体系规范化的同时,还保留着简单套用生活意义上的行为概念与行为个数认定的标准的残余,并由此导致了犯罪论体系诸多问题的混乱不堪。

对此种现象,德国法学家卡尔·拉伦茨指出,"要选择何种要素以定义抽象概念,其主要取决于该学术形成概念时所拟追求的目的。因此,描述某类客体的法学概念,与其他学科乃至日常生活用语中的相应概念所指涉者,未必相同"[1]。英国学者塞尔登也表示,"律法的字面意义与精神意义之间存在着人人皆知的区别",这使人认识到,法律中的概念与生活中的概念不能简单置换。[2]

在这个意义上,深入分析行为的结构与个数标准,使之区别于生活意义上的相关概念范畴,对于准确认定犯罪,建构犯罪论体系,大有裨益。有鉴于此,本文秉此立场和命意,兼采描述、解释与建构的三种进路,聚焦于行为理论与罪责理论,审视当下刑法体系中较为突出的"异质因素",不时与各种观念见解对话交流,瞻前顾后、左顾右盼,以求实现理论与命意的审慎周密,并借此希望我们在耕耘学坛、沟通东西中,多一些反思性检讨的研究、多一些反躬自省的学者。

一、重新架构行为理论

(一)重视行为理论的原因

"于刑法理论史上,类似行为概念般,其内容之如此不明确、使命之如此暧昧、争论之如此尖锐,却迄未出现一令多数人共通接受见解之现象,恐前所未见。"[3]行为概念不仅是犯罪论,而且是整个刑法学体系的基石,有关犯罪与刑罚的一切问题都应从行为理论来解释。"无行为即无犯罪",现代刑法是行为刑法,其只以行为作为刑法的判断对象——而不是行为以外的其他因素。行为本身不会成为犯罪,必须经由一定的评价标准才能确定其为

---

〔1〕 [德]卡尔·拉伦茨:《法学方法论》,陈爱娥译,北京:商务印书馆,2005 年,第 318 页。

〔2〕 参见[英]拉曼·塞尔登《文学批评理论:从柏拉图到现在》,刘象愚、陈永国等译,北京:北京大学出版社,2000 年,第 306 页。

〔3〕 陈友锋:《刑法上行为概念与行为之探索》,新北:辅仁大学法律学研究所博士学位论文,2002 年,第 32 页。

犯罪。一方面,行为作为界定刑法判断犯罪的基础。既然犯罪论体系的核心是犯罪,判断犯罪的规范对象的是人的行为,行为必须该当于构成要件、违法且有责时,使能成立犯罪,由此足可看出行为在形成犯罪概念的基础中的作用。另一方面,确认刑法规范的对象与属性是行为与行为规范。"行为刑法原则是刑法作为适用对象的认定原则。任何法律规定,都有其明确的规范对象,刑法更是如此。"[1]

在德国学者麦兹格看来,行为理论在刑法体系上具有二重意义。"一为分类之意义,认为行为为刑法上一切现象之最高统一体,非行为,即非犯罪。故行为成为刑法上一切现象之最外围,举凡自然现象、社会现象、人之单纯反射运动或意思、思想,自始即置于犯罪概念之外。一为界限之意义,认为行为为一切犯罪要素之形容词或附加语所修饰之名词。故行为乃为刑法评价以前之事实要素,惟非单纯之事实概念,乃为价值关系之概念。"[2]

这些都是经典之论,但是笔者以为尚不圆满,更为根本的是,"行为者,乃指人类内部意思活动,而表现于身体上之一切动作,并引起外界之变化,称之为行为"[3]。能够引起一定的人或物的存在状态发生变化的活动,是行为的重要属性[4] 因此,基于调整社会关系的需要,法律的评价对象只限于行为。"每一个犯罪行为,无论它表现的作为或不作为,永远是侵犯一定的客体的行为。不侵犯任何东西的犯罪行为,实际上是不存在的。"[5]任何一个行为必须侵害了法益,才可能认定为犯罪,也才可能对其科以刑罚,而侵害必须通过外界状态的改变来实现,思想活动也因此被排除在刑法的评价体系之外。"我只是由于表现自己,只是由于踏入现实的领域,我才进入受立法者支配的范围。对于法律来说,除了我的行为以外,我是根本不存在的,我根本不是法律的对象。"[6]这也就是说,坚守行为刑法观,一个很重要的原因在于,从传统自由主义的观点,惩罚一个人,是因为其具体侵害了某

---

[1] 柯耀程:《通识刑法——基础入门十六讲》,台北:元照出版有限公司,2007 年,第 24 页。

[2] 甘添贵:《刑法总论讲义》,台北:瑞兴图书股份有限公司,1992 年,第 49 页;亦可参见陈子平《刑法总论》(2008 年增修版),北京:中国人民大学出版社,2009 年,第 84 页。

[3] 张灏:《中国刑法理论及实用》,台北:三民书局股份有限公司,1980 年,第 89 页。

[4] 参见陈忠林《中、德、日现行犯罪论体系的重构》,载梁根林主编《犯罪论体系》,北京:北京大学出版社,2007 年,第 192 页。

[5] [苏联]A. H. 特拉伊宁:《犯罪构成的一般学说》,王作富等译,北京:中国人民大学出版社,1958 年,第 101 页。

[6] 《马克思恩格斯全集》(第 1 卷),北京:人民出版社,1956 年,第 16—17 页。

些人的法益,而不是因为其可能破坏某种抽象的机制、某些想象出来的利益。[1]

与此相关,上述文字还涉及行为与结果的关系。可惜的是,我国刑法学界晚近以来浸淫其中的行为无价值论与结果无价值论,以及有些学者为了合理解释刑事不法的类型,苦心孤诣的提出的三种并列的模式——结果导向的不法模式、行为导向的不法模式(如未遂犯)、主观导向的不法模式(如过失犯)[2],都存在一些迷误。

诚然,行为与结果在一定程度上可以区分,但是有行为必然有结果,行为必然会改变外在存在的人或物的状态,这是结构主义的必然推论。[3] 日本学者高桥则夫即指出,在"犯罪是行为"这一场合的行为里包含着狭义的行为和广义的行为,必须注意后者也包含着结果的概念。如果不考虑结果,就不能理解行为的社会意义。[4] 而且,行为的性质是由其结果体现出来的,如果"杀人"的行为绝对不可能导致一个人死亡,那么行为也不是杀人的行为。简言之,杀人的行为必然有致人死亡的可能性,行为与结果的无价值性要么一起被肯定,要么一起被否定。结合刑法机能性思考,人力以外事物造成的"社会危害"或"法益侵害",也不能称其为"社会危害"或"法益侵害"。不法必然是与行为人相关联的人的行为的不法,刑法之所以只可能将人所能够控制的范围内的事项归责于他,正是考虑了避免可能性,惩罚他能够实现预防犯罪。并且,前述不法模式论述,除了重复既往的错误外,还有一个更为明显的破绽——不法的标准只能有一个,多重标准划分概念的外延时难免混乱。[5]

---

[1] 参见林东茂《危险犯与经济刑法》,台北:五南图书出版有限公司,1996 年,第 712 页。

[2] 参见劳东燕《风险社会中的刑法:社会转型与刑法理论的变迁》,北京:北京大学出版社,2015 年,第 58 页。

[3] 结构关系区别于因果关系,所以我们平时所说的因果关系,本身存在概念混乱。因为刑法中研究因果关系,其实是在确认这个"结果"是不是某行为所造成的"结果",而不是说某行为造成的"结果"要不要让某人负责。

[4] 参见[日]高桥则夫《规范论和刑法解释论》,戴波、李世阳译,北京:中国人民大学出版社,2011 年,第 37 页。

[5] 例如,过失行为中也存在未遂的情况,我们不能以实害结果出现有无认定有无过失,事实是先有过失行为后有实害结果,只是说由于过失犯的罪责较小,不处罚未遂犯。

（二）行为概念的重新理解

从历史上看，因果行为论，无法说明不作为犯，因为不作为时常没有身体动作，尤其是无法说明无认识过失，例如忘却犯，忘却犯并非基于意思而为身体动静，欠缺有意性。目的行为论，认为行为乃人类有目的性的活动，亦即是人为实现其所预先设定的目的所谓的有意识、有目的的动作，但其对于过失犯及不作为犯也无法论证，行为人并未预见行为所发生的结果；不作为犯无法经由目的意识而支配因果流程，也欠缺目的性。人格行为论，人格是难于把握的概念，如果依此概念来解释行为，很难掌握具体的行为概念；倘若认为将反规范的人格态度加以现实化的表现就是行为的话，那么杀人的犯意流露就是杀人行为了；"主体性"为哲学用语，"行为"则为事实的基础概念，不仅不明确，而且由于其具有多种意义，反而将刑法上的主体概念予以混淆。社会行为论，针对过失不作为犯等情形，虽可以克服目的行为论的缺陷，统一的说明行为的概念，但是舍弃行为实质内容，忽视行为要素的主观面向，也是一大缺陷。是否具有"社会重要性"，并不是一个明确的标准；将"社会重要性"解释为具备刑法上可归责的判断意义者，会造成循环论证的情形。一个人的态度必须经过构成要件符合性的判断后，才能清楚知悉是否具有刑法上可归责的判断意义[1]。

既存的行为理论异常繁复，花样转换、目不暇接。在异彩纷呈的观点之中，笔者倾向于新进的控制行为说。"根据控制行为说，一般意义上的行为是指主体控制或应该控制的客观条件作用于一定的人或物的存在状态的过程。它是人类所特有的，是有理智的、有责任的人的活动"[2]。但是，笔者进行了小小的修正，行为是指主体控制或可以控制的某种状态。根据这一定义，首先，解决了"有意性"问题，因为过失行为及原因自由行为很难说是有意为之的；其次，解决了"不作为"问题，因为不作为犯缺乏刑法意义上的身体的动静；最后，将"应该"置换成"可以"更显中立的立场，淡化规范的意义[3]。

---

〔1〕 参见余振华《刑法总论》（修订二版），台北：三民书局，2013年，第118页以下。

〔2〕 陈忠林、徐文转：《犯罪客观要件中"行为"的实质及认定》，《现代法学》2013年第5期，第114页。

〔3〕 在其后与陈忠林老师的交流中，他认为笔者的修改不妥，笔者以为，"可以"是事实的描述，"应该"是价值的描述，在行为人"可以"之后才谈得上"应不应该"的问题，既然行为概念是中性的，就不应含有价值判断，"能力不济，谈何义务"？只是说，犯罪是主体不应控制而予以控制（作为犯）或应该控制而不控制（不作为犯）的客观条件作用于一定的人或物的存在状态的过程。

犯罪是行为,对犯罪成立条件的分析实际上是对一种特殊行为成立条件的分析。正确的行为概念是建立正确的犯罪论体系的前提和基础,是整个犯罪论体系的出发点。作为现行犯罪理论的基础的行为概念都有错误,必然导致整个体系的错误[1]。"危害行为实际上是个综合性的概念,将实施行为的主体(人)、行为主体的主观意识、行为的自然和社会性质都概括进来,在一定意义上揭示了犯罪构成的前提性因素。而这些因素也只有与危害行为相结合,才能与犯罪发生联系,具备刑法上的意义。"[2]

犯罪是主体控制或者应该控制的客观要件作用于一定客观事物的存在状态的过程。反过来说,犯罪是在行为人可以控制或者可以不控制之下的某种状态的改变。行为是主体运用自己认识能力和控制能力的结果,也是行为人认识能力和控制能力的表现形式。行为主体的认识能力和控制能力就是判断行为人是否控制或者应该控制的标准,具体到犯罪行为过程中,就是刑事责任能力,因此,行为应当是主体在一定社会关系中所进行的活动,是主体的存在和表现形式[3]。

笔者以为,我国行为理论乃至大陆刑法理论存在两个根本性的问题:一是认为行为是人的单纯的身体动静,脱离主体与对象去观察行为,这不能说明构成要素与"犯罪是行为"这一格言的关系;二是认为行为仅仅止于行为人本身,将行为局促于行为人的外部表现,割裂了主观方面,无法确定行为个数、起点与终点。从而,行为论的错误结论蔓延到其他刑法理论,造成了当下犯罪理论中的不少问题。

二、行为个数的规范化诠释

(一) 个数标准应当规范化

刑法学所解决的是"已知"的犯罪事实在刑法上如何评价的问题[4]。在现实生活中犯罪总是具体的,是一种活生生的社会事实,认定犯罪,就是

---

〔1〕 参见陈忠林《中、德、日现行犯罪论体系的重构》,载梁根林主编《犯罪论体系》,北京:北京大学出版社,2007 年,第 190 页。

〔2〕 赵秉志主编:《刑法总论》,北京:中国人民大学出版社,2007 年,第 232 页。

〔3〕 参见陈忠林《刑法散得集》,北京:法律出版社,2003 年,第 241 页。

〔4〕 参见熊秋红《程序法上的犯罪定义及相关问题》,《法学研究》2008 年第 3 期,第 157 页。

把某一种社会事实用法律来评价为犯罪,是一个从社会事实转化为法律事实的过程。[1] 一旦在刑法学上确立了一个相对科学的“行为”范畴,毫无疑问就开辟了通往犯罪论体系化的坦途。当刑法学将不作为包容进行为概念的时候,我们就建立起了有别于一般生活意义上的行为概念。过去,我们在刑法学理上提出了“行为”概念,但是我们忘记了“行为”在法律上的意义与价值的问题。显而易见,不是所有的“行为”都具有刑法意义。因此,需要对一般意义上的“行为”的概念进行层层分类,以确定哪些行为能够产生法律效果。

既然存在论上的行为,不必然等同于规范论上行为,所以,即使是存在论上的一个行为,未必不能作多个评价;即使是存在论上的数个行为,未必不能作一个评价。[2] 例如,为杀死一个人,砍某人一百刀的现象应当作为一个犯罪行为来处理。又如,一个扳道工,在应该扳道的时候持刀去杀人了,不扳道是不作为,杀人是作为,既然不作为是行为,作为也是行为,那么就应该有两个行为,而不是一个行为。[3]

遗憾的是,我国有的学者居然认为,刑法中的行为既是一种事实判断,也是一种价值判断。[4] 有人就说,“甲开一枪击中被害人心脏造成死亡的,无疑只是一个行为。但是,乙开三枪才导致被害人死亡的,是一个行为还是三个行为? 这是一个令人难以回答的问题。因为行为的数量既可能根据社会的一般观念判断,也可能根据构成要件判断”。[5] 并且,该学者还表示,“用数十刀捅死一个人,可以成为增加责任刑的情节,但这并不是因为手段残忍或者手段具有重大的反伦理性,或者手段具有行为无价值,而是因为用数十刀捅死一个人时,同时产生了数十个伤害结果”。[6] 显然,这些说法明

〔1〕 参见陈兴良《走向规范的刑法学》,北京:法律出版社,2008 年,第 90 页。

〔2〕 参见庄劲《想象的数罪还是实质的数罪——论想象竞合犯应当数罪并罚》,《现代法学》2006 年第 2 期,第 109 页。

〔3〕 这种情形要与某些学者那里的“一个行为从一个角度来看是作为,从另一个角度来看是不作为”相区分开来,因为这位学者无视了我国刑法中故意犯罪的概念。对于故意犯罪,我国刑法要求的是其对于结果的危害(而不是行为的危害),以他所说的闯红灯撞人的事例来说,应当是作为。参见张明楷《刑法学》(第四版),北京:法律出版社,2011 年,第 149 页。

〔4〕 参见熊选国《刑法中行为论》,北京:人民法院出版社,1992 年,第 26 页。

〔5〕 张明楷:《罪数论与竞合论探究》,《法商研究》2016 年第 1 期,第 127 页。

〔6〕 参见张明楷《责任刑与预防刑》,北京:北京大学出版社,2015 年,第 277 页;张明楷《论影响责任刑的情节》,《清华法学》2015 年第 2 期,第 8 页。

显牵强,究其根本,这是论者一方面为了一如既往地维护结果无价值,反对将行为方式作为衡量法益侵害严重程度的标准,另一方面又不得不承认行为方式是犯罪社会危害之高低的一个要素的逻辑怪胎。

诚然,就德国刑法理论和判例而言,竞合论中所称的行为单数实际上包括一般观念的多数与构成要件的单数[1],即如果不同的行为部分是基于同一的意志决定,且时间和空间又有如此紧密的联系,以至于它被一个与之无关的观察者认为是一个行为,那么,一个事件过程表面上可分离的数个组成部分应当视为一个单一的行为。[2]

但是,学术研究不宜盲从,生活常识告诉我们,判断事物的标准只能有一个,如果存在多个彼此相冲突的标准的话,最后可能愈发混乱。目前行为个数的判断中,将生活世界的标准不加深思的植入刑法体系,变成体系中的异质因素,造成体系紊乱。刑法学人必须要知道我们从行为论的研究中要得到什么,“同一个术语或同一个概念,在大多数情况下,由不同语境中的人来使用时,所表示的往往是完全不同的东西”[3]。虽然刑法学也在使用“行为”这一概念,但是我们的“行为”与一般的“行为”有共性也有特性,不可以简单套用生活意义上行为个数的判断标准。

如欲圆满解答这一难题,必须进一步探究刑法规范意义上的行为个数的认定标准。结合规范论的观点至少包含两个特色:作为判断的标准包含评价的要素,作为评价的标准是从特定的目的引申出来的。[4] 行为个数的认定标准,本文以为,从主观方面看,存在一罪责则为一犯罪行为,存在数罪责则为数犯罪行为;从客观方面看,侵害一法益则为一犯罪行为,侵害数法益则为数犯罪行为。详言之,日本学者指出,“行为——刑法上的行为——必须是意志的客观化、行为化和实现”[5]。我国学者认为,“刑法中的行为不仅系客观的存在也系主观的存在”[6]。也是在这个意义上,我们将行为理解为包含主观意志内容及其客观外部表现的统一体。既然犯罪是行为,犯

〔1〕 参见张明楷《罪数论与竞合论探究》,《法商研究》2016 年第 1 期,第 117 页。
〔2〕 参见[德]汉斯·海因里希·耶赛克、托马斯·魏根特《德国刑法教科书(总论)》,徐久生译,北京:中国法制出版社,2001 年,第 862 页。
〔3〕 [英]史蒂文·卢克斯:《个人主义》,阎克文译,南京:江苏人民出版社,2001 年,第 1 页。
〔4〕 参见许玉秀《当代刑法思潮》,北京:中国民主法制出版社,2005 年,第 265 页。
〔5〕 [日]小野清一郎:《犯罪构成要件理论》,王泰译,北京:中国人民公安大学出版社,1991 年,第 42 页。
〔6〕 熊选国:《刑法中行为论》,北京:人民法院出版社,1992 年,第 26 页。

罪的成立要求主客观要素，那么行为的成立也必然要求主客观要素，如果成立数个犯罪，就应当是数个行为，有着数个主观要素，也有着数个客观要素。值得说明的是，犯罪行为是主客观的统一，因此，无论是运用主观要素的个数还是运用客观要素的个数去认定犯罪行为的个数，不会得出相反的结论。犯罪客体重合性说，法益侵害的个数或者说是罪责的个数，本质上都是一样的。[1]

（二）行为个数的主观标准

"行为是主观意志的外在表现，是主观在客观上的转化（将主观转化为客观），换言之，主观和客观在此已结合在一起。"[2] 姜伟先生认为，"我国刑法学者对犯罪构成理论的认识，似乎过于强调客观方面，事实上罪过心理才是犯罪构成的核心"[3]。陈忠林先生也表示，犯罪行为之所以应当受到刑罚处罚，不仅是因为其在客观上侵害了刑法所保护的价值，更是由于这种对刑法所保护的价值的侵害是在一定意志状态实现的。[4] 在我国犯罪论体系中，作为产生罪过心理的载体的行为人必须达到相应的刑事责任年龄、具备一定的精神智力状态，这是产生罪过心理的前提；罪过心理决定着犯罪客体的性质，在具体的犯罪中，其犯罪客体是行为人的罪过心理所指向的那种法益，而不是纯粹的客观上被侵害的法益；罪过心理支配着客观行为，没有意志因素也就没有罪过，也就没有客观行为，罪过心理决定了客观方面的性质。其他构成要件从属于罪过心理，并以罪过心理作为存在根据；具体犯罪的构成要件的差别，集中反映在罪过心理的不同上；罪过心理全面反映了犯罪的基本特征。[5] 犯罪主体实施犯罪行为的过程，是行为人在认识自己行为性质的基础上，用这种认识来控制自己行为性质的过程。在这个过程中，

---

[1] 参见庄劲《犯罪客体重合性罪数标准的倡导》，《中国刑事法杂志》2006 年第 2 期，第 27 页以下。

[2] 许玉秀：《主观与客观之间——主观理论与客观归责》，北京：法律出版社，2008 年，第 179 页。

[3] 姜伟：《罪过形式论》，北京：北京大学出版社，2008 年，第 47~48 页。值得说明的是，罪过，这一刑法术语源自苏联刑法理论，与之相对应的概念，大陆法系是罪责或责任，海洋法系是犯意，因此，本文对于罪过与罪责或责任等语词未加区分，换言之，笔者认为罪过与罪责或责任具有相同的概念内涵与体系定位。参见马克昌主编《犯罪通论》（第 3 版），武汉：武汉大学出版社，1999 年，第 312 页。

[4] 参见陈忠林《刑法的界限——刑法第 1~12 条的理解、适用与立法完善》，北京：法律出版社，2015 年，第 168 页。

[5] 参见姜伟《罪过形式论》，北京：北京大学出版社，2008 年，第 40 页以下。

犯罪主体的认识能力和控制能力具体化为具备一定内容的心理状况——行为人对于自己行为性质的认识状况和控制状况。在实施具体行为时,由于行为人运用自己的认识能力和控制能力的状况有所差异,体现在犯罪行为中的心理状况也具有不同的特征和表现形式——故意和过失,即犯罪构成的主观要件。[1]

于域外而言,在目的行为论之后,犯罪,并非唯恶意莫属,实际上是行为所实现的恶意,所以,客观构成要件作为意志见之于客观的外在行为,实际上也是"客观的行为情状",亦即是说,客观不法要素既为意志见于客观之物,客观不法要素之客观,并非行为人主体陌生之物,而是意志通过构成要件以客观表现于外的东西。所谓的客观构成要件,既然是意志的客观化的表现,就不可能是完全剔除主体精神要素的纯粹客观的外在物,必须在整体中予以考察。[2] 在阶层犯罪论体系中,如果行为人具备了罪责,就应当受到刑罚处罚,同样的,在我国,如果行为人具备了罪过,就应当受到刑罚处罚。

德国法儒耶林曾说,"使人负担损害赔偿的,不是因为有损害,而是因为有过失,其道理就如同化学之原则,使蜡烛燃烧的,不是光,而是氧,一般的浅显明白"[3]。"具有主观罪过,就应当承担刑事责任;不存在主观罪过,就无须承担刑事责任。"[4]在我国的四要件犯罪论体系中,行为是否是在与刑法所保护价值相对立的意志状态下支配实施的,行为中是否包含与刑法所保护价值相对立的意志因素,包含何种与刑法所保护价值相对立的意志因素,以及这种意志因素在现实中的实现程度,决定一个行为是否成立犯罪、成立何种犯罪、成立何种形态的犯罪等说明犯罪严重程度的本质因素。[5]主观罪过是犯罪构成的核心,主观要件代表犯罪行为的本质,犯罪主观要件

---

[1] 参见陈忠林《刑法散得集》,北京:法律出版社,2003 年,第 256 页。我国有学者认为,将主观罪过视为犯罪构成的核心,是行为人承担刑事责任的唯一根据的观点,是主观主义。(参见周光权《"被教唆的人没有犯被教唆的罪"之理解——兼与刘明祥教授商榷》,《法学研究》2013 年第 4 期,第 187 页。)这是一个美丽的误会。主观主义与客观主义的分野,在于是否以行为人的人身危险性作为刑事责任的基础,或者说,犯罪的成立是不是由于彰显了行为人的人身危险性。如果认为犯罪的本质是侵害法益,并由此建构犯罪论体系,那就是客观主义的犯罪论体系。

[2] 参见王安异《穿越价值哲学——威尔策尔之人本刑法思想研究》,《政大法学评论》2009 年第 108 期,第 34 页。

[3] 转引自王泽鉴《民法学说与判例研究》(第 2 册),北京:北京大学出版社,2009 年,第 106 页。

[4] 杨兴培:《犯罪构成原论》(修订版),北京:北京大学出版社,2014 年,第 151 页。

[5] 参见陈忠林《刑法的界限——刑法第 1 ~ 12 条的理解、适用与立法完善》,北京:法律出版社,2015 年,第 168 页。

是犯罪构成要件的集中体现，是唯一和刑事责任有必然联系的构成要件。换言之，犯罪行为中包含的主观要件是行为人承担刑事责任的唯一根据[1]。

罪责具有相反相成的价值功能，在限制国家刑罚权的基础上为国家行使刑罚权确定合法性依据。罪责原则是刑法文化的核心，能正视人类自由与责任，能正视人类尊严，基于这个理由，不会有比罪责刑法更符合人道及自由的刑法。有的学者明确指出，刑罚是基于罪责而正当化的，行为人具备罪责，刑罚即可以施加于他[2]。"如果科处刑罚的目的是引导社会成员的行为选择，那么只有在受到禁止的事实是行为人自由选择的结果，或者至少是他通过合理审慎能够避免的情形下，才可能实现这种预期的激励效果：意图通过刑罚威胁使相对人排除不在其控制范围内的行为，这是没有意义的。"[3]

一个罪责支配下的身体一系列举止，应当被认定为一个犯罪行为，负一个刑事责任，反之亦然。可惜的是，通说在因果关系错误的处理中，又背离了这一原理。详言之，在我国，罪责的成立采取了因果关系认识必要说，以犯罪故意为例，明知的范围涵盖了"会发生"，这就要求故意犯罪中行为人必须明知作为行为手段与行为对象间的关系而存在的因果关系[4]。这种"明知"，也就是对自己所应该控制的行为是如何作用于犯罪对象存在状态的过程的认识（需要认识到因果关系）。考虑到刑法上因果关系中的结果。所以，因果关系认识不要说及因果关系错误无用论并不妥当[5]。通说中的概括故意，或者计划理论、事前计划理论学说、故意危险理论等，违反了故意与行为同在的原则，混淆了计划实现与故意归责，忽视了故意行为危险与过失行为危险的差别[6]。

---

〔1〕 参见陈忠林《刑法散得集》，北京：法律出版社，2003年，第269页以下。

〔2〕 参见[德]Ulrich Schroth《刑法总论：导论》，王效文译，载[德]Neumann/Hassemer/Schroth 主编《自我负责人格之法律——Arthur Kaufmann 的法律哲学》，台北：五南图书出版有限公司，2010年，第300页。

〔3〕 [意]艾米利奥·多尔契尼：《意大利法律制度中犯罪的概念及其体系化》，吴沈括译，载赵秉志主编：《走向科学的刑事法学》，北京：法律出版社，2015年，第199页。

〔4〕 一般认为，只有在结果犯的场合才存在因果关系认定的问题，不过，本文在使用该词时也包含了行为犯的场合，当然，此时将"因果关系"称为"发展进程"或"行为进程"，可能更好，所以本文交替使用这两个语词。

〔5〕 参见柏浪涛《狭义的因果错误与故意归责的实现》，《法学》2016年第3期。

〔6〕 参见柏浪涛《结果的推迟发生与既遂结论的质疑》，《法学家》2016年第1期。

我国不少刑法学者,一方面认为,在图谋枪杀仇人的预备行为中,由于揩拭枪支不慎击中仇人的行为不是故意杀人行为,另一方面又认为,嘴中默念杀死仇人的行为人具备了犯罪故意。不少学者,在论述客观归属理论中雷雨击人案时,认为"虽然杀人的故意可以得到承认,但是由于没有未被允许的危险发生,因而其结果不能为客观归属"[1]。

构成要件性故意要求故意存在于行为时即实现构成要件的时候,因此,虽然行为人在行为之前具有实现意思但行为时未认识到的事前故意,不属于犯罪故意。在构成要件性结果发生之后才对事实有认识的事后故意也在刑法上不具有任何意义[2]。所以,甲决意打猎时枪杀妻子,但是在打猎前一晚上因擦拭枪支而走火致使妻子死亡,又如,甲自以为杀死了乙,在丢弃"尸体"于水中才导致受害人死亡的场合,都不具备犯罪故意。

与此相关,在打击错误的场合,具体符合说主张想象竞合犯,从一重罪处罚;法定符合说主张犯罪既遂。后者认为,前者难以做到罪刑均衡[3]。对此,前者解释道,"因为,按照我国《刑法》第 23 条第 2 款的规定,对未遂犯只是可以比照既遂犯从轻或者减轻处罚(并不是应当从轻或者减轻处罚),这就意味着我们可能根据案件的具体情况,对未遂犯处与既遂犯同样的刑罚。这样,也就不会出现对犯罪分子处刑过轻的不合理现象"[4]。但这种说法明显牵强,因为如后者所述,这种情况我们应当数罪并罚,而不是在"可以"两个字上下功夫。

---

〔1〕 [韩]李在祥:《韩国刑法学总论》,[韩]韩相教译,北京:中国人民大学出版社,2005 年,第 135 页。其实,这位学者还犯了一个错误,不是一个人想着杀人,就具备了犯罪故意,其举动就可以评价为故意杀人之行为,否则迷信犯都具备了犯罪故意。

〔2〕 参见[韩]李在祥《韩国刑法学总论》,[韩]韩相教译,北京:中国人民大学出版社,2005 年,第 140—141 页;[意]杜里奥·帕多瓦尼《意大利刑法学原理》(注评版),陈忠林译评,北京:中国人民大学出版社,2004 年,第 191—192 页。

〔3〕 参见张明楷《论具体的方法错误》,《中外法学》2008 年第 2 期。法定符合说的错误是显而易见的,例如,在想象竞合犯的一般情况中,其可能承认存在故意 A + 过失 B 的场合,但是如果未击中 A,对 B 却可能成立故意犯罪。正是基于此,张先生指出,这种场合,都成立故意犯罪,进而指出,"倘若在量刑实践上对于故意杀害二人以上的,判处死刑,那么,对于基于方法错误而导致二人以上死亡的想象竞合犯,则不宜判处死刑"。[参见张明楷《刑法学》(第四版),北京:法律出版社,2011 年,第 252 页。]这种观点就更值得商榷了。当然,具体符合说也有不少的问题,由于篇幅的原因,本文暂不展开。

〔4〕 刘明祥:《刑法中错误论》,北京:中国检察出版社,2004 年,第 181 页。

（三）行为个数的客观标准

结合前文所述行为与结果的关系，不难看出一个行为只会产生一个结果，行为的性质取决于它会造成什么样的结果。这也是为什么我国四要件犯罪构成理论、德日三阶层犯罪论体系，在普遍承认"犯罪是行为"这一格言的同时，又将结果纳入犯罪的构成要素之中——这反映为犯罪客体与违法性。基于这一原因，行为个数的客观标准是行为所侵害法益的个数。

"刑法的机能是保护法益和保障国民自由。对任何一个案件的不法内容，只有既充分评价又不重复评价，才能既保护法益又保障国民自由"[1]。我国台湾地区学者黄荣坚认为，"从刑法保护法益的基本观念出发，在一行为的情况下，作为判断是否评价过多或评价不足的对象，应该是法益"[2]。"双重评价之禁止，所要禁止的是一行为侵害一法益而触犯数罪名的情形。除此以外，行为侵害数法益的情况，不管是一行为或数行为，不禁止双重评价。"[3]庄劲先生也认为，根据罪刑相适应原则，要确定行为的可罚性的大小，关键在于确定行为造成的社会危害性，而行为的社会危害性又集中体现在行为所侵犯的客体上。因此，犯罪行为个数的判断，应当观察行为所实现的多个犯罪构成在犯罪客体上的关系，判断标准应当是法益的个数。[4] 申言之，行为所侵害的法益，能够被一个构成要件所包容，没有超过一个罪名所保护法益的范围，就没有成立数个犯罪行为的余地。[5]

值得注意的是，一方面，在这里所谓的客观，是行为人主观已经认识到的客观，是已为主观所反映的客观。意思的内容，不仅不应自行为概念中分离，而且，还是行为概念的重要构成要素。所以，在故意杀人中，行为人杀一个人不见得就比杀两个人的社会危害更重，所应负刑事责任更重。因为，行为人杀两个人可能是在对方寻衅滋事中临时慌乱之中故意杀害的，而杀一个人是蓄谋已久、手段极其残忍的呢？其实，不论行为的社会危害有多大，刑法只能要求行为人在自己应当承受的范围内负担刑事责任。如果非得说

---

[1] 张明楷：《法条竞合与想象竞合的区分》，《法学研究》2016 年第 1 期，第 134 页。
[2] 黄荣坚：《刑法问题与利益思考》，北京：中国人民大学出版社，2009 年，"序言"，第 5 页。
[3] 黄荣坚：《刑法问题与利益思考》，北京：中国人民大学出版社，2009 年，第 215 页。
[4] 参见庄劲《犯罪客体重合性罪数标准的倡导》，《中国刑事法杂志》2006 年第 2 期，第 27 页以下。
[5] 参见王彦强《犯罪竞合中的法益同一性判断》，《法学家》2016 年第 2 期。

行为客观危害的程度是量刑情节,那也是经过主观罪责这个筛子筛选之后的客观危害,或者说有些客观危害不是刑法意义上的客观危害。犯罪的客观危害是犯罪的主观罪责的外化与载体,犯罪的主观罪责是犯罪的客观危害的本原。没有客观危害,也就无所谓犯罪,因而也就无所谓犯罪的主观罪责。[1] 美国学者赫希认为,主观罪责对于界定犯罪的客观危害具有制约作用,不体现主观罪责的客观危害不应被视为犯罪的客观危害,即不可以被纳入犯罪的严重性的评价范围。[2] 另外,法律保护法益,但是其只调整人的行为,因此,即使动物自发袭击等自然事件对社会造成了不利影响,但不能就此说存在法益侵害。"从归责的角度而言,只有存在于行为无价值之中的结果无价值,才应成为刑法评价的对象。脱离行为无价值的结果无价值,对刑法没有任何意义。只有一种从行为无价值中流出的结果,才是无价值的结果,与行为无价值没有任何关联的结果,只是一种法益受损的自然状态,不应对行为人的归责产生任何影响。"[3]

三、新行为理论下犯罪竞合论之反思

(一)犯罪常态与真假竞合

我们刑法学中,罪数问题是很多刑法制度的交合点,涉及刑法制度和刑法理论的不同领域。[4] 其中,一个极为重要的问题是,想象竞合与法条竞合的区分。有人认为,"在想象竞合犯的讨论中,最为复杂的还是想象竞合与法条竞合之间的区分"[5]。有人也指出,"法条竞合与想象竞合的区分标准,是刑法理论尚未完全解决的问题"[6]。令人欣慰的是,张明楷先生提出了不少应对之策,他认为,不借助具体案件事实的联结,仅通过对构成要件的解释,就能够肯定两个法条之间存在包容或交叉关系,是法条竞合的形式

---

[1] 参见邱兴隆《刑罚的哲理与法理》,北京:法律出版社,2003 年,第 392 页。
[2] 参见邱兴隆《刑罚的哲理与法理》,北京:法律出版社,2003 年,第 395 页。
[3] 冯军:《未遂行为的刑法评价——李圣杰教授和劳东燕教授论文之评释》,载李圣杰、许恒达编《犯罪实行理论》,台北:元照出版有限公司,2012 年,第 215 页。
[4] 参见[意]杜里奥·帕多瓦尼《意大利刑法学原理》(注评版),陈忠林译评,北京:中国人民大学出版社,2004 年,第 359 页。
[5] 陈兴良:《刑法竞合论》,《法商研究》2006 年第 2 期,第 108 页。
[6] 张明楷:《刑法分则的解释原理》,北京:中国人民大学出版社,2004 年,第 284 页。

标准。实质标准之一是法益的同一性，即一个行为侵害了两个以上犯罪的保护法益时，就不可能是法条竞合，而只能认定为想象竞合。实质标准之二是不法的包容性，即在一个行为同时触犯两个法条，只适用其中一个法条就能够充分、全面评价行为的所有不法内容时，两个法条才可能是法条竞合；倘若适用任何一个法条都不能充分、全面评价行为的不法内容，即使符合形式标准与法益的同一性标准，也只能认定为想象竞合[1]。

在此基础之上，笔者认为有必要引入"犯罪常态"这一概念。顾名思义，犯罪常态就是犯罪的一般状态与通常情况。例如，故意杀人中毁坏了被害人数额较大的衣服，是不是构成想象竞合犯呢？诚然，的确存在故意杀人时，被害人尚未穿衣服的场合，但这不是犯罪常态，因而不成立想象竞合。又如，非法侵入他人住宅中毁坏了被害人家数额较大的门窗，是不是构成想象竞合犯呢？诚然，也的确存在侵入他人住宅时，被害人门窗完好无损的场合，但这不是犯罪常态，因而不成立想象竞合。如出一辙，所谓的不可罚的事后行为，如盗窃枪支之后进而持有，也只能评价为一罪。

（二）行为个数与数罪并罚

"所谓禁止重复评价，并非绝对禁止对存在论上的同一行为或同一情节要素进行重复使用，其所针对的是对本质上反映同一不法内涵和同一罪责内涵的同一行为或者同一情节要素的重复考量。"[2]它是充分而不过度的评价。行为如果满足数个构成要件，除非法条竞合时——严格意义上法条竞合时行为不满足数个构成要件，应当进行犯罪复数评价，否则便是不充分。

我们司法实践中，将大量本可以成立想象竞合犯的情形，作为一个行为处理，只成立一个罪名，从而导致案件的处理不能实现罪刑均衡。例如，在拆迁补偿中，一个住户给相关人员行贿，要求其在测量建筑面积时增加一些，该工作人员也应允了，事情办成功了。该工作人员成立受贿罪、滥用职权罪、诈骗罪（共犯）的想象竞合犯，但是实务中多不是这么处理的。笔者认为，这三个罪名所保护的法益各不相包容，并且考虑犯罪常态，不是大多数

---

〔1〕 参见张明楷《法条竞合与想象竞合的区分》，《法学研究》2016 年第 1 期，第 127 页。
〔2〕 王明辉、唐煜枫：《论刑法中重复评价的本质及其禁止》，《当代法学》2007 年第 3 期，第 15 页。

受贿行为人都会附带着滥用职权与诈骗,不是大多数滥用职权行为人都会附带着受贿与诈骗,不是大多数诈骗行为人都会附带着受贿与滥用职权,所以不存在重合部分,理应评价为数罪。又如,甲以抢劫故意并准备了相关抢劫工具,在侵入他人住宅后发现住宅内没有人,于是实施了盗窃行为,这种情况也应评价为数罪。还如,丈夫有了外遇,意图下毒杀害妻子,便在饭菜中投毒,虽然意识到妻子经常会给儿子喂食,一起用餐,但是认为是否也会毒死儿子无所谓,最后妻子在给儿子喂食的过程中,发现食物有问题,及时将已经吃了半碗饭的儿子送到医院,所幸医治及时,终无大碍,由于间接故意行为中,没有犯罪未遂存在的余地,司法人员可能会将其作为不作为犯罪处理,正确的做法是故意杀人(妻子)的未遂,而对于儿子则是间接故意犯罪未遂的不能犯。

但是,晚近有力的观点又将大量法条竞合的情形,认为成立数个罪名(只是不予以数罪并罚而已),从而导致案件的处理评价过度。其认为过失致人死亡罪与交通肇事罪的保护法益分别为人的生命与公共安全,盗窃罪与盗伐林木罪的保护法益分别为财产与森林资源,等等[1] 虽然这些学者认为想象竞合犯不宜数罪并罚,法条竞合中如无刑法分则明文规定则应适用重法条的话,最终刑罚并无太大差异,但是难以令人认同。

因为这是令人疑惑的,其一方面认为,一罪与数罪的区分,与对数罪是否并罚是两个不同的问题。数罪不必然并罚,另一方面又认为,我们要满怀正义,实现评价充分[2] 如果评价为数罪之后,又转头只科处一罚的话,那么评价为数罪又有何意义呢? 目前,想象竞合犯与牵连犯等处罚方式,"不但使得其他构成要件的法定刑,无由共同参与法律效果的决定,更因法律效果的吸收关系,使得反映实现复数规范的一行为,其可罚性之具体内容,变得格外模糊不清,连带也使得复数构成要件所共同决定的不法内涵,丧失其非价判断的意义"[3]。

---

[1] 参见丁慧敏《论刑法中的法条竞合》,北京:清华大学博士学位论文,2013 年,第 107 页以下。笔者以为,这些学者之所以要"明目张胆"地将特别法条与一般法条解说为想象竞合,根本在于他们在特殊法条为轻法条时要将行为人入罪,而又找不到合适的理由(尤其是法律已经明确规定,"本法另有规定的,依照规定"的时候),私见以为,这种学术研究的理念可能有一定问题。

[2] 参见张明楷《罪数论与竞合论探究》,《法商研究》2016 年第 1 期,第 128 页;张明楷《法条竞合与想象竞合的区分》,《法学研究》2016 年第 1 期,第 134 页。

[3] 柯耀程:《刑法竞合论》,北京:中国人民大学出版社,2008 年,第 193 页。

而且,在这种做法下,还会产生更多困惑:"对于想象竞合犯究竟是从一重罪论处(仅认定为一个重罪),还是认定为数罪但仅按一个重罪的法定刑处罚? 抑或认定为数罪按一个重罪的法定刑从重处罚? 在按照一个重罪的法定刑处罚时,所科处的刑罚是否不得低于轻罪的法定最低刑? 是否应当科处轻罪的附加刑? 在一个行为同时触犯两个财产犯罪时,是否需要累计犯罪数额?"〔1〕笔者着实不解,为什么"行为被评价为数罪并不意味着必须并罚""当适用一个重法定刑可以全面清算数罪的不法与责任时,就可以仅适用一个重法定刑"〔2〕?

如前所述,"当一个自然行为蕴含多个危害行为的意义时,构成多个危害行为的竞合,其实质是危害行为的复数"〔3〕。所谓的想象竞合犯中的一个行为,"是在自然观察上,为社会观念所认同的一个行为"〔4〕,不是刑法意义上的一个行为。

一罪责则为一罪,数罪责则为数罪。推而言之,在锯齿现象、钩环行为、想象竞合、牵连行为等之中,我们常常将自然意义上行为的个数作为刑法意义上行为的个数的前提,一方面将一罪责支配下的砍某人一百刀的现象作一行为处理,另一方面又将二罪责支配下的一箭多雕之想象竞合犯作一行为处理;将牵连犯中的手段行为与目的行为,原因行为与结果行为统合起来视为一行为,此种做法无疑是荒诞不经的。

更深层次,"所谓行为构成犯罪,就是行为逾越刑法所能容忍的限度,当特定行为逾越刑法所能容忍的限度时,刑法必须有所回应,否则刑法就无法自保,刑法如果无法自保,又如何保护法益? 刑法对犯罪行为的回应,就是动用刑罚"〔5〕。如果刑罚的恶害无法与犯罪的恶害相匹配,刑法便可能是在自取灭亡、放纵犯罪。践行罪刑均衡原则的关键是责任与刑罚均衡,即有几个罪责,就应该科处数个刑罚。

---

〔1〕 张明楷:《罪数论与竞合论探究》,《法商研究》2016 年第 1 期,第 127 页。

〔2〕 参见张明楷《罪数论与竞合论探究》,《法商研究》2016 年第 1 期,第 128 页。

〔3〕 庄劲:《想象的数罪还是实质的数罪——论想象竞合犯应当数罪并罚》,《现代法学》2006 年第 2 期,第 107 页。

〔4〕 [日]大谷实:《刑法总论》,黎宏译,北京:法律出版社,2003 年,第 362 页。

〔5〕 许玉秀:《刑罚规范的违宪审查标准》,载国际刑法学会台湾分会主编《民主·人权·正义——苏俊雄教授七秩华诞祝寿论文集》,台北:元照出版有限公司,2005 年,第 389 页以下。

四、新行为理论下犯罪参与论之检讨

(一) 从犯从属性说之疑问

惩罚一个无法左右结果出现的行为——例如事故受害人所处的医院起火,在刑事政策上毫无意义。这也就是说,以一般预防为目的的禁令根本上只关系到行为方式,而与实害结果无关。一个刑法规范只能要求公民不准以刀捅人。至于接下来会发生什么,"所有这些都已经摆脱了行为人的影响,所以既不能成为一个行为规范的内容,也不能作为立法者或法官一般预防考虑的对象"[1] 德国学者指出,"禁止或要求一个人去做一个他根本无法避免或根本无法实现的行为是没有意义与不合理的,因此理性的批判仅会针对自由地被实施的行为","只有当行为人对于行为具有选择空间时,才会存在一个自由的行为(也因此才是一个行为)"。[2]

行为概念中,居于核心的思想是支配性。行为是指行为人利用自己可以支配的客观条件改变刑法所保护的人或物的状态。不作为之所以属于刑法上的行为,是由于"法秩序期待着一个特定的行为"[3],而且这也是他能够办到的。所有人类的责任都与支配这一概念相勾连,刑法上的归责判断,也奠定在支配的观点之上。"每个人都只需要对其所能够支配的事物负担刑法上的责任。所谓的归责判断,就是从众多的因果事实中,找出能够算是行为主体之'作品'的事物。透过'可支配性'这样的概念,表明行为人在事件流程中所具有的优势地位。"[4]进而言之,能够部分左右结果的出现,就能够负一定的责任,如果完全左右结果的发生,就应当完全负责。完全不能左右结果发生时,一定不能负责。这正是作用分类法的合理性,分工分类法将

---

[1] 参见[德]托马斯·魏根特《客观归责——不只是口号?》,王静译,载梁根林、[德]埃里克·希尔根多夫主编《刑法体系与客观归责:中德刑法学者的对话(二)》,北京:北京大学出版社,2015 年,第 100 页。

[2] 参见[德]扬·C. 约尔登《对人因其行为所为之批判——对于梁根林教授报告之评论》,林信铭译,载梁根林、[德]埃里克·希尔根多夫主编《刑法体系与客观归责:中德刑法学者的对话(二)》,北京:北京大学出版社,2015 年,第 61 页。

[3] [德]汉斯·海因里希·耶赛克、托马斯·魏根特:《德国刑法教科书》,徐久生译,北京:中国法制出版社,2001 年,第 247 页。

[4] 蔡圣伟:《重新检视因果关系偏离之难题》,《东吴法律学报》2008 年第 1 期(第 20 卷),第 139—140 页。

分工与作用混为一谈,从而忽视了构成要件实现的支配力的高低,只关注于"谁是最后一刀捅进了被害人的身体"。

"仅有当一种生物能够对自己的行为负责,并且在思想上能够理解刑法的意义是针对具有罪责内涵之恶行所加诸的痛苦时,我们才能对之施以刑罚,这种生物不外乎就是人类。"[1]刑罚的成立前提,必须建构于行为人的罪责之上,"所谓多数人参与犯罪,其刑事责任的认定,还是应该回归到犯罪的基本定义,针对个人行为做个别的判断。在犯罪构成的认定上,没有所谓的共同,也没有所谓的从属"[2]。共犯现象是数人所实施(各自的固有的)的数罪,而不是数人实施一罪[3]。

反观从属性论者,瑞士学者特若乐教授所言——我们应当避免不切实用的法学理论或方法的复杂化与精致化[4],这或许是对共犯从属性论者最好的忠告。不过,在追求复杂化与精致化的同时,他们又对于某些问题粗枝大叶、不予理睬,正是由于其一般认为,共犯在犯罪参与中只存在教唆行为与帮助行为,这无视行为概念在适用刑法上的指导意义,无视罪责理论在犯罪认定中的核心作用,因此存在不少疑问,这主要表现为:一个行为数个责任与一个行为两种状态[5]。

首先,无法解释一个行为数个责任的难题——采取实行从属性的话,一个正犯行为将导致数人同时被评价为犯罪,如果没有正犯行为没有一个人犯罪。何以一个行为转瞬之间使得数人具备了罪责进而肩负起严苛的刑事责任? 例如,有论者认为,"在正犯实施了符合构成要件的违法行为的情况下,只要能认定正犯的行为是由教唆犯的行为所引起,就能肯定教唆行为的成立;同样,只要能认定某人的行为对正犯的行为起到了促进作用,就能肯

[1] [日]山中敬一:《以人格体的权利作为刑法的界限——亚图·考夫曼对于父权式刑罚决定的评论》,李圣杰译,载[德]Neumann/Hassemer/Schroth 主编《自我负责人格之法律——Arthur Kaufmann 的法律哲学》,台北:五南图书出版有限公司,2010 年,第409 页。
[2] 黄荣坚:《基础刑法学》(下),北京:中国人民大学出版社,2009 年,第500 页。
[3] 参见钱叶六《共犯论的基础及其展开》,北京:中国政法大学出版社,2014 年,第83 页。
[4] Troller, Haftungsprobleme aus Schweizer Sicht, Karlsruhe Forum 1959, S. 65. 转引自王利明、周友军、高圣平《侵权责任法疑难问题研究》,北京:中国法制出版社,2012 年,第419 页。
[5] 论点"一个行为几个责任"与"一个行为两种状态",系笔者在2014 年5 月27 日陈忠林教授于西南政法大学毓才楼三楼学术报告厅所作"刑法中的行为概念及其展开"之讲座上所听说的,首见于马克昌、莫洪宪主编《中日共同犯罪比较研究》,武汉大学出版社,2003 年,第225 页、第289 页。

定帮助行为的成立"[1]。

其次,无法解释一个行为两种状态的根据。例如,正犯犯罪未遂,教唆犯随之未遂,正犯犯罪中止,教唆犯却还可能成立未遂。区分制之下,对此种一个行为影响他人的论说语焉不详,更没有说明"为什么正犯犯罪过程中的未遂可以影响共犯,但中止行为可能不影响"的原因。单一正犯体系,完全抛弃连带违法之论,真正实现违法性之个别判断。共犯从属性原理意味着共犯的无价值内容是从正犯行为那里借用而来的,却忽视了共犯行为本身即侵害了法益,尤其是在具体情景中,共犯行为利用他人的行为之后还有演变为区分论者所谓的"实行行为"的可能性。

(二)改造共犯行为理论

现代刑法摒除了团体责任理念,确立了个人责任原则。从刑法发展史来看,现代刑法的原则是建立在个人责任的理念之上,共犯人因各自的行为而产生各自的责任,绝不可因为其他人的行为而承受不利于自己的责任。一个人只可能对自己的行为负责,他人的行为举止于己无涉,既不能令一个人对他人的行为负责,也不能让他人影响自己的行为状态。"犯罪永远是一个人在犯罪",一个人之所以构成犯罪,全在于自己的行为具备了不法与有责,符合了犯罪构成。所有行为人,都是因为自己的责任而受到惩罚,而责任的基础当然是建立在自己行为的不法性和有责性的基础之上,不可能建立在刑法对他人行为的评价之上。[2]

单一正犯概念将所有对犯罪有贡献的人都一视同仁地当作正犯,至于这些主体各自对整个犯罪过程和结果的重要性、影响力,在定罪上都在所不问。不法的判断永远是就个人的情形独立判断,不法的判断根本无法从属,因此,在单一正犯概念之下,不会有共犯从属性问题。[3] 相对的,共犯从属性说无法解释共犯为正犯的行为及其结果承担责任的根据。当然,晚近有学说将因果共犯论、惹起说作为共犯的处罚根据,较好地解决了责任主义的

[1] 张明楷:《刑法学》(第四版),北京:法律出版社,2011 年,第 360 页。
[2] 参见许泽天《共犯之处罚基础与从属性》,载《罪与刑:林山田教授六十岁生日祝贺论文集》,台北:五南图书出版有限公司,1998 年,第 73 页。
[3] 参见黄荣坚《基础刑法学》(上),北京:中国人民大学出版社,2009 年,第 520 页。

困扰,但是,如果以其作为共犯的处罚根据,很难说还与单一制有什么差别。[1] 申言之,以惹起说中通说"折中惹起说"为例,其认为共犯的处罚根据在于共犯不实行构成要件的行为,而是透过正犯间接侵害构成要件上要保护的法益,如此这般,单一正犯体系论者也认为共犯透过正犯间接侵害了构成要件上要保护的法益,而且更进一步地说,共犯行为本身也侵害了法益。即使正犯没有侵害法益(没有犯罪预备),也可以处罚教唆人、帮助人。而且,从属性导向的惹起理论,在虚假教唆与对向犯的问题中,必须提出矛盾的见解,徒增烦恼。

只要坚持行为刑法与罪责刑法,树立规范意识,就必须承认任何人都是独自对自己的行为负责,独立地符合构成要件。犯罪的成立取决于客观不法与主观罪责,行为人也只对自己罪过支配下的行为和结果负责。二人共同开枪射击一个,在受害人由于一枪毙命死亡而无法查明是由谁导致时,存在共同决意与不存在共同决意,处理结果完全不同,这是因为各自行为的支配范围(主观罪责的支配范围)不同。行为人之间相互利用、互相补充,自己的犯罪是他人的,他人的犯罪也是自己的,正所谓"我中有你,你中有我"[2],行为人的罪责所支配的范围得到了拓展。一言以蔽之,"任何犯罪都是人的主观意志表现于外在的行为而对他人利益造成侵害的现象"[3]。

有学者认为,按照我国传统的四要件犯罪构成体系的逻辑,要认定某一行为成立犯罪,必须具备犯罪成立的全部要件,并以此批判我国犯罪构成体系。[4] 但是,笔者的疑问是:难道按照域外的三阶层犯罪论体系的逻辑,要认定某一行为成立犯罪,不需要具备犯罪成立的全部要件吗?既然认定任何一个行为构成犯罪,都必须合乎构成要件、具备违法性与有责性,正犯行为符合构成要件,共犯行为也符合构成要件。

共同犯罪中,行为人总是通过控制某些客观条件作用于特定的人或物的存在状态来实现自己行为的目的,在共同犯罪中,他人的行为,对行为人

---

[1] 参见[日]高桥则夫《共犯体系和共犯理论》,冯军、毛乃纯译,北京:中国人民大学出版社,2010年,第73页以下。

[2] 我国共犯从属性论者,也认可了这一结论,参见陈兴良主编《刑法总论精释》(第三版),北京:人民法院出版社,2016年,第501页。

[3] 刘明祥:《我国大陆不宜采取共犯从属性说》,载林维主编《共犯论研究》,北京:北京大学出版社,2014年,第278页。

[4] 参见钱叶六《我国犯罪构成体系的阶层化及共同犯罪的认定》,《法商研究》2015年第2期,148页以下。

而言,就是自己行为所利用的客观条件之一。各个共同犯罪人也只能对自己独立实施的行为负责,而不可能是对"行为的一个部分"独立承担刑事责任,这是罪责自负的个人责任原则的必然结果。共同犯罪也是数个人共同犯数个罪,每一个人至少具备一个罪过。[1] "在共同犯罪与犯罪构成的相互关系上,并不存在一个独立的共同犯罪构成,共同犯罪构成不但受一般犯罪构成理论和规格的制约,而且其构成要件不过是主观要件和客观要件的有机结合。"[2] 这可谓是大鹏虽大,五脏俱与麻雀相同。

江溯教授即指出,任何人都可以通过利用他人的客观不法构成要件来实行犯罪,但这并不意味着间接行为人从属于直接行为人,因为任何行为人之所以构成犯罪,都只可能立足于自己的行为具备不法与罪责。教唆犯在犯罪参与中,就不可能只存在教唆行为,还存在一个利用行为,其行为构造是教唆行为 + 利用行为。[3] 同理,帮助犯在犯罪参与中,其行为构造也是帮助行为 + 利用行为。共犯在犯罪参与中,其犯罪行为绝对不止步于教唆行为与帮助行为,教唆行为与帮助行为只是其参与行为的组成部分,其完整意义上的犯罪行为是共犯行为 + 利用行为,只是说,共犯行为与利用行为只在一个罪责支配下侵害了一种法益,应当在刑法体系中视为一个行为。

五、余论

一方面,刑法乃规范之学,必须在规范中思考概念。生活世界关注的是自然意义,意义世界关注的是规范意义。自然事实与法律事实并不具有一一对应关系。当法律对自然事实施以评价时,系根据事先确定的规范命令所为。一项行为完全可能违背数项规范命令,从而有着相当不同的规范意义,并因此与之对应数个犯罪构成。事实世界看似性质单一的行为,在沿着模态逻辑进入规范世界后,又如光线透过三棱镜,将呈现出纷繁各异却又系出同源的面向。自然事实不过是宿主,意义在于为规范事实提供栖居之所。

---

[1] 参见陈世伟《论共犯的二重性》,北京:中国检察出版社,2008 年,第 2 页。

[2] 杨兴培:《犯罪构成原论》,北京:北京大学出版社,2014 年,第 289 页。

[3] 参见江溯《犯罪参与体系研究——以单一正犯体系为视角》,北京:中国人民公安大学出版社,2010 年,第 296 页以下;江溯《超越共犯独立性与共犯从属性之争——刑法第 29 条第 2 款的再解释》,《苏州大学学报(法学版)》2014 年第 2 期。共犯行为的利用部分,就好比物理学中的"场",虽然日常生活中看不见、摸不着,但确实是一种客观存在。

同一自然事实进入规范世界后,可能表现为性质迥异的数项规范事实。[1]

另一方面,诚如德国波恩大学教授 Puppe 所言,刑罚系取决于罪责之轻重,而罪责对外表现于行为、对内则反射出行为人之非难可能性与人格特质,故刑法对具有可责性行为赋予刑罚之效果,并非即表示刑法为行为刑法或是行为人刑法。[2] 罪责作为刑法理论的缩图,主观状态不是一个神经活动的过程,而是有意义的规范化的透过知觉而后决定的过程,正是在这个意义上,意大利学者指出,"整个刑法的发展史实际上就是一部将定罪的标准组建从违法行为移向行为者的历史"[3]。罪责在我国乃至域外刑法学理与审判实践上未能引起足够的重视,虽然普遍确立了罪责原则或曰责任主义,但是尚未充分利用罪责在认定疑难案件、破解复杂问题时的独到作用,以至于人们对不少问题感到无望的恐惧。虽然,质疑是可以的也是必要的,但是,笔者十分谨慎地在进行质疑。因为如果这些质疑并非基于对该概念的真正了解,而是建立在各种先入之见与误解的基础之上,那么,不仅会阻碍刑法学本身的发展,而且会妨碍我们在智识上的进步。笔者由衷地希望本文是一个开端,利用对话和交流,纾解已经形成并在不断放大的相互之间的疏远、误解乃至对立。"我们身处的,是一个确定性丧失的时代,也是一个人们转而寻求相互理解并力图达成共识的时代。"[4]毕竟,问题之解决,不应仅由体系架构与公理化来求得,也需要透过与其他学者的论题进行具体之争论来寻得。尤其是针对实质问题,只有透过论证与否证,方能求着主体间性。[5]

(初审:陈毅坚)

〔1〕 参见朱庆育《民法总论》,北京:北京大学出版社,2013 年,第 314 页以下。

〔2〕 参见柯耀程《刑法的思与辩》,北京:中国人民大学出版社,2008 年,第 103 页。

〔3〕 [意]杜里奥·帕多瓦尼:《意大利刑法学原理》(注评版),陈忠林译评,北京:中国人民大学出版社,2004 年,第 163 页。

〔4〕 王轶:《民法原理与民法学方法》,北京:法律出版社,2009 年,第 32 页。

〔5〕 参见[德]Ulrich Schroth《刑法总论:导论》,王效文译,载[德]Neumann/Hassemer/Schroth 主编《自我负责人格之法律——Arthur Kaufmann 的法律哲学》,台北:五南图书出版有限公司,2010 年,第 307 页。

侵权责任因果关系中的经验法则

刘正川*

【提　要】　推定被广泛应用于案件的因果关系考量之中,经验法则在其中起到关键性作用,但各个案件的考量标准不一,判决难以产生公信力。故从因果关系作为侵权责任的构成要件出发,分析因果关系的内部构造,经验法则贯穿了因果关系本身。为解决因果关系的举证困难,我国设置事实推定,但事实推定适用的经验法则混乱,造成其本身受到诸多质疑。因此,表见证明制度取代事实推定的建议得到主张,虽然对责任成立和责任范围的因果关系提出了不同证明度的要求,但表见证明通过盖然性较高的经验法则达到减轻举证的目的,从而在不转换客观证明责任的前提下使得当事人的权利得到保护。

【关键词】　因果关系　经验法则　举证困难　推定　表见证明

一、问题的提出

近年来,我国医患关系愈发紧张,医患纠纷日益增多。《人民日报》曾经撰文为《"人死医院赔"不能成惯例》,文中提到,根据我国《侵权责任法》,假如医院存在医疗过错,并给患者造成了伤害,医院必须承担赔偿责任。但是,如果不管孰对孰错,人一死就让医院赔,极有可能加剧医患对立,最终导致两败俱伤。[1] 诚然,上述文章涉及医疗损害赔偿纠纷,此类纠纷不能只从保护弱势群体,维护社会和谐的角度来解决,在建设"法治中国"的过程中提倡"以事实为根据,以法律为准绳",在案件事实调查中,不能有失偏颇,而且更要以法律规定为导向。医疗损害赔偿纠纷属于侵权责任的案件,必须符

---

　　* 华东政法大学 2015 级诉讼法学硕士研究生,研究领域为诉讼法学,E-mail:dgtzlz@sina.com。
〔1〕　参见白剑峰《"人死医院赔"不能成惯例》,载《人民日报》2013 年 4 月 26 日,第 19 版。

合侵权的构成要件。依据我国《侵权责任法》第6条，须"因过错"致人损害，所以这就涉及侵权责任构成要件之一的因果关系，而因果关系的构成也得符合其本身的法解释。

在一起最高法院公报案例"陆耀东诉永达公司环境污染损害赔偿纠纷案"（下文中简称"陆耀东案"）中，行为人在自己权益范围内安装为自己照明使用的路灯，是民事主体充分行使处分权的体现，本无过错。但是，如果该灯光射入他人居室内，且灯光数量足以改变人们夜间通常习惯的暗光环境，超出一般公众可以忍受的范围时，就可能对他人的健康造成损害，形成环境污染中的一种，即光污染。[1] 上海市浦东新区人民法院认为，陆耀东诉称涉案灯光使其难以安睡，为此出现了失眠、烦躁不安等症状，这就是涉案灯光对陆耀东的实际损害，陆耀东诉称的这些实际损害，符合日常生活经验法则，根据《最高人民法院关于民事诉讼证据的若干规定》（下文简称《民事证据规定》）第9条的规定，陆耀东无需举证证明，应推定属实。笔者分析得出，本案的加害行为是被告设置的路灯致灯光射入周边居民居室内，改变了他人居室的暗光环境；至于原告的健康权和休息权益是否被侵害，原告是否出现了失眠、烦躁不安等症状，以及加害行为与权利被侵害、损害之间是否具有因果关系，法院通过事实推定予以了确认，其推定的基础（日常生活经验法则）是光污染对人体健康可能造成损害，因为人们通常习惯于在暗光环境下休息，而且认为该事实推定的基础已经被公众普遍认识。所以，本案事实推定三段论：作为大前提的日常生活经验法则是光污染对人体健康可能造成损害；作为小前提的已知事实（前提事实）是被告设置路灯行为改变了人们夜间休息时所习惯的暗光环境，超出了一般公众所普遍接受的限度，形成了光污染；作为结论的推定事实是原告的健康权、休息权益被侵害和导致了失眠、烦躁不安症状的损害，以及加害行为和权利被侵害、导致损害的发生是具有因果关系的。法院推定，被告的行为导致了原告身体健康实际损害的发生，但是行为和损害间的因果关系推定必须符合因果关系本身的要件，而且需要在判决理由中充分说明这种"推定"的根据和理由，否则判决信服力不高。

通过上述案例，我们可以得出，在适用《民事证据规定》第9条第1款第

---

[1] 案例引自《中华人民共和国最高人民法院公报》2005年第5期。

3 项[1]有关无需举证的推定事实时,尤其是案件涉及"因果关系"证明时,法官往往运用对生活事实的经验,从而作出对本案要件事实的推定,而且在 2015 年的《最高人民法院关于适用〈中华人民共和国民事诉讼法〉的解释》(下文简称《民诉法解释》)第 93 条对《民事证据规定》第 9 条作出进一步区分,列明了"反驳"与"推翻"适用情况的不同。然而,推定与经验法则纠缠不清,所以有必要从因果关系出发探讨推定与经验法则在其中的运用。

二、因果关系

(一) 概念

因过错侵害他人民事权益而承担侵权责任,必须运用请求权基础的法条检索方法,一一考察各成立要件的涵射,方可谓请求权的发生。我国《侵权责任法》第 6 条第 1 款与《民法通则》第 106 条第 2 款是我国有关侵权责任的一般规定,作为被害人得向加害人请求损害赔偿的请求权基础。考察我国侵权行为的构成要件应遵循从客观要件到主观要件的过程,客观要件包括加害行为、受害人的民事权益受侵害和加害行为与民事权益被侵害之间有因果关系,主观要件是过错。[2] 我国现行立法上没有对因果关系作出定义,但是可以借鉴学说的见解,对因果关系进行逻辑上的法解释,以此为司法实务提供参考,为具体案例的分析提供逻辑思考范式。侵权责任的成立要件通说认为,须具备:①须有加害行为;②行为须不法;③须侵害他人之权利;④须致生损害;⑤须有责任能力;⑥须有故意或过失。[3] 侵权责任之第四要件为致生损害,所谓致生损害者乃须有损害之发生,而该损害又须与加害行为有因果关系是也,郑玉波谓:"因果关系者乃加害行为与损害之间,

---

[1] 《最高人民法院关于民事诉讼证据的若干规定》第 9 条在最高人民法院于 2015 年公布的《最高人民法院关于适用〈中华人民共和国民事诉讼法〉的解释》第 93 条得到重申,后者延续了前者的内容,在表述上有所修改。参见沈德咏主编《最高人民法院〈民事诉讼法司法解释〉理解与适用》,北京:人民法院出版社,2015 年,第 320 页。

[2] 参见程啸《侵权责任法》(第二版),北京:法律出版社,2015 年,第 207—209 页。

[3] 参见王泽鉴《侵权行为》,北京:北京大学出版社,2009 年,第 86 页;郑玉波《民法债编总论》(修订二版),北京:中国政法大学出版社,2004 年,第 125 页。

有前因后果之牵连是也。"[1] 总之,无论立法规范如何表述,因果关系都作为侵权责任的核心要素之一,所以有必要对其作进一步逻辑结构上的分析。

(二)责任成立的因果关系和责任范围的因果关系

孙森焱认为,"侵权行为的因果关系可分:①加害行为与损害发生之间的因果关系;②加害行为与损害赔偿范围之间的因果关系"[2] 加害行为与损害之间的因果关系,在大陆法系国家称为责任成立的因果关系,在普通法系国家称为事实因果关系;加害行为与损害赔偿范围之间的因果关系在大陆法系国家称为责任范围的因果关系,在普通法系国家称为法律上的因果关系。

责任成立的因果关系(haftungsbegründende Kausalität),指可归责的行为与权利受侵害之间具有因果关系。[3] 责任成立因果关系所要解决的问题是权利的侵害是否由于加害行为而生,所以责任成立的因果关系其本质上是侵权责任成立的构成要件。例如上述"陆耀东案"中,永达公司安装照明灯所造成的光污染,是否是陆耀东健康权受到侵害的加害行为;输血者遭受感染是否由于供血者的血液携带病毒所导致,医院因为事前未对两者血液进行检测,而医院应否为此承担责任;等等。[4]

责任范围的因果关系(haftungsausfüllende Kausalität,责任填补因果关系),指"权利受侵害"与"损害"之间的因果关系。[5] 责任范围因果关系解决的问题是损害的发生与被害人的权利遭到侵害间的因果关系,也就是说,被害人的权利受到加害人的侵害而生的损害,哪些由加害人予以赔偿的问题。例如,被害人支出医药费,收入减少等是否应为加害人的赔偿范围;上述"陆耀东案"中,原告陆耀东遭受光污染对其健康权造成的实际损害,包括难以安睡,为此出现了失眠、烦躁不安等症状,被害人为此付出的医疗费用等等,这些实际损害是否应当由加害人予以赔偿。

---

[1] 郑玉波:《民法债编总论》(修订二版),北京:中国政法大学出版社,2004 年,第 133—134 页。
[2] 转引自王泽鉴《侵权行为》,北京:北京大学出版社,2009 年,第 182 页。
[3] 参见王泽鉴《侵权行为》,北京:北京大学出版社,2009 年,第 183 页。
[4] "耿某诉荥阳市妇幼保健院及荥阳市人民医院医疗损害纠纷一案",(2011)荥民一初字第 558 号民事判决书,并经(2013)郑民一终字第 18 号民事判决书予以维持。
[5] 参见王泽鉴《侵权行为》,北京:北京大学出版社,2009 年,第 183—184 页。

所谓因果关系,通说系采相当因果关系。[1] 无论是责任成立的因果关系,还是责任范围的因果关系,都由相当因果关系贯穿于始终,必须符合相当因果关系的逻辑构造。[2] 在判断责任成立与责任范围的因果关系时,首先要确定有无相当因果关系,而后再考虑是否符合法规目的,法规目的的考量是对相当因果关系的补充。[3]

(三)相当因果关系

王伯琦谓:"无此行为,虽必不生此损害,有此行为,通常即足生此种损害者,是为有因果关系。无此行为,必不生此种损害,有此行为,通常亦不生此种损害者,即无因果关系。"[4]同样,立法上和实务上并未对相当的因果关系作出定义或解释,但是我们通过学者对因果关系的描述得出,通说上认为,相当因果关系由"条件关系"和"相当性"构成,而且在运用于具体案例时,首先检索"条件关系",其若得到肯定,方可检索"相当性"。

1. 条件关系

条件关系,指某甲的行为与某乙的权利受侵害(某种损害与乙之权利受侵害)之间,具有不可或缺的条件关系(conditia sine qua non)。[5] 条件关系的判断方法是"若无 A,则不 B"的模式,即如果没有此行为,肯定不产生此损害。"若无 A,则不 B"的认定方法在逻辑上解决的是,A 是 B 的必要条件,不能说明 A 是 B 的充分条件,但是如果没有 A、B 依然出现,那么 A 不是 B 的必要条件,也就是 A 与 B 间的条件关系不成立,所以此时不满足相当因果关

---

〔1〕 参见王泽鉴《侵权行为》,北京:北京大学出版社,2009 年,第 186 页。

〔2〕 责任成立的因果关系采取的判断标准是"条件说"(也称 But for 规则、等价说、等同原因说),责任范围的因果关系应采相当性理论,相当性究竟是否也适用于责任成立的因果关系,德国联邦最高法院对此没有明确。参见程啸《侵权责任法》(第二版),北京:法律出版社,2015 年,第 221—237 页。但是,王泽鉴教授认为,侵害行为与损害之间的判断基准是相当因果关系。参见王泽鉴《侵权行为》,北京:北京大学出版社,2009 年,第 182—183 页。在最高人民法院(2001)民二终字第 114 号判决书和《中华人民共和国最高人民法院公报》2016 年第 10 期的"丁启章诉江苏京沪高速公路有限公司等人身损害赔偿纠纷案"中,法院均认为行为和损害之间应当符合"相当因果关系",所以我们应当在责任成立和责任范围的因果关系上均采相当因果关系(含条件关系和相当性)。

〔3〕 法规目的说认为,因侵权行为所生之赔偿责任须就侵权法规的意义与目的加以探究,尤其要探讨该法规究竟要保护何种利益,即相关法规之意义与目的。参见程啸《侵权责任法》(第二版),北京:法律出版社,2015 年,第 237—238 页。本文的论述重点在于相当因果关系。

〔4〕 转引自王泽鉴《侵权行为》,北京:北京大学出版社,2009 年,第 186 页。

〔5〕 参见王泽鉴《侵权行为》,北京:北京大学出版社,2009 年,第 187 页。

系的第一阶层检验,不必进入第二阶层的相当性检验。

例如,在"陆耀东案"中,若永达公司没有安装照明灯,居住在附近的受害人陆耀东就不会受到强光的影响,"改变居室内人们夜间休息时通常习惯的暗光环境"的情形就不会出现,使受害人夜间休息时被干扰,故成立条件关系。又如"耿某诉荥阳市妇幼保健院、荥阳市人民医院医疗损害赔偿纠纷案"(下文称"耿某案"),若无医院的输血,受害人是否会感染,依据条件关系的检验方法,笔者认为难以得出确切的答案,因为在检验相当因果关系第一阶层时,因为上述医院都没有对受害人在输血前进行检验,有可能受害人在输血前已经感染了,但也有可能是在输血后才感染,故事实真伪不明,笔者得出条件关系不成立,此时应该适用客观证明责任的规定。但是"耿某案"中两级法院均通过经验法则,推定输血与感染之间的因果关系已经构成,笔者对上述判决的理由持异议。

"若无,则不"是一种反证规则,旨在排除与造成某种结果无关的事物。[1] 笔者认为,条件因果关系是通过反证的方式来论证的,但是这样会无限扩大因果关系的循环,因为我们考虑因果关系的目的不是反证本身,而是逻辑上肯定性的因果关系,即我们的目的是考察若有此行为,损害是否会发生。但是世事无绝对,发生的可能性是需要评价的,即有此行为可能会发生此损害,但也可能不会发生此种损害,这种损害发生的可能性即为盖然性,这种盖然性有高低之分,此时我们需要考察的是相当因果关系的第二阶层,以此限制永无止境的因果关系,确定其界限。

2. 相当性

从积极的方面界定,相当性是指有此行为,通常足生此种损害;从消极方面界定,其指有此行为通常不生此种损害,其目的则在排除"非通常"的条件因果关系。[2] 在检验相当因果关系的第二阶层时,应当以加害人的加害行为为客观事实的判断基础,依照客观社会一般第三人的知识经验,判断是否会通常致生此种损害,也就是是否会产生同样损害的盖然性、可能性。相当性考察的是在"若无 A,则不 B"中,A 是否为 B 的充分条件,若是,则行为与实际损害间存在相当性。

相当性理论认为,作为原告损害条件的被告的行为(或应由其负责之事

〔1〕 参见王泽鉴《侵权行为》,北京:北京大学出版社,2009 年,第 187 页。
〔2〕 参见王泽鉴《侵权行为》,北京:北京大学出版社,2009 年,第 196 页。

件),如果极大地增加了此种损害发生的客观可能性(objektive Möglichkeit),那么该行为就属于损害的充分原因[1]是否存在相当性考虑的是后果与原因行为之间,依据通常人的理性观念,结合人类的实践知识与条件,以及裁判时可供支配的经验知识,判断是否处于并不遥远的因果关系之中。

例如,在责任成立上的因果关系,甲驾车撞伤乙,乙住院期间因意外火灾再次受伤,此时,依照客观社会一般人的经验知识认为此属偶然发生事件,相当性不成立;"陆耀东案"中,法院通过援引《民事证据规定》第 9 条第 1 款第 3 项,推定永达公司设置的照明灯通常足可导致被害人的损害,故利用经验知识推定成立相当性。

(四)因果关系中的经验法则

相当因果关系中的条件关系,因为经常涉及科技或者专业问题,例如医疗纠纷,通常认为由原告举证不利于救济被害人,所以有必要减轻原告举证困难,减少举证危机的出现。可以采取的途径,例如学术机关鉴定的利用、表见证据(Anscheinsbeweis)的采行、事实上推定及疫学等相关科学的运用。[2]其中,表见证据[3]和事实上的推定都涉及经验法则,故其作为本文讨论的对象。至于相当性,其本身的运用中就包含"通常性""足以""经验知识""可能性""盖然性"等因素的考量,所以相当性的核心也是经验法则。

经过上文对因果关系的构造上的初步探讨,笔者强调相当因果关系分别贯穿了责任成立的因果关系和责任范围的因果关系。郑玉波先生谓:"相当因果关系说亦称适当条件说,谓某原因仅于现实情形发生某结果者,尚不能即断定其有因果关系,必须在一般情形,依社会通念,亦谓能发生同一结

---

[1] B. S. Markesinis, The Law of Torts: A Comparative Introduction, *The German Law of Obligation* Vol. Ⅱ, 3th ed., Oxford: Clarendon Press, 1997, at 99. 转引自程啸《侵权责任法》(第二版),北京:法律出版社,2015 年,第 236 页。

[2] 参见王泽鉴《侵权行为》,北京:北京大学出版社,2009 年,第 193—194 页。

[3] 德语词汇 Beweis 既可以翻译为"证明",也可以翻译为"证据",而 Anscheinsbeweis 可以翻译为"表见证据、表面证据、初步推定的证据",也可以翻译成"表见证明、推定证明",我国文献资料多表述为"表见证明",故下文采"表见证明"的表述。参见庞文薇主编《精选德汉经贸法律词典》,上海:同济大学出版社,2012 年,第 40、101 页;杜景林、卢谌主编《德汉法律经济词典》,北京:对外经济贸易大学出版社,2011 年,第 48、130 页;[德]汉斯-约阿希姆·穆泽拉克《德国民事诉讼法基础教程》,周翠译,北京:中国政法大学出版社,2005 年,第 269 页。

果者,始得认有因果关系相当因果关系说。"[1]所以,因果关系本身天然与经验法则相伴相生,下文为了解决举证困难,分别讨论经验法则在事实推定和表见证明制度中的运用,予以解决因果关系的成立问题。

三、事实推定中的经验法则

(一)关于推定的内涵

推定是指从某事实推认出其他事实的行为,经验法则的存在使推定成为可能。[2]也就是,从一个已知事实出发,按照一定的逻辑或经验法则,认定另外一个未知的事实的发生,而已知事实与未知事实之间须存在联系。推定可以分为事实推定和法律推定。

法律推定指某些法律规范中,立法者以一定的事实(推定基础)直接推导出另外一个特定的法律要件(推定结果)。[3]笔者认为,当经验规则被立法所采纳,法官依照法律规范直接适用推定,法官不再需要在证据评价时运用自由心证,而只需要适用法律的规定即可,这是法律推定的应有之义。法律推定又分为法律上的事实推定和法律上的权利推定:当推定的结果是事实且为法律规范上的要件事实,即为法律上的事实推定,例如《侵权责任法》第58条、《商标法》第47条、《保险法》第42条第2款、《公司法》第72条、《婚姻法司法解释三》第7条;当推定的结果是权利时,即为法律上的权利推定,例如《日本民法典》第188条和《德国民法典》第1006条。

相比较而言,当事实间的伴生关系或者牵连关系即经验法则没有被立法者采纳,也就是经验法则没有建立在法律规范之上的时候,法官在形成心证的时候运用了这种经验法则,从某事实推认其他事实的行为谓事实推定,例如《民诉法解释》第93条第1款第4项和《民事证据规定》第9条第1款第3项。

---

[1] 郑玉波:《民法债编总论》(修订二版),北京:中国政法大学出版社,2004年,第135页。
[2] 参见[日]新堂幸司《新民事诉讼法》,林剑锋译,北京:法律出版社,2008年,第401页。
[3] 参见[德]普维庭《现代证明责任问题》,吴越译,北京:法律出版社,2006年,第72页。

(二) 对事实推定的质疑

事实推定是法律推定的遗留问题,其本属于证明评价的范畴,但却被误认为是法律,并且以讹传讹,影响了证明责任。一旦脱离了法律,推定的法律基础就丧失了〔1〕笔者认为,事实推定不是真正意义上的推定,只有可以反驳的法律推定才是真正意义上的推定,因为推定本来在产生之时就要求其以法律规范为基础,需要经验法则被立法者所采纳,方可以作为裁判的基础,经验法则本身就有盖然性高低的区分,而不是把社会上各种各样未被检验过的经验法则纳入证明评价的范畴。

笔者上文所列举的所有案例皆为事实推定的范例,并且认为法官在形成心证的过程中,推定时所运用的经验法则盖然性高低不一。例如,2007 年的"彭宇案"中,法院认为,如果被告见义勇为,符合实际的做法是抓住撞倒原告的人,而不是好心相扶;被告做好事,依社会情理,原告家人到达后即可离开……原、被告反而到派出所处理事故,从该事实也可以推定出被告撞倒了原告〔2〕笔者认为,此处法官在自由心证的过程中,其推定依据的经验法则并不是为客观社会一般第三人所能普遍接受,也就是其个人的主观认识并不能反映一般人日常生活的经验知识,也就是,加害人的加害行为这一要件事实未能被原告徐某完全证明,更罔论加害行为与损害间相当因果关系的证明。即本案所依据的盖然性比较低,难以令他人信服,而且造成了恶劣的影响。相比较之下,"陆耀东案"中法院运用的经验法则来推定因果关系,得到了社会一般观念的认可。

笔者在这里澄清一点,事实推定上所适用的经验法则,既有可能是高度盖然性的经验法则,也有盖然性低的经验法则,当适用盖然性较高的经验法则时,在日本称为"大致推定"。通过大致推定,原先的证明责任分配被转换〔3〕即日本法中的"大致推定"与一般的证明责任不同,属于证明责任转换。但笔者认为,事实推定绝不是转换证明责任,也就是绝不会导致客观证明责任被转换。例如《民事证据规定》第 9 条第 2 款,可以对事实推定提供相反证据推翻。此处的"推翻"我们应该理解为反证,因为通说认为只需要

---

〔1〕 参见[德]普维庭《现代证明责任问题》,吴越译,北京:法律出版社,2006 年,第 75 页。
〔2〕 "徐某诉彭宇人身损害赔偿纠纷案",(2007)鼓民一初字第 212 号。
〔3〕 参见[日]新堂幸司《新民事诉讼法》,林剑锋译,北京:法律出版社,2008 年,第 403 页。

举出反证,而不是充分的反面证明。[1] 解释(《民诉法解释》第93条)对于推定的事实和众所周知的事实,当事人提供的证据能够动摇免证事实对于法官的心证基础,即不能发生免除当事人举证责任的效力;而对于本条第5项至第7项,需要证据的证明力达到推翻该事实的程度,即需要达到证明相反事实成立的程度。[2]《民诉法解释》第93条第2款区分了"反驳"和"推翻"的概念,此处针对本条第1款第4项"日常生活经验法则的推定"中的"反驳"应该理解为"反证",而不必要求必须是推翻该推定的事实。[3] 事实推定的反驳(或反证)模糊法官内心的心证即可,不必达到高度可能性的证明度,如果是客观证明责任的转换,则需要达到完全证明的程度,所以笔者认为即便是高度盖然性的事实推定也不是客观证明责任的转换,而是主张责任的转换而已。

基于笔者上述的讨论,事实推定中的经验法则盖然性高低不一,引发了同案不同判,判决的信服力低,法官在证明评价中运用经验法则时随意性较大,没有达到解决减轻举证困难、证明危机的问题。在推定概念上的混乱,其表现之一就是将推定划分为法律推定与事实推定两种类型,而将推论与事实推定等同起来,在中国,承认事实推定更容易带来司法的随意性。[4] 事实推定的语义模糊不清,不应当把法律推定和事实推定这一对容易造成混淆的范畴引入中国……不仅"事实推定"的语词不宜使用,"事实推定"的概念也不宜使用,因为所有推定都应该属于法律规定的范畴。[5] 笔者赞成把事实推定这一制度设置予以放弃,因为推定本身从其产生之日起就应当以法规为出发点,不宜由司法者自行创设。

---

[1] 参见周翠《从事实推定走向表见证明》,《现代法学》2014年第6期,第119页;[德]普维庭:《现代证明责任问题》,吴越译,北京:法律出版社,2006年,第82页。

[2] 参见沈德咏主编《最高人民法院〈民事诉讼法司法解释〉理解与适用》,北京:人民法院出版社,2015年,第321页。

[3] 参见杜万华、胡云腾主编,最高人民法院研究室编《最高人民法院〈民事诉讼法司法解释〉逐条适用解析》,北京:法律出版社,2015年,第150—151页。

[4] 参见龙宗智《推定的界限及适用》,《法学研究》2008年第1期,第112—113页。

[5] 参见何家弘《从自然推定到人造推定——关于推定范畴的反思》,《法学研究》2008年第4期,第111—112页。

(三)经验法则与事实推定

经验法则,是指从经验中归纳出来的有关事物的知识或法则。[1] 经验法则是人在主观能动地对大量事物、运动的观察、分析和总结的基础上,得出的一般性结论,或者是一般生活经验,或者是专业知识。法官可以以任何方式获得经验知识,尤其是借助司法鉴定,作为法定证据种类之一的鉴定意见为法官在证据评价形成心证的过程中起到不可或缺的作用。

普维庭教授借鉴海穆勒教授的观点,依据盖然性从高到低,把经验法则分为四类:首先是生活规律,即数学上可以证明的,或者符合逻辑的,毫无例外的盖然性程度,它足以构成表见证明;其次是经验基本原则,具有高度的盖然性,其可验证,经得起科学的检验,其可以被反证排除;再次是简单的经验规则,其不能独立帮助法官形成完全的心证,盖然性较低,但是它可以在法官形成心证的过程中起到一定的作用;最后是纯粹的偏见,不具备盖然性规则,无价值可言。[2]

而我国《民诉法解释》第 93 条第 1 款第 1 项"自然规律以及定理、定律"和《民事证据规定》第 9 条第 1 款第 2 项"自然规律及定理"就是经验法则分类中的生活规律,因为依据《民诉法解释》第 93 条第 2 款,它不可以通过反驳或者推翻予以排除。而《民事证据规定》第 9 条第 1 款第 3 项"日常生活经验法则",依最高人民法院编的法条解释,法官在运用《民事证据规定》第 9 条进行事实推定时应当符合一定条件:在待证事实无法用其他证据规则予以证明、基础事实必须被证明是真实、基础事实与推定事实之间应当具有必然联系且经验法则真实可靠,以及允许对方当事人提出反证并且以反证能否成立确认推定是否成立。[3] 《民诉法解释》第 93 条第 1 款第 4 项,根据已知的客观事实和日常生活经验法则,推定出的另一事实之存在,必须依照严密的逻辑推导。[4] 《民诉法解释》第 93 条第 1 款第 4 项,事实推定的中介是经验法则,此处的经验法则应当是社会公众所普遍认可的经验法则,不能是

---

[1] 参见[日]新堂幸司《新民事诉讼法》,林剑锋译,北京:法律出版社,2008 年,第 490 页。

[2] 参见[德]普维庭《现代证明责任问题》,吴越译,北京:法律出版社,2006 年,第 144—154 页。

[3] 参见梁书文主编《〈关于民事诉讼证据的若干规定〉新解释》,北京:人民法院出版社,2011 年,第 197—200 页。

[4] 参见杜万华、胡云腾主编,最高人民法院研究室编《最高人民法院〈民事诉讼法司法解释〉逐条适用解析》,北京:法律出版社,2015 年,第 152 页。

审判人员主观上的"经验法则",也不能是当事人一方想当然的"经验法则",防止恣意裁判和于对方当事人不公的现象出现。[1] 我们可以得出,必然联系是一种可靠的、盖然性程度较高的经验法则,为客观社会一般第三人所能普遍接受,而不是个人主观的认识,所以"日常生活经验法则"应当属于"经验基本原则"。由于真正的表见证明中的经验法则是指上述分类中"经验基本原则",所以我国的规定契合表见证明的要求,法官在证据评价时可以借鉴德国表见证明的理论,形成令人信服的心证和判决理由,而不是类似于"彭宇案"中,运用简单的经验规则,为社会一般人所不能接受。

(四)事实推定与表见证明

事实推定不是解决证明责任的分配问题,有些事实并没有上升到普遍为社会大众接受的程度。为了克服举证困难或证明危机,从具体的案件事实关系出发,解决证明困境,除了上述事实推定之外,还有表见证明的制度设置。有必要依据纠纷的类型和具体案件的不同,在特定情形下为实现立法目的和具体的正义减轻证明标准,德国将解决这一问题的策略称之为表见证明。[2] 针对法官运用经验法则对要件事实进行直接推定的过程,体系化提炼,提出了"经验法则类型化"的设想,恰恰就是表见证明规则。[3] 在德国认为:事实推定这个概念有时被等同于为类似表见证明的经验法则或者作为它的同义词使用;事实推定是表见证明的弱化,其功能与表见证明非常相似;更有甚者,认为事实推定所包含的经验规则其级别低于表见证明,它尚不能构成表见证明。[4]

事实推定其本质上是经验法则在适用于案件审理过程中证明评价的延伸,可以作为表见证明形成法官的临时心证,即事实推定的思考模式仅仅是表见证明制度的一环而已,因为表见证明要求的经验法则盖然性程度高于前者。因此把事实推定作为一项制度独立出来是不可取的,事实推定更多

〔1〕 参见江必新主编《〈新民诉法解释〉法义精要与实务指引》,北京:法律出版社,2015年,第197页。
〔2〕 参见吴杰《民事诉讼证明标准理论研究》,北京:法律出版社,2007年,第139页。
〔3〕 参见周翠:《从事实推定走向表见证明》,《现代法学》2014年第6期,第113页。
〔4〕 参见[德]普维庭:《现代证明责任问题》,吴越译,北京:法律出版社,2006年,第82—83页。

属于简单的经验法则(简单的经验规则),没有固定的证明和证明度,事实推定难以为法官形成心证的过程中提供稳定的思考工具,更难以限制法官的自由心证,所以才会出现类似"彭宇案"令人难以信服的判决。为了还原"事实推定"的原貌——经验法则,而恰恰表见证明制度的建立基于强烈的生活经验规则,故表见证明所推导出来的审判结果更为大众所接受。将事实推定纳入表见证明制度的范围之内,将《民诉法解释》第 93 条第 1 款第 4 项和《民事证据规定》第 9 条第 1 款第 3 项的规定引入表见证明的评价范畴之中。

事实推定是证明评价的范畴,应当把它视为经验法则并可能形成表见证明,但绝不是表见证明本身,事实推定作为经验法则可能导致表见证明,仅此而已。[1] 笔者认为,事实推定可以被放弃,被其他制度设置所替代,甚至可以被认为是多余的。英美法系国家的一些学者在推定范畴如此混乱的情况下采取了务实的回避态度,他们不再纠缠于那些令人困惑乃至头痛的分类,而是直接研究各种具体的推定"范畴"。[2] 那么我们不妨从司法实践中出发,讨论"具体的推定"。所以,笔者从因果关系出发,上文分析了因果关系中经验法则的运用,以及推定在司法实践的因果关系中存在的问题,接下来探讨经验法则在表见证明中的运用,以此提供解决证明困难的路径。

四、表见证明中的经验法则

通过上文对事实推定构造上的本质分析,可以看出事实推定仅仅是表见证明制度思考范式中的一环,其在法官证明评价上并没有什么特别的作用,或者它仅作为经验法则可能引发证明评价中表见证明方向的思考而已。通过比较法上的借鉴,德国对很容易导致混乱的事实推定时刻保持回避甚至否定的状态,而以判例的方式发展更加可靠和稳定的表见证明制度。德国的联邦最高法院进一步澄清了事实推定与表见证明的关系:"事实推定仅

---

〔1〕 参见[德]普维庭《现代证明责任问题》,吴越译,北京:法律出版社,2006 年,第 83 页。

〔2〕 参见何家弘《从自然推定到人造推定——关于推定范畴的反思》,《法学研究》2008 年第 4 期,第 115 页。

在证据评价领域内获得意义,并可为主张事实创设表见证明或间接证明。"[1]所以,为了我国的司法判决在运用经验法则进行证明评价的结果为一般社会大众普遍接受,而且上文提到除了事实推定制度外,表见证明制度也是因果关系举证困难的解决路径之一,所以有必要借鉴德国表见证明制度对于经验法则运用的经验,使我国司法判决令人信服。

(一)表见证明的概念

表见证明(Anscheinbeweis/prima-facie-Beweis)是通过判例发展起来的,其特征为:法官从已被确认的事实事件中推断出依照生活经验通常与之相结合的其他事实。[2] 这种应用的前提是存在所谓典型的发生过程,也就是指由生活经验验证的类似的过程,由于这种过程具有典型性,它可以对某个过去事件的实际情况进行验证("类似性证明")。[3] 表见证明在《德国民事诉讼法》第 292 条得到提及。

表见证明的核心是经验法则,而经验法则依据其盖然性的高低又可以分类,不同种类的经验法则导致了表见证明拥有不同的证明力。法官借助生活经验,从已知的或者已经被证明、确认的事实中推断出未知的事实,而这种所谓生活经验就是上文中所谓的经验法则,得出法律上具有显著意义的事实。而表见证明的经验法则必须是盖然性程度较高的经验法则,否则不符合表见证明"典型性""通常性""典型的事件过程"的特征。

表见证明本质上属于证明评价,而且产生转换主张责任的作用,绝不是转换客观证明责任。因为一旦对方当事人通过反证动摇了法官内心的"确信"——达不到高度盖然性的要求——或者使法官确信其他典型事件过程的高度盖然性,提供表见证据的当事人须再次提出证据证明要件事实,例如因果关系的成立。但决不允许以主观个人的推测来解决举证困难的问题而适用表见证明。

---

[1] 参见 BGH NJW 2010,363,364。在该判决中,联邦最高法院援引了如下文献:MünchKomm/Prütting, § 292 Rn. 28;Wieczorek/Schütze/Assmann, § 292 Rn. 13;Baumgärtel, S. 43,57。转引自周翠《从事实推定走向表见证明》,《现代法学》2014 年第 6 期,第 115 页。
[2] 参见[德]汉斯-约阿希姆·穆泽拉克《德国民事诉讼法基础教程》,周翠译,北京:中国政法大学出版社,2005 年,第 269 页。
[3] 参见[德]普维庭《现代证明责任问题》,吴越译,北京:法律出版社,2006 年,第 134 页。

(二)表见证明与经验法则于因果关系的适用

经验法则对证据评价(心证)来说不可或缺,例如对于因果关联问题、过失问题等。[1] 笔者继续从因果关系出发,进一步分析经验法则在表见证据中的运用,进而对因果关系产生的影响,甚至可以说是改革。上文中,笔者强调了相当因果关系的两阶层检验方法也贯穿了责任成立的因果关系,而相当因果关系经过上文的分析,其本身与经验法则相伴相生,相当因果关系的核心是经验法则,而经验法则依盖然性程度不同作出分类。

在自由心证的原则下,法官可以对事实认定形成心证的程度就是证明度。[2] 法官形成心证的标准是什么,这包括完全证明与释明,都关乎证明度的高低。通说以高度盖然性为原则,某些例外情形下可以降低对证明度的要求……在瑞典法和德国法中,证明度被设定为确凿、充分、相当、大体等不同的层次,不同的事实对应不同的证明度,这一做法在瑞典是通说,在德国是有力说。[3] 新堂幸司教授也认为,法官以何种程度的心证才可以认定为应当是确信的,应当把这种程度取决于应决之事项、问题的性质及价值等因素,而证明度不同,分别采用完全证明或释明。[4]

对作为责任根据的原因适用第 286 条的规定,即通常的证明度。[5] 责任根据的原因即责任成立的因果关系,依照《德国民事诉讼法》第 286 条第 1 款第 1 句"法官……主张是否可以认为真实",立法者强调是法官认为是"真实"即可,即为其确信是真实的,而这种确信必须是符合法官主观意识的高度盖然性要求,而不是以客观真实作为目的。也就是,责任成立的因果关系需要被完全证明。完全证明是指让法官"确信"案件事实为真的诉讼证明。[6] 即对责任成立的因果关系达到确信的证明标准,需要符合通常的证明标准——依照我国《民诉法解释》第 108 条第 1 款"确信待证事实的存在

---

[1] 参见[德]奥特马·尧厄尼希《民事诉讼法》(第 27 版),周翠译,北京:法律出版社,2003 年,第 265 页。

[2] 参见[日]高桥宏志《重点讲义民事诉讼法》,张卫平、许可译,北京:法律出版社,2007 年,第 36 页。

[3] 参见[日]高桥宏志《重点讲义民事诉讼法》,张卫平、许可译,北京:法律出版社,2007 年,第 37 页。

[4] 参见[日]新堂幸司《新民事诉讼法》,林剑锋译,北京:法律出版社,2008 年,第 371 页。

[5] 转引自[德]汉斯-约阿希姆·穆泽拉克《德国民事诉讼法基础教程》,周翠译,北京:中国政法大学出版社,2005 年,第 272 页。

[6] 参见江伟主编《民事诉讼法学》(第二版),上海:复旦大学出版社,2010 年,第 205 页。

具有高度可能性的"，可见我国完全证明的确信程度即证明度是"高度可能性"，也就是高度盖然性。因为责任成立的因果关系是侵权责任的构成要件，侵权责任一旦被证明成立，则会产生相应的法律效果，所以责任成立要求完全证明。所以，责任成立的因果关系需要完全证明，而且高度盖然性的证明度要求可能性为80%。但是高度盖然性的证明度给完全证明带来举证困难，可能会使受害者的损害得不到赔偿，更遑论责任范围的因果关系了。所以联邦最高法院也在作为责任根据的因果关联领域借助于关于因果关联的表见证明降低了证明度。〔1〕在考量责任成立的因果关系具体案件中，借助经验法则来推断导致损害的原因行为（加害行为），为了确立加害行为和权利受损间存在因果关系，所以运用了表见证明来降低责任成立的证明度要求，而且表见证明转换了主张责任。

对责任充足的（haftungsausfüllend）因果性而言，适用第287条这样的"证明减轻"的规定，认为较低的盖然程度即足够。〔2〕责任充足的因果性即责任范围的因果关系，其解决的问题是在被害人的权利受到加害人的侵害而生的损害中，哪些由加害人予以赔偿。根据《德国民事诉讼法》第287条第1款进行的损害调查范围，主流观点也认为一个降低的盖然程度（显著的盖然性），也完全足够。〔3〕《德国民事诉讼法》第286条第1款要求完全证明，但如果这一要求也对损害赔偿请求权完整适用，则许多受害者将会空手而归，因为他们没有能力对交通事故的损害后果做精确说明。〔4〕所以为了减轻举证，适用表见证明的典型事件过程推导原因，利用经验法则，进行释明即可。释明是指法官根据有限的证据可以"大致推断"案件事实为真的诉讼证明，其要求的证明度是较小的可能性，即主张的真实性或者不真实性仅

---

〔1〕 参见［德］汉斯-约阿希姆·穆泽拉克《德国民事诉讼法基础教程》，周翠译，北京：中国政法大学出版社，2005年，第272页。

〔2〕 参见 BGH NJW 1986,2945,2946；*Thomas/Putzo/Reichold* § 287 Rn. 11,11,各有更多证明。转引自［德］汉斯-约阿希姆·穆泽拉克《德国民事诉讼法基础教程》，周翠译，北京：中国政法大学出版社，2005年，第272页。

〔3〕 参见 BGH NJW 1970,1970,1971；1972,1515,1516（至少绝大盖然性）；1976,1145,1146；BGH NJW-RR 1987,339；BGH MDR 1993,175；BGH NJW 1993,734 又见更多证明；*Zimmermann* § 287 Rn. 5 *Thomas/Putzo/Reichold* § 287 Rn. 11。转引自［德］汉斯-约阿希姆·穆泽拉克《德国民事诉讼法基础教程》，周翠译，北京：中国政法大学出版社，2005年，第269页。

〔4〕 参见［德］奥特马·尧厄尼希《民事诉讼法》，周翠译，北京：法律出版社，2003年，第262页。

具有占优势的可能性、"充分可能性"就足够〔1〕释明运用经验法则推断未知事实,对责任范围的因果关系构成"充分性"即足可,完全证明的高证明度通过其他的法律法规被改变了,如第 287 条第 1 款使得责任范围的因果关系的证明度要求降低了。因此,责任范围的因果关系,德国通过判例〔2〕,将其证明度设定在释明之下,也就是采证据优越的观点,对待证事实达到占优势的状态即可,即要求可能性超过 50% 。

(三)我国面对因果关系的证明困难

因为因果关系多有关科技、专业领域、证据距离等问题,由被害人或原告负担客观证明责任会导致不公平的现象,所以出现了证明责任转换的论题。例如,在医疗纠纷的案件中,按照《民事证据规定》第 4 条第 1 款第 8 项,因果关系的客观证明责任由医疗机构负担。虽然证明责任转换是解决证明困难导致不公平现象的手段之一,但是将其一律适用在某一类案件的因果关系认定中,反而导致了不公平,医疗机构不堪举证的困难,导致其承担巨大的败诉风险,而且事实也是医疗机构败诉率高,从而出现了上文所述"人死医院赔"反倒成了"惯例"。

在因果关系问题中证明责任的转换方面要注意,通过证明责任转换仍然没有解决证明困难的问题,特别是出现了双方当事人都无法克服的提供证明的困难。〔3〕由于责任成立的因果关系关联侵权责任成立的要件之一,没有了责任成立的因果关系要件罔论责任范围的问题,而责任成立的因果关系却需要完全证明达到高度盖然性的程度,其性质上往往就使其自身难以被证明,并且一旦遭受举证困难,按客观证明责任的分配,被害人往往负担败诉的风险,从而权利受到侵害的人得不到真正的赔偿,可能导致不公平的结果,即使为了保护被害人权利的目的将其转换到了被告,被告依旧难以证明因果关系的不存在,要件事实依旧难以查明,而且也不利于被告的权利保护。所以,笔者认为,可以在因果关系中采用表见证明的方式,尤其是在

---

〔1〕 参见[德]奥特马·尧厄尼希《民事诉讼法》,周翠译,北京:法律出版社,2003 年,第 259 页;参见江伟主编《民事诉讼法学》(第二版),上海:复旦大学出版社,2010 年,第 205 页。

〔2〕 参见 BGH NJW 1986,2945,2946;*Thomas/Putzo/Reichold* § 287 Rn. 11,11,各有更多证明。转引自[德]汉斯-约阿希姆·穆泽拉克《德国民事诉讼法基础教程》,周翠译,北京:中国政法大学出版社,2005 年,第 272 页。

〔3〕 参见[德]普维庭:《现代证明责任问题》,吴越译,北京:法律出版社,2006 年,第 151 页。

责任成立的因果关系中适用表见证明,运用可靠的经验法则,可以减轻责任成立的因果关系的证明度,利用盖然性比较高的经验法则来证明待证事实,缓解被害人的证明困难,将我国现行法中有关事实推定的规定运用表见证明的证明评价思路,而不是在遇到证明困难时一律适用责任转换的手段[1]。

而且上文已经指出,无论是事实推定抑或表见证明,导致的都是主张责任的转换,不是客观证明责任的转换[2]。表见证明与主张责任的结合,发挥重要作用,如在医疗纠纷诉讼中,被害人或者原告不知道也难以获取相关的信息和资料,但被告对整个医疗事件的经过较为清楚,而且它掌控了相关材料文件,所以依据表见证明把原告本来负担的主张责任转移到被告,这样一来,减轻了原告的证明困难,而不是转移客观证明责任。所以《民事证据规定》第 4 条第 1 款第 8 项规定的客观证明责任转换,笔者对此保留个人的意见。

五、结语

通过对我国现行有关因果关系的法条梳理和案例的整理,从侵权责任构成要件之一的因果关系出发,探讨其内部的构造,对责任成立的因果关系和责任范围的因果关系的成立作递进式深入分析,对相当因果关系的条件关系和相当性进一步剖析,发现经验法则是其内部构造的核心。法官在自由心证的过程中,运用经验法则进行证明评价时,抛弃既往莫衷一是且适用

---

[1] 除在民事诉讼法的角度运用表见证明降低责任成立的因果关系证明度方法外,在民事实体法中,例如我国《侵权责任法》第 24 条保留了我国《民法通则》第 132 条有关公平责任的规定,公平责任是中国侵权责任法的特色之一,司法实践中积累了大量的案例,公平责任可以解决侵权纠纷中被害人主张的因果关系证明困难的问题,基于公平责任,可以软化责任成立的因果关系的证明度,缓解在法移植中西方侵权责任理念"全有全无"的刚性规则,使被告承担一定比例的损失。但是为了防止公平责任的滥用,必须以过错责任为原则。相关案例参见李乔、邓治团:醉鬼夜归错推门误伤他人致死被判赔 2 万,登载于"中国法院网",网址:http://www.chinacourt.org/article/detail/2006/12/id/230175.shtml,2006 年 12 月 31 日,访问时间:2017 年 3 月 25 日;相关文献资料参见孙维飞《通说与语词之争——以有关公平责任的争论为个案》,《北大法律评论》2011 年第 12 卷第 2 辑,第 383—400 页。

[2] 主张责任(Behauptungslast)解决每一方当事人必须提出哪些主张的问题,如果他想避免诉讼上的不利、万不得已时的败诉。客观的证明责任解决对裁判显著的事实未被证明时由哪一方当事人承担责任的问题,即哪一方当事人承担无证据(Beweislosigkeit)的风险。参见[德]奥特马·尧厄尼希《民事诉讼法》,周翠译,北京:法律出版社,2003 年,第 267—268 页。

混乱无章的事实推定概念,改而适用盖然性较高的表见证明制度,从而为案件中证明困难出现时,尤其是在责任成立的因果关系中,减轻了当事人的证明负担。因果关系中贯穿了经验法则,而经验法则又在法官证明评价形成心证的过程中,起到了至关重要的作用,从而对责任成立和责任范围的因果关系提出了不同证明度的要求和减轻举证的方法。

通过本文的分析,体现出民事实体法和民事诉讼法两者相辅相成,共同为当事人权利的保护和案件纠纷的解决作出了贡献,印证了民法和诉讼法都是由罗马法上的 actio(罗马法上的诉)派生,都是 actio 的一体两面。[1] 诉讼法回归到与民法的紧密联系上,诉讼法的研究需要以民事实体法作为支撑,融入更多民法规范,推动诸如因果关系、经验法则、表见证明制度的发展。[2]

(初审:杨彪)

---

〔1〕 参见[日]中村宗雄、中村英郎《德国法上"诉讼之目的"(诉讼标的)概念的生成过程》,载《诉讼法学方法论——中村民事诉讼理论精要》,陈刚、段文波译,北京:中国法制出版社,2009 年,第 123—157 页;金可可《论温德沙伊德的请求权概念》,《比较法研究》2005 年第 3 期,第 112—121 页。
〔2〕 参见李浩《走向与实体法紧密联系的民事诉讼法学研究》,《法学研究》2012 年第 5 期,第 28—32 页。

民法总则中的无因管理:继受、完善与展望

李洪健*

【提　要】《民法总则》继受《民法通则》之立法体例,对无因管理制度作有原则性规定,明确其为一项独立的债之发生原因。无因管理制度背后所蕴含的人类社会性特征与解难纾困的道德情操使其得以继受至今。《民法总则》对无因管理的规定兼有语义不清、规范错位以及因此而导致的规则缺位等问题。在民法典时代,对无因管理制度的完善应当在民法典的框架中展开,借由司法判例制度对其加以阐述、补充乃至发展,这既是对民法典应有的尊重,亦是在民法典时代所必须作出的方法论上的调整。

【关键词】　无因管理　民法总则　制度价值　司法判例　法律进步

> 我们需要的人是能够宽广的、不拘泥文义的、合乎人道的、秉持充分的社会认识,去适用法律,并在适用之际,知道如何去补充法律,促进法律之发展。教育此辈法律人,实乃国家大部分希望之所寄。
>
> ——Ziltelmann[1]

《中华人民共和国民法总则》(以下简称《民法总则》)的颁布是我国民法典编纂的重大成果,《民法总则》明确了我国民法典的价值取向与体例安排,对我国民法典各分编的编纂具有提纲挈领式意义。《民法总则》大体继受了《民法通则》的体例安排,在"民事权利"一章对无因管理作有原则性规

---

* 武汉大学法学院 2015 级硕士研究生。

〔1〕　引自 Zitelmann 于柏林大学的校长就职演说(1903 年)。转引自王泽鉴《举重明轻、衡平原则与类推适用》,载王泽鉴《民法学说与判例研究》,北京:北京大学出版社,2015 年,第 88 页。

定,明确其为与契约、侵权行为、不当得利相独立的债之发生原因,此种认识可堪赞同。唯其将无因管理规范定位于"民事权利"一章而非"债编总则"中,体系位置的错位成为无因管理制度完善之窒碍。不仅如此,仅有的一则条文尚有语义不清、价值取向不明之弊病。既有规范在实践中显然不敷使用,如何澄清其疑义、补足其内涵已是当务之急。在民法典尚在编纂之际,眼下存在多条可供选择的路径,如何取舍,考验着我们在民法典时代对此类法律问题的思考方式可否与时俱进、不落窠臼。

一、无因管理制度的继受及其必要性

无因管理,谓无法律上之义务而为他人管理其事物。[1]《民法总则》第121 条规定:"没有法定的或者约定的义务,为避免他人利益受损失而进行管理的人,有权请求受益人偿还由此支出的必要费用。"管理事务的当事人称为管理人,受事务管理的一方叫作本人,因本人一般从管理事务中受益,所以又称为受益人。[2] 无因管理发生之后,管理人与本人之间便发生债权债务关系,这就是无因管理之债。[3] 无因管理作为一种法定之债,其在历史发展过程中经历了漫长的演变。

(一)无因管理之性质及其立法体例之流变

无因管理作为一种债之发生原因早在罗马法中既已体现。在罗马法,无因管理被认作准契约,称为"管理他人事物"(negotiorum gestio),发生债的关系。[4] 所谓准契约,即指此种债务既不是因契约而发生,又不是由于侵权行为而产生的,这种债务被认为仿佛是根据契约发生的。[5] "准"这个字放在罗马法的一个名词之前,含有这样一种意思,即用它作为标志的概念和其原来的概念之间,在比较上有着一种强有力的表面类似或相似。[6] 之所以

---

[1] 参见史尚宽《债法总论》,北京:中国政法大学出版社,2000 年,第 57 页。
[2] 参见崔建远、韩世远、于敏《债法》,北京:清华大学出版社,2010 年,第 209 页。
[3] 参见王利明等《民法学》,北京:法律出版社,2005 年,第 505 页。
[4] 参见杨立新《债法总论》,北京:法律出版社,2011 年,第 107 页。
[5] 参见[古罗马]查士丁尼《法学总论——法学阶梯》,张企泰译,北京:商务印书馆,1989 年,第 184 页。
[6] 参见[英]梅因《古代法》,沈景一译,北京:商务印书馆,1959 年,第 194 页。

将其认定为一项准契约，主要是因为罗马学者认为无因管理须合于本人之意思或须取得本人事实上之追认或理智上之追认，故无因管理乃拟制之委任[1]，准用委任契约之规定。可见，无因管理在罗马法上被视为一种类似于委任的契约关系。及至近代，《法国民法典》以"准契约"的形式继受了无因管理，在制度构建上参照了委托契约之规范，明确规定"管理人应负担如同所有权人对其有明示委托时所产生的全部义务"[2]。彼时，无因管理仍未脱离契约法成为一种独立的债之发生原因，这一情况直到《德国民法典》颁布之后始有改观。《德国民法典》在其第二编的"各种债务关系"一节中（第677—687条），明确规定了无因管理行为的构成要件及其效力内容，将无因管理视为一种独立的、法定之债，摒弃了"准契约"的思维模式。不过，《德国民法典》仍将无因管理之规定置于"委托和实务处理合同"一节之后，并设有委任契约准用之规定。无因管理与"准契约"更彻底的决裂体现在《日本民法典》与《中华民国民法典》中[3]，两部法典均将无因管理置于债编总则，使其与契约、侵权行为、不当得利共同构成债的发生原因，虽然两者皆有"适用委任规定"之条款，但其业已脱离"各种合同"之定位，跃升于债法总则之中，其独立性已然更为突出。

无因管理从"准契约"中的独立从根本上来说，是立法者对无因管理性质认识更为深入的体现。在罗马法时代，无因管理被视为一种准法律行为，其中具有拟制的当事人合意。在德国民法典编纂之初，仍有观点主张"无因管理虽然不是法律行为（Rechtsgeschäft），但却是所谓的广义的法律行为（Rechtshandlung）"[4]，并可准用狭义法律行为之规定。这种观点在随后的编纂过程中被"事实行为说"所取代。自《德国民法典》之后，无因管理作为一种事实行为的本质已成为普遍的共识。虽然各国民法均强调管理人须有"为他人管理"的主观意思，"然而此种意思中，只要含有使管理行为事实上所生

---

〔1〕 参见叶知年《无因管理制度研究》，北京：法律出版社，2015年，第3页。

〔2〕 参见《法国民法典》第1372条，同时参见《法国民法典》第1373—1375条。

〔3〕 《日本民法典》于其第三编"债权"中专设"无因管理"一章（第697—702条）；至于《中华民国民法典》，可参考我台湾地区现今"民法"第172—178条关于无因管理的规定，该规定定位于"债编"通则部分的"债之发生"的第三款，与第一款"契约"、第二款"代理权之授予"、第四款"不当得利"、第五款"侵权行为"并列。

〔4〕 Staudinger/Bergmann, 2006, Voberm zu §§677ff. Rn. 42；Erman/Dornis, 13. Aufl. , 2011, §677 Rn. 14. 转引自吴从周《见义勇为与无因管理——从德国法及台湾地区法规定评河南法院判决》，《华东政法大学学报》2014年第4期。

之利益归属于本人之意思已足,至于由无因管理所发生之法律效果,则与此意思无关"[1]。不过,与普通事实行为不同的是,无因管理仍以人的精神作用为要件,因此,亦有学者将其称为混合的事实行为(Gemischte Realakte)[2],以示其区分。事实行为的定性使无因管理得以脱离契约法,与契约、侵权行为、不当得利一道被定位债之发生原因的基本形态。

我国有关无因管理的立法最早见于《民法通则》第 93 条。该项条文规定:"没有法定的或者约定的义务,为避免他人利益受损失进行管理或者服务的,有权要求受益人偿付由此而支付的必要费用。"这则条文与合同、不当得利被一同置于"民事权利"一章的"债权"一节。《民法总则》整体上继受了《民法通则》关于无因管理的规定。从内容而言,《民法总则》对无因管理的规定与《民法通则》大致相同,仅作语言表述上的变化;就编章体例而言,前者亦仿照《民法通则》,将其置于"民事权利"一章的债权部分[3]。准此以言,我国民法上的无因管理制度整体上继受了近代以来各国民法典对无因管理的认识,明确无因管理构成法定之债的发生原因,强调了其与契约的独立性,此点毋庸置疑。

(二)无因管理制度的价值逻辑

学者有谓,无因管理乃一适法道德行为,介于委任与侵权行为之间。[4]无因管理行为从正面来看,属于助人行为,由负面观之,属于侵权行为。在发生不适法的无因管理时,管理费用、管理利益、管理损害可能因具体情事之变化而优先适用侵权行为与不当得利规则。[5] 因之,从某种角度而言,适法的无因管理可以通过准用委任契约的方式来解决;不适法的无因管理,可以通过侵权行为与不当得利来解决,一个独立的无因管理制度似乎并无必要。然而,事实却是,即便在个人主义极大觉醒的 19 世纪,无因管理仍被崇

[1] 郑玉波:《民法债编总论》(修订二版),北京:中国政法大学出版社,2004 年,第 72 页。
[2] 参见郑玉波《民法债编总论》(修订二版),北京:中国政法大学出版社,2004 年,第 73 页。
[3] 《民法总则》"民事权利"一章第 118 条规定,"债权是因合同、侵权行为、无因管理、不当得利……请求特定人为或者不为一定行为的权利",其后的第 119—122 条连同第 118 条可被视为"债权"部分的规定。
[4] 参见林诚二《民法债编总论——体系化解说》,北京:中国人民大学出版社,2003 年,第 108 页。
[5] 参见黄茂荣《债法通则之四:无因管理与不当得利》,厦门:厦门大学出版社,2014 年,第 21—33 页。

尚个人自由主义的《法国民法典》继受下来，而且这一制度也广为各国民法所采纳。为何这一干涉他人事务的行为不仅未被淘汰，反而以法定之债的形式编入民法典？制度在移植的时候，其实是被选择、而且在很多时候是被舍弃的[1]，制度的继受亦是如此，究竟是怎样的原因使无因管理制度经久不衰？

1. 人类的社会性特质是无因管理制度产生的渊源。法国学者 Ripert 与 Goré 从利他主义出发，认为无因管理制度建立在互相给予帮助的道德义务的基础上。[2] 类似地，《德国民法典》也认为无因管理制度起源于一种真正的利他主义或好的撒玛利亚人主义。[3] 人的利他主义正是人类群体社会性的一种体现，利他行为是一种增进群体之间联系、防范潜在风险的表现。凡人皆不得遗世独立，如梁启超先生所言："凡人所以不得不合群者，以一身之所需所欲望，非独立所能给也……于是乎必相引相倚，然后可以自存。"[4] 这种人类群体在自然进化中所形成的互相维持、分工协作的社会性特征已经深入人类的基因当中。更具现实意义的是，这种群体性在客观上提高了民事主体对不确定风险的防范能力。在民事领域，虽然代理制度延长了民事主体管理自己事务的"手臂"，增强了其对风险的控制力，保险制度也部分地分担了民事主体可能遭遇的风险损失，但现实生活中仍会发生当事人规划以外的风险，如孩童走失、宠物遗失、天灾人祸等。代理与保险在此种未及预料的风险面前显然乏力。相反地，在满足一定要件的前提下，如果允许他人管理自己事务，不仅能合理地分散、消弭风险，更是对民事主体意思自治的必要弥补和扩张。

2. 在行为规范上，人的行为不仅受法律等正式规则的约束，同时也受到来自道德等非正式规范的约束。法律与道德同属行为规范，法律在某种程度上是以法律形式所表现出来的道德。[5] 对于法律与道德的关系，富勒曾借义务的道德与愿望的道德两个概念加以分辨：若人们的行为达到了愿望的

---

[1] 参见苏永钦《民法的积累、选择与创新》，《比较法研究》2006 年第 2 期。

[2] Cf. Ernst von Caemmerer, Peter Schlechtriem, *International Encyclopedia of Comparative Law*, Vol. X, restitution/unjust enrichment and negogiorum gestio, ch. 17, at 13. 转引自徐同远《无因管理价值证成的追寻》，《国家检察官学院学报》，2011 年第 6 期。

[3] 参见徐同远《无因管理价值证成的追寻》，《国家检察官学院学报》2011 年第 6 期，第 146—147 页。

[4] 梁启超：《新民说》，沈阳：辽宁人民出版社，1994 年，第 104 页。

[5] 参见[俄]M. H. 马尔琴科《国家与法的理论》，徐晓晴译，北京：中国政法大学出版社，2010 年，第 334 页。

道德标准,那么应该对其加以奖励和表扬;而若人们的行为遵从义务的道德标准,却不会因此受到奖励和表扬。相反,如果人们的行为不符合此类道德标准,违反该道德义务,那么他将因此受到谴责和惩罚。[1] 践行道德[2]虽非法律义务,但这并不意味着道德对人的行为没有约束作用。民法规范多非行为规范,除少量的强行规范外,并不具有明显的引导民事行为的功能。在民事活动中,道德实际上充当了民事主体行为准则的主要来源。在此意义上,道德便是"藏身于人民的实际社会关系中极力要表现自我的法"[3]。虽然在实践中,无法将如感恩的道德义务转化成法律义务,但这并不意味着法律无法规范广为肯定的行为。[4] 法律虽不将从善作为一种义务,但是对于从善之人,法律即便不予以"奖励和表扬",至少也应对其因善行所受之损失给予补偿。

无因管理行为不仅在主观上合乎本人之意思,而且在客观上也有益于本人的利益,是对本人意思必要的扩张与补充。同时由于管理人或为本人付出劳务,或转嫁其之风险,其中不乏损失甚巨者,法律有必要肯定此种"干涉他人事务"的道德行为,不仅使其阻却违法,尚得赋予其必要的请求权,以更好地弘扬"守望相助、疾病相扶"之美德,实现法律与道德的相互促进。

二、《民法总则》中无因管理规范之评析

无因管理本质上系属干涉他人事务之行为,原则上构成侵权行为,他人得防御之。然人性除有利己主义外,亦有利他之美德,若一概认为无因管理系属侵权行为,不仅无益于社会之和谐,亦有悖于我族淳厚之民风。故而,民法设有无因管理制度,于行为自由与干涉他人事务间予以调和,使适法之无因管理行为得以阻却违法,以示法律对此行为之优厚待遇,鼓励解难纾困之美德。唯无因管理终究有侵蚀私法自治之虞,因此,对适法无因管理之界

---

〔1〕 参见[美]富勒《法律的道德性》,郑戈译,北京:商务印书馆,2005 年,第 37 页。

〔2〕 如无特别说明,此处及后文中所言的道德专指"愿望的道德"。

〔3〕 [俄]М. Н. 马尔琴科《国家与法的理论》,徐晓晴译,北京:中国政法大学出版社,2010 年,第 334 页。

〔4〕 参见[美]罗斯科·庞德《法律与道德》,陈林林译,北京:中国政法大学出版社,2003 年,第 98 页。

限,应设具体要件予以明确,以防无因管理沦为侵害私法自治之工具。

(一)无因管理规范构成要件之解读

《民法总则》第 121 条规定:"没有法定的或者约定的义务,为避免他人利益受损失而进行管理的人,有权请求受益人偿还由此支出的必要费用。"据此可知,《民法总则》中的无因管理行为构成要件有三:其一,须管理他人事务;其二,须有为他人管理之意思;其三,须无法律上之义务。

1. 须管理他人事务。此项要件系无因管理构成之客观要件,《民法总则》第 121 条中的"为避免他人利益受损失而进行管理"即有此意。无因管理中的"管理"是个广义概念,既包括狭义的管理,也包括服务。管理从行为性质上来说,属于一种事实行为,而不属于法律行为。就管理内容而言,既可以是法律行为,也可以是事实行为。[1] 管理人所管理的事物在客观上必须属于他人事务,若管理人误认本人事务为他人事务而为管理者,理论上称为"幻想管理",不构成无因管理。另外,事务依其性质有所谓的中性事务,即该事物在性质上不当然与特定人有结合关系,若管理人为他人利益而为,仍得认作他人事务,不影响无因管理之成立。[2] 就管理行为之内容而言,无因管理行为重在"管理",即强调管理人有为他人事务积极作为的行为存在,故而单纯的不作为非谓无因管理中的"管理"。另,由于无因管理之成立得阻却违法,是故,违法行为及与公序良俗相悖者,亦不得成为管理之内容,否则将导出借他人之"管理"而为违法行为却阻却违法之恶果。[3] 在对《民法总则》第 121 条中"管理"的认定上,应当先行考察是否存在形式上的管理行为,再就管理事务实质上是否属于本人、是否合法加以判断。

2. 须有为他人管理之意思。所谓"管理意思",系指为他人管理事务之意思,亦即使管理行为事实上所生之利益归属于本人之意思。管理意思为无因管理所以得阻却违法之主观因素。[4] 不过"管理意思"并非法效意思,只需管理人主观上具有为他人事务而为管理之意思即足矣,不必表示于外

---

〔1〕 参见杨立新《债法总论》,北京:法律出版社,2011 年,第 112 页。

〔2〕 参见郑玉波《民法债编总论》(修订二版),北京:中国政法大学出版社,2004 年,第 75 页。

〔3〕 例如,甲因病住院,邻居乙私自将甲所藏匿之毒品销售为甲支付医疗费用,乙之行为虽有为甲之利益而管理之目的、行为,但因为所管理之事务违法,不得认定成立适法的无因管理,否则将导致无因管理制度成为违法者脱法之工具。

〔4〕 参见邱聪智《新订民法债编通则(上)》,北京:中国人民大学出版社,2003 年,第 56 页。

部。其表示与否,事后仅具证明其为事务之管理时,有无为本人管理事务之意思之证据方法上的意义[1]另外,无因管理行为并非法律行为,故其成立自不须以管理人具有行为能力为要件,只要管理人具有识别能力,意识到其在为他人而为管理即可(案例)。"管理意思"之要件体现在《民法总则》第121 条"为避免他人利益受损失而进行管理"的表述中,所谓"为他人而进行管理"即指此项管理意思。有疑义者,"为他人进行管理"是否含有了解他人身份之内容? 就民法中"他人"之用语来看,"他人"皆指向不确定的第三人,系属无具体内涵的人称代词[2],"他人"的具体资格、身份原则上不会影响相关规范的适用。如此便意味着,即便管理人不了解事务的本人是谁,甚至是对本人存在误认,也不会影响无因管理的成立。另外,"管理意思"不须以完全为他人为必要,其管理兼有为他人之意思亦可[3]

3. 须无法律上之义务。所谓无法律上之义务,即《民法总则》第121 条"没有法定的或约定的义务"。对于法律义务的理解不能限于私法层面,而应兼顾公法义务。例如,消防队员与警察救助他人的行为皆因其负有公法上的义务而阻却无因管理之成立。于私法层面上,父母不得向其子女主张养育事实构成无因管理[4],亦不得向其父母主张赡养事实系无因管理,盖父母对其父母、子女负有赡养、抚养之法定义务,其抚养与赡养之行为非属无因管理,乃义务之履行也。法定义务较为明确,适用上并无异议,有疑问者在于约定义务的认定及其范围。在约定义务中,当事人一方超出义务范围所为之管理,亦可能成立无因管理。例如,甲为乙之汽车补胎,甲在补胎时发现乙之车存有重大的刹车隐患并予以修理,应认为甲修理刹车隐患之行为构成无因管理。再如,社区业主代他人缴纳公用设施相关费用,在其代缴

---

[1] 参见黄茂荣《债法通则之四:无因管理与不当得利》,厦门:厦门大学出版社,2014 年,第 10 页。

[2] 例如,《民法总则》第 122 条:"因他人没有法律根据,取得不当利益,受损失的人有权请求其返还不当利益";《民法总则》第 52 条:"被宣告死亡的人在被宣告死亡期间,其子女被他人依法收养的……";《民法总则》第 62 条:"法定代表人因执行职务造成他人损害的,由法人承担民事责任";等等。可见,在上述条文中,相关法律效果的发生不以当事人了解"他人"具体的资格、身份为必要,"他人"仅作宽泛的人称代词,不具实际意义。

[3] 参见浙江省绍兴市中级人民法院(2007)绍中民二终字第 567 号判决。本案中,管理人为避免税费损失,代本人缴纳运费。管理人的行为虽以维护自身利益为目的,但事实上兼有代本人缴纳运费的意思,法院认为其行为成立无因管理。

[4] 但如果一方当事人与他方当事人之子女未形成法定继父(母)关系而为抚养之事实,一方当事人可向他方当事人主张无因管理。参见河南省商丘市中级人民法院(2016)豫 14 民终 2379 号判决。

的费用范围内亦成立无因管理。[1]

(二)无因管理制度之缺陷

《民法总则》中的无因管理规则系由《民法通则》第 93 条改编而来,除个别用语稍有改动外,并无变化。较之于其他法域关于无因管理制度的规定,我国的无因管理制度十分单薄,不仅在无因管理行为的要件构成、语言表述上存在较大的模糊性,而且制度内容完全委诸于一则条文,漏洞甚多。

1. 无因管理规定在解读与适用上存有模糊与不足

第一,无因管理之成立是否以本人实际受益为要件?《民法总则》第 121 条明确管理人可以向受益人请求偿还必要费用,"受益人"一词就语义上而言,确实寓有受有利益之内涵。这一语词在我国司法解释中也大量出现。如《民法通则意见》第 99 条规定,利用他人土地排水而对他人造成损害的,受益人应合理补偿;第 142 条规定,"人民法院可以根据受益人受益的多少及其经济状况,责令受益人给予适当补偿";第 157 条在关于公平责任的解释中表示,如果一方是在为他人或共同利益行为中受损害,法院可以责令受益人给予一定的补偿。据上述条文可知,"受益人"的确指向客观上受有利益之人。果真如此,无因管理的成立将因本人实际受益要件的存在而趋于严格。就立法目的与比较法角度以言,本人受有利益并非无因管理之要件。我国台湾地区"民法"第 172 条规定:"未受委任,并无义务,而为他人管理事务者,其管理应依本人明示或可推得之意思,以有利于本人之方法为之。"至于管理目的是否达成,本人是否实际受益之问题,王泽鉴教授指出,"无因管理重在管理事务本身,目的是否达成,与无因管理之成立无关"[2]。同样的,《德国民法典》与《日本民法典》也未将本人受益列为无因管理之构成要件。[3] 更有学者明确指出:"本人所负的费用偿还义务,与管理人管理事务努力之结果无关,即使本人客观上未因管理事务而取得任何利益……亦在所不问。"[4] 就比较法之角度而言,本人实际受有利益确非无因管理之要

[1] 参见浙江省台州市中级人民法院(2016)浙 10 民终 1338 号判决书。
[2] 王泽鉴:《债法原理》(第二版),北京:北京大学出版社,2013 年,第 315 页。
[3] 参见《德国民法典》第 677 条,《日本民法典》第 697 条。
[4] Fikentscher,SR,8. Aufl. ,1992,Rn. 936. ;Erman/Dornis,13. Aufl. ,2011,vor § 677 Rn. 24。转引自叶知年《无因管理制度研究》,北京:法律出版社,2015 年,第 61 页。

件。但我们不可以此断言《民法总则》亦采此种见解,盖就我国民事立法的语词运用而言,"受益人"的确含有本人实际受益之意义,此其一;且这种表述也有可能是立法者有意作出不同的价值取向,以严格其成立要件,此其二。

第二,管理方式是否影响无因管理之成立?《民法总则》第 121 条规定:"没有法定的或者约定的义务,为避免他人利益受损失而进行管理的人,有权请求受益人偿还由此支出的必要费用。"有疑问的是,管理人的请求权是否不问管理之方式而因管理事务的客观存在而必然成立?就条文之文义而言,《民法总则》似仅关注管理是否使本人受益,而不问管理行为本身。若在管理人管理事务不符合本人意思且管理未使本人受益之情形,固不成立适法之无因管理,管理人无权向本人主张偿还必要费用,此时并无疑问。唯若在管理虽不符合本人之意思,但其管理确使本人实际受益之情形,如甲将其一副珍贵字画借乙展览,乙明知甲不愿出售该字画但仍将之高价出售,依其规定,乙似仍有权请求甲偿还乙为卖画所付出的必要费用。因此,无因管理不仅无法鼓励善行,恐将沦落为违法行为人的脱法工具,盖任何人皆得以其所谓"管理"合乎他人利益而使其侵权行为阻却违法,并得主张管理费用之返还,此无异于使民事主体陷于彼此之机会主义行为之中,大开合法干预他人事务之门,遑论私法自治!《民法总则》忽略了管理行为本身对其适法性的影响,此种漏洞,不可不谓之重大。

2. 无因管理在民法典体系中错位,制度规范多有疏漏

《民法总则》中的无因管理制度系沿袭《民法通则》而来。在后者,无因管理制度被规定于"民事权利"一章中,与合同、不当得利一同规定于该章的"债权"一节,仅设一则法律条文。《民法总则》仿《民法通则》之体例,设"民事权利"一章,并将无因管理编入该章,与合同、侵权行为、不当得利一并作为债的发生原因。《民法通则》设"民事权利"一章,对各种权利的内容、效力作出原则性界定,固然存有诸多问题,但《民法通则》实际上一肩担负了"民法总则"与"民法分则"的任务。在那个法律供给不足的时代,我们对于民事立法体例自然不能有过高的要求。但在编纂民法典的任务既已明确且民事单行法已经完备的前提下,以怎样的体例安排各种民事规范,使其更为协调、一致绝非吹毛求疵,而是民法典编纂的应有之义。《民法总则》延续《民法通则》的立法体例,将无因管理纳入总则"民事权利"一章的体系安排至少

在立法技术上值得商榷。[1]

《民法总则》将无因管理与合同、侵权行为、不当得利并列为债之发生原因,固然值得肯定,唯其将无因管理置于总则"民事权利"部分而非"债编"中,极大地限制了无因管理制度的展开。无因管理于《民法总则》中仅有一则条文,全文不过 50 字,不仅在规则设计上存有不足,在实践中也是难堪其用。首先,《民法总则》第 121 条仅仅强调管理人对受益人之请求权,并未明确管理人应尽之义务。干涉他人事务原则上属于侵权行为,即便管理人具有为他人管理之意思,亦不能仅因其善意而阻却违法。域外立法多规定,管理人负有注意义务、通知义务和计算义务,其中注意义务最为重要,其履行效果直接影响到无因管理行为之适法性[2],此项规则的缺失使得法院在判断无因管理适法性时缺乏明确的准据。其次,无因管理规范忽略了对本人意思之尊重。无因管理行为是否适法,不仅应考察本人是否受益,更应关注管理人之行为是否合乎本人之意思。毕竟无因管理系私法自治必要的扩展,其管理行为应以本人意思为重,若不考察本人之意思而为事务之管理,纵然结果有利于本人,亦难谓合乎私法自治之精神。在域外民法中,管理行为是否合乎本人意思多被视为适法之无因管理之构成要件看待,与管理人之注意义务一并被视为管理人义务之主要内容。其他问题,如在情势紧迫之时所为之管理(紧急管理),管理人之注意义务是否应当减轻?再如,事务之管理虽然与本人意思相悖,但却合乎公益(公益管理),管理行为是否合法?在不适法无因管理情形,如果本人承认管理人对自身事务的管理,是否阻却违法,当事人权利义务又是如何,等等。对于上述问题,《民法总则》中的无因管理规范皆付诸阙如。

条文简洁、用语凝练是各国无因管理规范的特征,但这种简洁凝练须以表述精准,要件明确,规范齐备为前提。不幸的是,无因管理规范在法典体系上的错位吞噬了其在民法典中应有的空间,体系位置的尴尬使其仅得以一项请求权基础的形式存在于民法典中。制度空间的压缩不仅使其丧失内容厚度,更为致命的是,仅存的一则条文在立法语言、要件设置上仍有待澄清、补足。

---

〔1〕 参见金可可《〈民法总则(草案)〉若干问题研究》,《东方法学》2016 年第 5 期。

〔2〕 参见《德国民法典》第 677 条、681 条;《日本民法典》第 697 条、699 条;《法国民法典》第 1374 条。

三、无因管理制度完善路径的选择

《民法总则》虽明确无因管理为债之发生原因,并明确地将其与契约区分开来,唯其将无因管理设于"民事权利"部分,显然不具有系统规划的可能性。无因管理之规定,有待解释者众,有待补充者更众。如何完善此一制度是我们在民法典时代所无法逃避的课题。

(一)通过民法典分编加以补充并非明智之举

就比较法而言,大陆法系民法典多将无因管理置于"债编总则"中,专设一节予以规范,此种模式不仅更为精准地体现出无因管理之性质,更兼有内容完备、体系完整之优势。那么,民法典可否在"民法债编"中对无因管理规范加以补充? 根据我国当前民法典的立法安排,民法典将不再设立"债编"[1],而且立法机关也不倾向于在民法典中制定"债法总则"[2]。这一道路似乎行不通。另一种可能是让"合同编"实际上承担起"债法总则"的任务,并在"合同编"增设"准合同"一章,专门对无因管理进行系统性规范。就立法技术层面而言,此种可能性自然存在。不过,且不论民法典放弃"债编"是否值得检讨,将无因管理以"准合同"的形式编入"合同法编"的思路既与近代以来民法典编纂技术的成长路径相悖,也不符合我国民法典编纂的任务要求。回溯无因管理之演变,其在性质上经历了由准契约到法定之债的蜕变;在法典体系上也实现了从债法分则到债法总则的跃升。倘若民法典再将其以准契约的形式订入合同法编,此种立法体例显然与近代以来的趋势相背离。另外,梁慧星教授指出,民法典的"编纂"是在现行民事单行法的基础上展开的,不能脱离现行法和实践经验,应根据民法理论和比较法研究

---

〔1〕 2015 年 4 月,中国法学会决定成立民法典编纂项目领导小组,各小组分别负责合同法编、物权法编、侵权行为编、婚姻家庭法、继承法编。参见 http://e.mzyfz.com/paper/paper_3705_1793.html;http://www.chinanotary.org/content/2016-10/25/content_6850650.htm,访问时间:2017 年 4 月 30 日。

〔2〕 参见王利明教授在 2016 年由浙江大学举办的"法治与改革国际高端论坛"上关于"民法典编纂背景下合同法编的制定意见"的发言,http://www.ghls.zju.edu.cn/chinese/redir.php? catalog_id=55&object_id=339751,访问时间:2017 年 4 月 28 日。

进行设计、建构。[1] "准合同"一词未尝出现在我国民事立法中,这一概念同时又具有明显的历史性与地域性,仅供学术讨论、交流之用,将"准合同"概念引入民法典,并作一章(节)加以规定,不免有脱离现行法与法典理论化之嫌。[2]

(二)不宜再以司法解释弥补民法典之不足

通过民法典的后续编纂对无因管理制度加以补充并非良策,那么司法解释可否补其不足? 司法解释在近几十年来有效地缓解了我国立法长期存在的体系不清、表述不明、难以操作的问题,客观上弥补了立法之不足。但在法典化时代,司法解释自宜功成身退。法典编纂,乃是以一种特定的方式界定立法与司法的关系。[3] 民法典的编纂首先是对既有的民事法源进行整合的工程,其对象不仅有民事单行法,也有民事领域中数量庞杂的司法解释。由于司法解释在客观上具有准法源的地位,所以民法典的编纂无论如何都绕不过民法典与司法解释关系的界定与协调的问题。如薛军教授所言,民法典的编纂是一个重建更加合理的法源体系的契机。[4] 如果在民法典编纂之后,出现民法典与司法解释并存甚至是"民法典司法解释"的局面,民法典编纂的实质意义恐有遭贬损之虞。因之,从整理民事法源与协调法律适用的角度而言,民法典必须对司法解释采取内容吸收、形式废止的举措,并入民法典是司法解释再好不过的归宿。否则"如果不能清晰地界定民法典中的规则与此前民事领域数量庞大的司法解释中具体规则的关系,那将是一种无法忍受的混乱和不确定性"[5]。故而,如果最高人民法院嗣后再以司法解释的形式对无因管理制度加以解释与补充,无疑将使我国民法法

---

[1] 参见梁慧星教授在 2016 年 7 月由中国社会科学院主办的"民法分则立法研讨会"上的"集学人智慧、成伟大法典"的发言,http://www. iolaw. org. cn/showArticle. aspx? id = 4844. 访问时间:2017 年 4 月 30 日。

[2] 当然,笔者并不排斥民法典的编纂有锐意革新之举。不过,笔者认为将无因管理以准合同形式写入民法典难谓合理:首先,准合同概念未曾出现在我国的法律当中,此概念不仅是一种符号,更是对前两者性质的一种表述;其次,理论界、民法教科书一贯将其视为一种法定之债,"准合同"也只是一种理论概念的表达与概念历史的叙说。如果为了补充无因管理制度而置既有之认识于不顾,莫不如恢复"民法债编",既方便,也稳妥。

[3] 参见徐国栋《民法典与权力控制》,《法学研究》1995 年第 1 期。

[4] 参见薛军《民法典的编纂应当如何对待司法解释》,《中国法律评论》2015 年第 4 期。

[5] 薛军:《民法典的编纂应当如何对待司法解释》,《中国法律评论》2015 年第 4 期。

源再次陷入混乱与不确定中,此举也难谓有对立法权应有的尊重。

(三) 司法判例制度的协力

判例非普通法系国家所独有,大陆法系国家一般不存在判例法,但是也有判例的概念。[1] 凡承认前案判决对后案判决具有或强或弱的约束力,均可谓广义的判例制度。[2] 从广义的判例制度而言,大陆法系与英美法系的区别在于判例拘束力上的差异。[3] 司法判例是法院参与规范形成与发展的一种途径,其主要表现为法院对具体法律规则文义的解释、漏洞的补充、甚至是在法秩序内对法律规则的续造。在法典至上主义没落后,法官自由裁量权与其在司法审判中的能动性更显重要,法官不再仅仅是法律条文的翻译机器。[4] 传统上的法官受法律拘束的观点转化为法官受"法及法律"拘束,这种转变意味着,法官在司法活动中不仅有适用法的义务,更兼有解释法、发展法、发现法的责任。德国联邦宪法法院认为:"法官具有发现法规范这种有创意的任务及权限……他们拥有'将隐含在立法者、法秩序或一般价值秩序中之一般性法条演绎出来'之法的续造的权利。"[5]当下,司法判例已经构成法学进步的重要一环! 2010 年,《最高人民法院关于案例指导工作的规定》的出台标志着有中国特色的司法判例制度正式起航。与司法解释不同,指导性案例并非司法规则,不具有法律效力,仅对类似案例具有约束力。此种方式不仅消弭了司法权觊觎立法权的隐忧,而且使司法判例与学说理论一道协力法律的进步与完善,殊值肯定。在民法典时代,案例指导制度可作为完善无因管理制度的一种有益尝试。

其一,民法典的编纂意味着我国从"法创制时代"步入"法解释时代",立法与司法之间的关系也将因时代的转换而生变。在前者,法律规则供给不足是主要矛盾,司法权承担一定的法创制功能乃属时代所迫,不得不为;在后者,法律与社会的主要矛盾转化为法与法律之间的紧张关系,司法活动的一项重要任务在于如何在法秩序中解释、发展法律,使法与法律尽可能的相

---

[1] 参见何然《司法判例制度论要》,《中外法学》2014 年第 1 期。

[2] 参见[德]茨威格特、克茨《比较法总论》,潘汉典等译,北京:法律出版社,2003 年,第 377 页。

[3] 参见宋晓《判例生成与中国案例指导制度》,《法学研究》2011 年第 4 期。

[4] 参见杨仁寿《法学方法论》,北京:中国政法大学出版社,2013 年,第 101—105 页。

[5] [德]卡尔·拉伦茨:《法学方法论》,陈爱娥译,北京:商务印书馆,2003 年,第 248 页。

统一。民法所规定的,是人类社会生活的基本关系,不宜动辄更改,故其所以发展改进之道,多赖于执法者的造法活动。[1] 当民法规范以法典的形式呈现出来之时,民法的修正将更为困难,司法判例之重要性将更得彰显。法院通过司法裁判而非发布司法解释的方式参与法律规范的发展,既是对民法典、立法权的尊重,也是其所肩负的责任。《民法总则》中的无因管理规范有待解释者众、有待补充者众,其解释、补充甚至是续造问题皆有待于司法判决的明确、填补与发展。对于无因管理制度所存在的问题,案例指导制度恰好为其提供了一条通过司法判例得以实现自我完善与发展的路径。[2]

其二,"司法判例"的材料基础已经存在,既有的司法裁判已经对无因管理制度有所发展。例如,法院在一则判决中论证:"关于第3个构成要件(为他人管理),本院认为,管理事务的承担本身不利本人或违反本人明示或可得推知的意思,则成立'不当的无因管理',在此种情况下,因管理所产生的利益归本人享有,而本人对于管理人的义务,以其所获得的利益为限承担民事责任。"[3] 在短短百余字中,此则判决至少已有三处实现了对无因管理规范的发展:(1)将"为他人管理"解读为兼有"事务的承担须合乎本人明示或可得推知之意思";(2)发展出"不当管理"的概念;(3)在规范目的内创设"不当管理"的权利义务内容。上述判决虽然存在论证不足的缺陷,但不可否认的是,法院的确在规范目的内对无因管理制度进行了发展。前述判决并非个别现象,实践中已有不少判决对无因管理规则进行了某种程度的解读与续造:如有的判决并未将本人实际受益作为无因管理的构成要件看待[4];有判决主张,管理行为虽然违反本人意思,但如果本人意思与公共利益相左,亦可成立无因管理。[5] 诸如此类的判决已经在无因管理的价值体系内对其进行了有益的解释与扩展,这为司法判例协力法律之进步提供了充分的物质基础。

其三,通过司法判例协力无因管理规则完善的制度环境已经存在。经

〔1〕 参见王泽鉴《"最高法院"判决在法学方法论上之检讨》,载王泽鉴《民法学说与判例研究》,北京:北京大学出版社,2015年,第89页。
〔2〕 《民法总则》中无因管理制度所存在的问题即在于法律条文过于原则、单薄,这恰好与《案例指导规定》重点覆盖的对象相契合,该规定第2条,"本规定所称指导性案例,是指裁判已经发生法律效力,并符合以下条件的案例:(二)法律规定比较原则的……"。
〔3〕 参见江苏省宿迁市中级人民法院(2016)苏13民终2043号判决书。
〔4〕 参见广东省中山市中级人民法院(2003)中中法民一终字第948号判决书。
〔5〕 参见四川省乐山市中级人民法院(2016)川11民终467号判决书。

过几代法学人的耕耘,由学者、司法者、律师等元素组成的法律共同体在我国已初步形成。虽然共同体成员在诸多问题上仍有分歧,但至少可以肯定的是,在已经较为成熟的法律领域,如无因管理中,成员间的共识已经远超分歧,共同体成员对于无因管理的规则架构趋于一致。[1] 法官作为共同体的一分子,多与共同体成员分享共同的理论认知与价值取向,如此便使得共同体的认识得以在司法活动中得以贯通,进而使得共同体对法律问题的认识得以在立法—司法—理论的循环之中得以更佳地分享与完善。如此便意味着,即便《民法总则》对无因管理的立法存有模糊与不确定性,法官业已形成的理论前见将会助力此项法律问题的完善、俾法与法秩序归为一体。在这种秩序回归的过程中,司法判例制度显然是不二的职能担当。不仅如此,共同体以外的因素同时也在推动司法判例制度的进步:2013 年,最高人民法院开设"中国裁判文书网",并要求所有法院生效裁判文书原则上皆须上网公示,这为判例制度提供了制度基础;十八届三中全会所提出的增强法律文书的说理性与法官制度改革则为司法判例制度提供了质量保证。以上种种表明,一个与司法判例制度相协同的环境正日臻完善,这为司法判例协力无因管理的完善注入了持久的动力。

四、无因管理制度发展的展望

于诸法中,民法规范最具道德色彩,其中又以无因管理为典型。"解人之难,救人之患,济人之急"乃中华民族之古训,无因管理制度虽引自异邦,唯其内涵却与我族之传统美德与和谐社会之构建更相契合。对于人口众多、社会正处于转型期的我国而言,无因管理制度所体现的促进社会和谐的功能极具现实意义。民法虽不能尽将道德作为民事主体之义务,却能通过制度规范之设计以期达成鼓励善行之效果。无因管理作为一种债之发生原因,非仅有请求权一项内容,更兼有维护私益与增进公益之目的。如何在维护私益的基础上使解难纾困之美德得以更好地弘扬、促进社会整体利益的进步,实乃该项制度所应寓含之追求。这要求立法者与司法者在道德与法律、私法自治与社会政策、本人利益与管理人利益间维持平衡,此举殊非

---

〔1〕 对于无因管理规则存在的问题,学界早已形成共识,不仅如此,就学者的著述而言,理论界对于无因管理应有的规则构建大体趋于一致。参见前引邱聪智、崔建远、杨立新书。

易事。

本人与管理人之权利义务内容系无因管理制度之基础,亦为其制度价值之浓缩。就历史发展而言,无因管理经历了偏重保护本人利益、兼顾管理人利益、注重公益三个阶段。[1] 我国无因管理制度在价值取向如何,因立法过于简略,难以评判,但梳理司法裁判不难发现,司法者似以公益为重。[2]在价值定位上,我国台湾地区似仍偏重于本人利益之维护,学者有谓:"现行无因管理制度,受诸个人自由主义之束缚甚深,其适用动辄以本人意思为评判标准,于防止他人干涉事务固属有余,但是否足以维护、甚而增进社会利益,则显有不足。"[3] 我妻荣教授认为,即使我们生活在一个重视私法的环境内,也要尊重社会所倡导的相互提携、相互扶助的社会理念,无因管理并非意思表示或法律行为,是不承认私人意思自治的制度。[4] 日本民法上的无因管理也正是在这一理念中构建:在《日本民法典》中,事务的管理不必非以本人意思为准据,在管理人不了解本人意思时,以客观上有利于本人之方法为之即可。[5] 此种立法显然有利于鼓励相互提携之美德、增进社会公益。强调本人利益,加重管理人之注意义务虽可保本人利益无虞、有助于意思自治之培养,但是此种思想至少与个人主义从未成为思想主流、并一贯厚德敦行的我国存有龃龉。我妻荣教授之语虽有过甚其辞之嫌,但私法自治于无因管理中应予以限制确为属实。

对于无因管理制度的价值追求,我国的司法裁判已有明确的取向——注重公益。司法判例作为"活法",是法律规范与社会实践两相结合的产物,同时也是法律变化与发展的途径之一。通过判例发展民法已是各国民法成长的重要途径,其不仅具有阐明疑义、补充漏洞、续造法律的功能,必要时

[1] 参见李文涛、龙翼飞《无因管理的重新解读——法目的论解释和论证的尝试》,《法学杂志》2010年第3期。
[2] 笔者通过对检索判决的梳理,发现多数法院在肯定当事人无因管理行为的同时,多会强调此举系弘扬社会正气与中华民族优良美德的体现,可见,法院在适用无因管理规范时,多会在裁判文书中强调无因管理规范所蕴含的社会价值追求。参见河南省南阳市中级人民法院(2004)南民一终字第75号判决书;山东省邹平县人民法院(2016)鲁1626民初2347号判决书;江苏省南通市中级人民法院(2001)通中民终字第1521号判决书。
[3] 邱聪智:《新订民法债编通则(上)》(修订一版),北京:中国人民大学出版社,2003年,第53页。
[4] [日]我妻荣:《我妻荣民法讲义·债权各论(下卷一)》,冷罗生等译,北京:中国法制出版社,2008年,第3页。
[5] 参见《日本民法典》第697条。

更得有意识地改变现行法律之规定。[1] 通过判例发展民法已有成功的典范[2]，以判例解释法律、以判例发展法律、以判例塑造无因管理制度的价值追求，并在适宜之时通过民法典的修订对其加以完善是眼下补足无因管理制度之佳径。社会情事变动不居，无因管理如同其发展历程一般，其规范内涵、价值取向自然因时空而异，司法判例正是其在不同时空中的桥梁。

五、结语

在民法典时代，民法问题的思考更应具有体系化之品质。这意味着，我们对无因管理问题的讨论需要在法律与法秩序的视域中展开。在前民法典时代，无因管理规范所暴露出的表述不清、立法疏漏等问题可通过司法解释加以缓和[3]，但在民法典编纂之际，整理和吸纳司法解释是民法典编纂的应有之义，再以司法解释对无因管理加以补足，有损于民法典编纂之实质意义；在探索经由立法补充无因管理之途时，需要考虑的是，以怎样的名义去补充、以怎样的体系位置来安置；仍需斟酌者，在法典非万能的前见中，又该以怎样的方式去解释和发展民法典，以应对其疏漏与不足，而这一问题又寓有立法与司法之间的关系以及后者以怎样的方式参与到法律规范的发展中来之诘问。民法典编纂所引发的法学问题思考方式之转变大致可由无因管理问题窥见一二。在民法典时代的前夜，王轶教授曾向同仁发问，编纂民法典，我们准备好了吗[4]，这一问题有仍待于我们用实践去回应。

（初审：杨彪）

---

〔1〕 参见王泽鉴《"最高法院"判决在法学方法论上之检讨》，载王泽鉴《民法学说与判例研究》，北京：北京大学出版社，2015 年，第 89 页。

〔2〕 典型的案例如德国人格权制度的发展。尽管《德国民法典》并未对人格权作系统性规定，但是德国通过判例发展了一般人格权。目前，德国判例学说已经广泛地承认了人格权制度，已经形成较为完善的人格权保护体系。参见王利明《人格权法》，北京：中国人民大学出版社，2009 年，第 72—74 页。

〔3〕 事实上，最高人民法院的确通过司法解释的方式对无因管理规范加以补充了。如《民法通则意见》第 132 条便将《民法通则》第 93 条中的"必要费用"解释为"支出的费用"与"受到的实际损失"。

〔4〕 参见王轶《民法原理与民法学方法》，北京：法律出版社，2009 年，序言。

公司担保中债权人的适度审查义务

——以公司法第 16 条的司法适用为中心

张　质* 赵　光**

【提　要】　公司法第 16 条的规定属于管理性强制性规定,但能否依据该规定要求债权人对公司章程和担保决议承担审查义务,与将其界定为效力性或管理性规定并没有必然关系。从我国担保乱象来看,有必要要求债权人对公司章程、董事会决议或股东(大)会决议负形式审查义务。公司章程对担保总额有限制的,如是限制单笔担保数额,要求债权人审查章程即可。被担保人是公司股东或者实际控制人的,对于实际控制人或章程里未显示的股东,债权人不负审查义务。债权人仅审查材料是否齐全和是否符合法定形式,对材料的真实性、有效性不作审查。可以根据债权人资格确定不同的注意义务。

【关键词】　公司担保　效力性强制性规定　管理性强制性规定审查义务

公司法第 16 条规定:公司向其他企业投资或者为他人提供担保,依照公司章程的规定,由董事会或者股东会、股东大会决议;公司章程对投资或者担保的总额及单项投资或者担保的数额有限额规定的,不得超过规定的限额(第 1 款)。公司为公司股东或者实际控制人提供担保的,必须经股东会或者股东大会决议(第 2 款)。前款规定的股东或者受前款规定的实际控制人支配的股东,不得参加前款规定事项的表决。该项表决由出席会议的其他股东所持表决权的过半数通过(第 3 款)。

---

　* 湖北黄冈人,武汉大学法学院民商法学博士研究生,E-mail:whupp@163.com。
　** 西安交通大学法学院博士研究生,主要研究民商法、社会法、网络法,E-mail:zhaoguang1105@126.com。

对于该规定的适用,理论和实践中均存在较大争议。从微观看,主要集中在两方面:一是该条的规范属性,即该规定是强制性规定还是任意性规定,是效力性强制性规定还是管理性强制性规定;二是如何界定债权人的审查义务。从宏观看,主要涉及交易效率和交易安全的平衡。在公司越权担保时,担保合同是否有效?债权人的审查义务是否对判断合同效力有影响?债权人的审查义务的具体内容和程度如何确定?本文结合大量司法裁判案例对司法裁判理念作了分析,对公司法第 16 条的规范属性和相关学说进行了研究,认为应当充分考虑我国担保乱象和社会诚信现实,平衡好各方利益,确定债权人的适度审查义务。

一、公司法第 16 条的适用情况及裁判理念分析

司法裁判中对公司法第 16 条的理解直接关系到当事人的权利义务归属。目前越权担保的合同效力在司法实践中争议较大,法院内部的裁判理念也存在分歧,这为公司法第 16 条的适用带来困惑,甚至引发更多争议。

(一)案例的统计与比较

笔者在"无讼案例"、北大法宝网和中国裁判文书网中以"公司法第十六条"为关键词,时间跨度为 2006 年到 2017 年进行了案例搜索,共收集到关于公司未经合法程序进行担保的 735 个有效案例。[1] 其中 242 个案例涉及公司为其他企业或个人担保(对外担保,适用公司法第 16 条第 1 款),477 个案例涉及公司为其股东和实际控制人担保(对内担保,适用公司法第 16 条第 2 款),16 个案例既涉及对外担保也涉及对内担保。从案例的统计来看,关于公司担保的争端越来越多,法官援引公司法第 16 条裁判的案例呈逐年上升趋势。

---

〔1〕 针对特定公司搜索了其在最高院和不同省高院的几个类似案例。搜索到的案例中,有的主要内容并非涉及《公司法》第 16 条,不予统计;有的是同一法院审理的同一公司向不同债权人提供担保的案例,案情和裁判结果基本相同,在统计上视为一个案例。另外,案例的收集主要是以最高院的判决和各省高级法院的判决为中心展开的。

表一：对内担保和对外担保中法院对担保决议效力的裁判结果对比

担保类型	案例总数	担保有效	担保无效
对外担保	242（258）	196（76.0%）	62（24.0%）
对内担保	477（493）	148（30.0%）	345（70.0%）
总计	735（751）[1]	344（45.8%）	407（54.2%）

　　判决协议有效的理由主要包括：第一，公司法第16条属于管理性强制性规定，不能仅以公司违反该规定为由认定担保无效。例如，北京高院2009年在"中建材案"中明确提出："公司法第十六条的规定并非效力性强制性的规定。"该案例后来成为最高院公报案例，可谓在司法实务中为该问题下了定论[2]。第二，担保协议为公司内部关系，不能对抗善意第三人。第三，合同法第50条规定的无权代表行为有效，如果认定担保协议无效不利于交易稳定和安全。

　　关于债权人的审查义务，统计案例中判决理由明确涉及债权人的审查义务的有213例，其余案例的判决理由未涉及债权人的审查义务。统计结果见表二：

表二：债权人审查义务统计表

涉及审查义务	未涉及审查义务	总计
213例	522例	735例
29.0%	71.0%	100%

　　在213例涉及担保人审查义务的案例中，有26个案例中法院认为债权人对公司章程、股东（董事会）决议无审查义务，有187个案例中法院认为债权人对公司章程、股东（董事会）决议负审查义务。统计结果如下：

表三：债权人审查义务统计

无审查义务	合理的审查义务	总计
26例	187例	213例
12.2%	87.8%	100%

　　在187个案例中法院认为债权人应当对公司章程、股东（董事会）决议负合理审查义务的案件中，43个案例中相对人因为尽到了形式审查义务而

[1] 括号内数字为加上既涉及对内担保又涉及对外担保的案例后的总数量。
[2] 参见《最高人民法院公报》2011年第2期。

获得有利判决,其中 34 个案例担保协议被认定为有效,9 个案例担保协议被认定为无效但因债权人无过错而由担保人承担连带责任。另外,144 个案例因为债权人未尽到合理审查义务而获得不利判决,其中 137 个案例被认为担保协议无效,债权人存在过错,担保人承担不超过二分之一的责任。7 个案例被认为担保协议无效,担保人无责任。统计结果如下:

表四:合理审查义务与责任承担

尽到合理审查义务		未尽合理审查义务	
担保协议有效	担保协议无效但担保人承担连带责任	担保协议无效且担保人承担部分责任	担保协议无效且担保人无责任
34 例	9 例	137 例	7 例
79.0%	21.0%	95.1%	4.9%

(二)债权人注意义务的具体内容

1. 是否应当审查章程

司法实践对公司章程不具有对世效力的认识比较一致。北京高院在"中建材案"中提出:"有限责任公司的公司章程不具有对世效力,有限责任公司的公司章程作为公司内部决议的书面载体,它的公开行为不构成第三人应当知道的证据。强加给第三人对公司章程的审查义务不具有可操作性和合理性,第三人对公司章程不负有审查义务。……不能仅凭公司章程的记载和备案就认定第三人应当知道公司的法定代表人超越权限,进而断定第三人恶意。"

2. 是否应当审查相关决议

在"中国光大银行深圳分行与创智信息科技股份有限公司等保证合同纠纷案"中,最高院认为,光大银行对创智股份公司的董事会决议仅负有形式审查的义务。[1] 但该观点并未获得全面认可,之后的"中建材案"明确债权人无审核义务。[2] 大部分案件,特别是债权人为自然人时,债权人并未要求担保人提供相关决议,法院也并未因此认定债权人未尽到合理注意义务。

---

〔1〕 参见潘勇锋《公司担保效力的认定——中国光大银行深圳分行与创智信息科技股份有限公司、深圳智信投资有限公司、湖南创智集团有限公司借款保证合同纠纷上诉案》,《民商事审判指导》2008 年第 2 辑,第 170 页。
〔2〕 参见刘贵祥《公司担保与合同效力》,《法律适用》2012 年第 7 期。

在"朱彬彬案"中,法院虽然认为债权人未要求担保人出具相关决议存在瑕疵,但又强调担保人为人合封闭性公司,且与债务人有关联关系,贷款合同也明确贷款是用于担保人采购原材料及装潢,相当于担保人为自己的贷款提供担保,是否通过股东会决议不足以影响对外担保的效力。从最后效果看,法院虽然认为债权人应当审查相关决议,但又认为未审查相关决议未达到未尽合理注意义务的程度。[1]

3. 印章瑕疵

在"中建材案"中,《承诺书》的当事人是银大公司,但加盖的却是银大公司的原名江苏广兴达银大科技有限公司的印章。法院并未因此认定债权人有过失,强调:"江苏广兴达银大科技有限公司与银大公司仅系公司名称变更的关系,两个名称所指向的为同一公司,江苏广兴达银大科技有限公司的签章应当视为银大公司的签章。"在"朱彬彬案"中,浙江省高级人民法院认为,法定代表人在《保证合同》上签字并盖公章,无论其盖的公章新旧与否,不影响担保合同的效力。法院并未要求债权人对此负审查义务。[2]

在"大连振邦案"中,《股东会担保决议》上有一枚"辽宁科技创业投资责任公司"的印鉴,按公司法规定不可能存在"责任公司"这种名称。大连中院认为债权人对此瑕疵依法应能审查出来却未审查出来,债权人对此也承认存在疏忽。另外,振邦股份公司的股东之一大连科技风险投资基金有限公司,在2003年就已经将名称由"大连科技风险投资有限公司"变更为现名称"大连科技风险投资基金有限公司",但2006年的《股东会担保决议》上的印章名仍为原公司名称。大连中院认为债权人未尽到审查义务。但最高院并未区分这两种情况下印章瑕疵的不同,强调:"《股东会担保决议》中存在的相关瑕疵必须经过鉴定机关的鉴定方能识别,必须经过查询公司工商登记才能知晓,必须谙熟公司法相关规范才能避免因担保公司内部管理不善导致的风险,若将此全部归属于担保债权人的审查义务范围,未免过于严苛,亦有违合同法、担保法等保护交易安全的立法初衷。"最高院的该理由其实仅适用于第二枚非明显瑕疵印章的情况。对于第一枚目测即可看出来瑕疵的印章,债权人也承认自身疏忽,但仍未认定其未尽到注意义务,可见对其保护的侧重。

〔1〕 参见浙江省高级人民法院(2015)浙商外终字第12号判决书。
〔2〕 参见浙江省高级人民法院(2015)浙商外终字第12号判决书。

4. 公司为股东提供担保时债权人的审查义务

在"大连振邦案"中,振邦股份公司为其股东振邦集团公司的债务提供担保,在提交给招商银行的《股东会担保决议》中有被担保人振邦集团公司的签字,明显违反公司法第 16 条关于被担保股东回避的规定。大连中院和辽宁高院均认为,招商银行对公司法的规定应当是明知的,决议上的该瑕疵属于明显瑕疵,招商银行未尽到合理的形式审查义务。而最高院却最终认为招商银行"已尽到合理的审查义务,主观上构成善意"。在"文国富案"中,债务人作为担保人的股东,参加了股东会决议的表决并在股东会决议上签字。法院认为:"股东会决议上的公司及股东签章均系真实,文国富已经尽到了作为担保权人的审查义务,故远建房地产公司的担保行为应认定为有效。"[1]但在"国野股份有限公司案"中,法院对债权人的审查义务要求较高,该判决强调:"国野公司明知黄飞林是中联环公司的实际控制人,应依法要求中联环公司就该担保事项征求中联环公司另一股东宝豪公司的同意。"[2]

如果债务人同时是担保人和债权人的股东,特别是债务人又代表债权人或债务人在担保合同上签字的,认定债权人非善意,从而认定担保合同无效的可能性比较大。在"株洲政成电子科技有限公司案"中,债务人吴文华是债权人政成公司的法定代表人和控股股东,同时又是担保人华苑某公司的股东。法院认为,债权人知道或应当知道担保人提供担保是违规的,判定担保无效。[3]在"浙江天洁公司案"中,债务人既是债权人的股东,又是担保人的股东。在签署《股权转让合同》时,债务人既代表了作为股权受让人的本人,又代表了担保人。法院认为,基于债务人的特殊身份,债权人应进行谨慎的审查。债权人明知公司法的规定,又明知被担保人是担保人的法定代表人,并无权代表公司对外提供担保,但其既未要求债务人提供担保人同意提供担保的股东会决议,又未要求债务人提供担保人授权其办理案涉担保事务的授权证书,显然未尽合理的审查义务,有明显的过错,并非善意第三人。[4]本案中,法院认定债权人为非善意的关键在于本案的两个特殊

---

〔1〕　参见重庆市高级人民法院(2014)渝高法民初字第 72 号判决书。

〔2〕　参见广东省高级人民法院(2013)粤高法民二终字第 34 号判决书。

〔3〕　参见湖南省高级人民法院(2014)湘高法民一终字第 4 号判决书。

〔4〕　参见浙江省高级人民法院(2014)浙民申字第 648 号判决书。

之处,一是债务人是债权人的股东,二是债务人并非担保人的法定代表人,却代表担保人在合同上签字。法院一般不会仅因为债权人没有审查担保人的决议而认定债权人为非善意第三人。[1]

(三)裁判理念分析

法院认识存在差异,但总体上对债权人的要求比较宽松。除非证明债权人恶意串通或有严重过失[2],法院一般不会仅因未审查相关材料或未注意到材料上的瑕疵,就认定债权人未尽到注意义务。目前司法实践侧重于保护债权人的重要原因可能是基于这种逻辑:商事行为注重外观主义,保护交易效率,维护外部交易安全,应当区分公司行为内部性和外部性。公司相关决议属于公司内部治理问题,相关后果应由公司承担,不应施加于外部善意第三人。

第一,法定代表人越权对外担保,应主要由公司承担"用人不察"的不利后果。最高院在"高远控股有限公司案"中提出:"作为普通的有限责任公司来说,对管理层包括法定代表人在内的选任是基于股东的信任。如果发生了管理层侵害公司利益的情况,股东应当为其任人不当承担责任。因为维护股东和公司利益的责任不在于相对人,而在于其所选定的管理层本身。"[3]

第二,股东(尤其是有限责任公司股东)基于自身利益应当积极监督其他股东或管理人员,否则就要承担不利后果。许多公司的股东不参与公司运营,也不积极行使相关权利,有的甚至默认、纵容管理者的违法行为,轻易否定担保合同效力恐怕是不合适的。在"温岭市佳合公司案"[4]中,法院提出:"尤其是在有限公司这种封闭性公司中,由于股东人数少,股东通常兼任

---

[1] 参见浙江省高级人民法院(2013)浙商提字第 3 号判决书。

[2] 在"沈阳水泥机械有限公司案"中,最高院认为,龙城支行在数年时间里多次向张翔鹏实际控制的水泥设计院违规发放贷款,其原负责人李洪泉亦因违法向张翔鹏所在企业发放贷款构成犯罪,被判处有期徒刑 5 年。龙城支行明知张翔鹏与水泥设计院等存在关联关系,也清楚张翔鹏以水泥机械公司名义为其关联企业借新还旧提供担保实为谋取私利,必然会侵害水泥机械公司的权益,有悖正常的交易常理,但却未对水泥机械公司是否经法定程序作出了担保的决议等进行审查,主观上有明显过错。参见最高人民法院(2014)民提字第 164 号判决书。

[3] 参见最高人民法院(2014)民一终字第 109 号判决书。

[4] 参见温岭市佳合房地产开发有限公司与陈小平、彭朝阳等民间借贷纠纷再审民事判决书,浙江省高级人民法院民事判决书(2013)浙商提字第 3 号。

公司董事或高管,管理层与股东并未实质性地分离,股东对公司重大事项仍有一定的影响力,该类事项即使未经股东会决议,但通常也不违背股东的意志。故有限公司为其股东或实际控制人提供担保,即使未通过内部决议程序,其对外的效力也不应予以否定。"

第三,对于一股独大的公司,即使履行决议程序,小股东也难以阻止公司对外担保,这是公司治理的固有问题,法院也更愿意基于"实质重于形式"承认担保合同的效力。在"刘毅案"中,汇源公司未经股东大会决议而为股东龙合初的债务提供担保。法院认为,汇源公司对担保关系进行确认,"张源作为法定代表人在协议上签名,其占股比例达 72.45%",虽未经股东大会决议,担保合同仍有效。[1]

二、公司法第 16 条的规范属性之辩

与司法裁判一致认定公司法第 16 条属于管理性强制性规定不同,理论界对该条的规范属性存在诸多争议。有的认为属于任意性规定。有的认为属于管理性强制性规范,不能仅以违反该规定为由认定担保合同无效。[2] 有的认为属于效力性强制性规范,即使将其认定为管理性强制性规定,违之亦应认定为无效。[3]

我国民法总则第 143 条第 3 款规定了"不违反法律、行政法规的强制性规定,不违背公序良俗"为民事法律行为有效的前提。另外,关于"强制性规定"的讨论,源于合同法第 52 条的规定:违反法律、行政法规的强制性规定的,合同无效。合同法司法解释二第 14 条将此处的"法律、行政法规的强制性规定"解释为"效力性强制性规定"。《最高人民法院关于当前形势下审理民商事合同纠纷案件若干问题的指导意见》(法发[2009]40 号)提出:"人民法院应当根据《合同法解释(二)》第十四条之规定,注意区分效力性强制规定和管理性强制规定。违反效力性强制规定的,人民法院应当认定合同无效;违反管理性强制规定的,人民法院应当根据具体情形认定其效力。"

在合同法笼统地将合同效力与强制性规定捆绑的背景下,将强制性规

---

[1] 参见湖南省高级人民法院(2014)湘高法民一终字第 135 号判决书。
[2] 参见梁上上《公司担保合同的相对人审查义务》,《法学》2013 年第 3 期。
[3] 参见高圣平《公司担保相关法律问题研究》,《中国法学》2013 年第 2 期。

定区分为"管理性"和"效力性",有利于对交易安全和效率的保护,但仍存在两方面问题:第一,"管理性"和"效力性"区分标准模糊。关于如何判断强制性规范属于"管理性"或"效力性",目前比较通行的说法是,如果法律明确规定违反该强制性规定将导致合同无效的,则该强制性规定为效力性强制性规定;如果法律没有作此规定,但违反该强制性规定的合同如果继续有效将损害国家利益、社会公共利益或第三人利益的,该强制性规定也属于效力性强制性规定[1]。事实上,大部分强制性规定本身并不会强调违反本规定的合同无效;且许多强制性规定都不同程度涉及"国家利益、社会公共利益或第三人利益",违反该规定也自然或多或少会"损害国家利益、社会公共利益或第三人利益",因此很难据此判断某强制性规定是属于"管理性"或"效力性"。第二,民法总则第153条规定,违反法律、行政法规的强制性规定的民事法律行为无效,但是该强制性规定不导致该民事法律行为无效的除外。根据《最高人民法院关于当前形势下审理民商事合同纠纷案件若干问题的指导意见》(法发[2009]40号)的规定,违反管理性强制规定的,人民法院应当根据具体情形认定其效力。据此,即使区分了"管理性"或"效力性",由于"管理性"强制性规定仍可能导致合同无效,区分的效果大打折扣。此外,通过法条的规范性质为"管理性"或"效力性"来论证担保合同是否有效,很容易陷入循环论证的陷阱中。法条为"效力性"强制规定的原因是其能够影响合同的效力,而合同被认为无效的原因是其违反了"效力性"强制性规定[2]。"管理性"和"效力性"强制规定的模糊性导致法律适用的不确定性,妨碍了法官自由裁量权的合理运用,在实践中容易产生法官滥用权力的法律风险。第三,不能根据相关法律条文使用的语言是"应当""不得"或者"必须"就推断出这些条文是强制性规定,例如侵权责任法中的很多条文运用了"应当",但其并不是民事行为或者合同行为违反的对象。另外,对于是民事法律行为或者合同违反对象的那些法律,即使其使用了"应当""不得"或者"必须"等词,也未必就是强制性规定,例如物权法第72条第1款和第192条第1款都使用了"不得",但其并不是法律和行政法规的强制性规定。涉及公共利益的确认和保障的法条才是"强制性规定"。

---

[1] 参见江必新、何东林等《最高人民法院指导性案例裁判规则理解与适用(公司卷)》,北京:中国法制出版社,2012年,第347页。

[2] 参见高圣平《公司担保相关法律问题研究》,《中国法学》2013年第2期。

德国民法典第 134 条规定,除基于法律发生其他效果外,违反法律禁止性规定的法律行为无效。判断一个规定是否属于"禁止性规定",一个重要标准是考察法条规范的对象。如果是对交易双方当事人的禁止性规定,则原则上可认定属于民法典第 134 条意义上的"禁止性规定",法律行为无效。例如法律禁止打黑工,不仅约束劳动者,也约束雇主,就属于民法典第 134 条所说的"禁止性规定"。如果条文只是针对一方当事人,则不必然导致法律行为无效的后果,例如银行法中对银行作了一些强制性规定,这种规定不针对银行的客户,如果银行违反该规定和客户订立了合同,该合同当然不因为银行法中的规定而无效。但是,即便是只约束一方当事人的规定,如果其目的是保护公共利益或第三人利益,该规定也会被认定为"禁止性规定",从而导致法律行为。德国法律服务法规定只有经过特定教育并取得相关资质的人和机构才能提供法律服务。该规定明显是只针对法律服务的提供人,而不针对法律服务的接受者。但通说认为,该规定从根本上是为了保护德国整体法律服务秩序,该秩序属于公共利益,违反该规定的法律服务合同无效。[1] 虽然本质上都涉及公共利益,银行法和法律服务法的规定却被区别对待,说明"禁止性规定"认定具有一定的主观性。按照德国适用的"规范对象"标准,公司法第 16 条明显是属于规范公司自身行为的,并不能直接约束第三人,不能将其界定为"效力性强制性规定"。即便将其界定为"管理性强制性规定",原则上担保合同是有效的,但如果牵扯到公共利益,那么担保合同也可能被认定为无效。私法领域应当慎重认定民事法律行为无效,这是应当坚持的一个理念。正因如此,德国法律服务法相关规定被认定为"禁止性规定"属于个案,且其遵循的逻辑存在争议。目前我国司法实践将公司法第 16 条认定为"管理性强制性规定",很大程度上体现了在这个问题上的慎重态度。

事实上,由于"管理性强制性规定"和"效力性强制性规定"自身逻辑存在问题,"将公司法第十六条的规定置于效力性规范还是管理性规范的框架下进行讨论的解释路径,在法律方法上未尽允当,并不足采。"[2] 无论公司法

---

[1] 2016 年 4 月,笔者参加了在北京举行的中德民法研讨会,该内容是据德国施密特博士的介绍整理而成。

[2] 周伦军:《公司担保的法律解释论》,载陈洁主编《商法规范的解释与适用》,北京:社会科学文献出版社,2013 年。

第16条究竟是属于"效力性强制规定"抑或是"管理性强制规定",都不能直接成为判断公司担保合同效力的依据。如果仅从公司法第16条本身的性质出发分析合同效力,完全与其立法目的相悖。因此,对公司法第16条规范属性的争论,本质在于界定债权人是否有义务审查公司章程和决议等内容,不应当局限于公司法第16条,而应当结合合同法第50条等内容进行讨论。

三、债权人审查义务的理论评析

(一)各学说评析

法律保护第三人的前提是该第三人应当是善意的,"善意"本身就意味着其尽到合理的注意义务。合同法第50条规定,法人或者其他组织的法定代表人、负责人超越权限订立的合同,除相对人知道或者应当知道其超越权限的以外,该代表行为有效。有的情况确定构成债权人"知道或者应当知道其超越权限",例如:恶意串通("知道")、法定代表人早已被撤换且公司已经作了公告("应当知道")。但公司法第16条能否用于作为判断债权人是否善意的标准,存在较大争议。

有的认为,债权人对公司章程等不负有审查义务,主要有以下理由:一是,章程和董事会的决议均是公司的内部行为,订立担保合同是外部行为,应当区分公司内部行为和外部行为的效力,决议旨在形成法人单方的意思,不调整法人与第三人的关系,要调整这种关系,必须以法人名义与第三方订立合同;二是,我国工商登记制度不完善,公司章程不便于查阅;三是,让债权人审查对方公司章程,会影响效率和交易安全。[1] 但有的认为,可以通过要求对方主动提供章程解决查阅不便的问题。如果片面追求交易效率,忽视股东、其他债权人等多元法益的保护,难免给人以"一叶障目不见森林"之感。[2]

有的认为,应区分一般担保(为股东、实际控制人、高管等人员提供的担保)和关联担保(为公司股东或者实际控制人提供的担保)。根据公司法第16条第1款的规定,一般担保由公司章程规定,公司章程不能对抗债权人;

〔1〕 参见崔建远、刘玲伶《论公司对外担保的法律效力》,《西南政法大学学报》2008年第4期。
〔2〕 参见罗培新《公司担保法律规则的价值冲突与司法考量》,《中外法学》2012年第6期。

对于关联担保事项属于公司法第 16 条第 2 款直接规定的事项,可能对抗第三人。[1] 第 1 款的规定属于管理性规范,第 2 款规定属于效力性规范,违反第 2 款的,公司所提供的担保应属无效。[2] 本文认为,该观点采取双重标准,对第 1 款和第 2 款的效力进行分割。即便是公司章程规定一般担保的程序,根源仍是公司法确定的规则,公司章程基于公司法授权规定的担保程序与公司法本身规定的担保程序在对第三人的效力上应当是相同的。

有的认为,公司法关于担保的规定对债权人有约束力,债权人应负相应审查义务,理由包括:

第一,债权人有义务知道公司法关于公司担保的规定。公司章程无权为第三人设定义务,但一旦这种决策程序由公司内部要求提升为公司法上的要求时,其效力范围就发生了改变,第三人与公司签订协议时,应当注意到法律的既有规定。法定决策程序不仅是对公司的限制和要求,同样也是对第三人的限制和要求。[3] 本文认为,该理由并不充分。与第 16 条第 1 款相似,公司法第 12 条规定公司的经营范围由公司章程规定,并依法登记。如果按照上述理由的逻辑,第三人有义务知道公司法第 12 条的规定,在和公司进行交易时应当审查公司章程关于经营范围的规定,如果不审查就构成合同法第 50 条中的"知道或者应当知道"超越权限,这显然不符合关于公司超范围经营的理论和实践。[4] 有的提出,公司对外担保不同于常规经营活动,是对公司有重大影响的特殊经营活动,公司法对该行为作了特殊规定,债权人也应根据公司法的规定承担更高的注意义务。[5] 本文认为,该理由通过

〔1〕 参见沈晖《背离公司担保决议规制的法效果——分析路径的困境与出路》,《南京大学法律评论》2011 年秋季卷,第 215 页。

〔2〕 参见施天涛《公司法论》(第三版),北京:法律出版社,2014 年,第 152 页。

〔3〕 参见赵旭东主编《公司法学》(第二版),北京:高等教育出版社,2006 年,第 201 页;罗培新《公司担保法律规则的价值冲突与司法考量》,《中外法学》2012 年第 6 期;高圣平《公司担保相关法律问题研究》,《中国法学》2013 年第 2 期。有的甚至认为,在公司登记机关登记在册的公司章程具有对抗第三人的效力。倘若某公司章程已经登记在册,但第三人并未前往公司登记机关查询,也未要求该公司出具公司章程,公司章程登记记载的事项仍可对抗第三人。参见刘俊海《现代公司法》(上册)(第三版),北京:法律出版社,2015 年,第 139 页。

〔4〕 参见赵旭东主编《公司法学》(第二版),北京:高等教育出版社,2006 年,第 197—198 页。最高人民法院关于适用《中华人民共和国合同法》若干问题的解释(一)第十条规定:"当事人超越经营范围订立合同,人民法院不因此认定合同无效。但违反国家限制经营、特许经营以及法律、行政法规禁止经营规定的除外。"

〔5〕 参见梁上上《公司担保合同的相对人审查义务》,《法学》2013 年第 3 期;高圣平《公司担保相关法律问题研究》,《中国法学》2013 年第 2 期。

强调公司对外担保的特殊性以弥补上述理由的不足,人为将担保与其他经营行为区分开:第三人无须审查章程等确定公司普通经营行为是否越权,但对于公司担保行为则需要审查章程等资料,有些牵强。

第二,从公司代表权角度分析,法定代表人或授权代表人虽然享有普遍的代表权,但公司法第 16 条的规定已经限制了他们就担保事项的代表权。法定限制推定相对人知晓,相对人未审查决议推定其知晓代表权瑕疵[1]本文认为,"公司法第 16 条的规定限制了法定代表人就担保事项的代表权"的说法本身没错,但认为这种限制可以"推定相对人知晓"则有些牵强。如果这种限制属于公司内部治理规则,并不能当然扩大适用于外部行为。

第三,担保属单务行为,法律赋予无须支付对价的接受方更高注意义务是符合一般法律原理的[2] 本文认为,不排除公司免费为他人提供担保,但也不排除收取费用,即便未直接收取费用,也可能以从债权或债务人处获得商业机会作为补偿,因此不宜简单将公司为他人提供担保定性为单务行为并以此为由要求债权人负更高的注意义务。

基于维护交易安全和效率的考虑,越权行为不影响合同效力、公司章程不具有对世效力已基本成为公司法理论和制度的共识。公司越权对外担保,本质上也属于越权经营行为,承认债权人对章程和决议的审查义务,很大程度上就相当于承认上述两项原则不适用于公司对外担保领域,单纯从逻辑上难以找到有说服力的理由。主张第三人不负审查义务者坚守上述两项原则,虽然在理论上有先天优势,但在一定程度上忽视了中国公司治理和对外担保的种种乱象。法律是平衡的艺术。债权人注意义务过低,虽然有利于维护担保合同的效力和履行秩序,但会导致公司内部"代理问题"更加严重,引发担保合同设立秩序的混乱。债权人注意义务过高,公司可以动辄以内部决议的瑕疵对抗担保权人,会诱发道德风险,不利于维护交易秩序。公司能否对外担保并非单纯逻辑问题,而是"涉及个人的价值判断及法律政策的取舍问题"[3]。法国商事公司法第 106 条规定:"除公司经营金融事业

〔1〕 参见赵旭东主编《公司法学》(第二版),北京:高等教育出版社,2006 年,第 201 页;罗培新《公司担保法律规则的价值冲突与司法考量》,《中外法学》2012 年第 6 期;高圣平《公司担保相关法律问题研究》,《中国法学》2013 年第 2 期。
〔2〕 参见赵旭东主编《公司法学》(第二版),北京:高等教育出版社,2006 年,第 201 页;梁上上《公司担保合同的相对人审查义务》,《法学》2013 年第 3 期。
〔3〕 施天涛:《公司法论》(第三版),北京:法律出版社,2014 年,第 151 页。

外,禁止公司为董事、总经理、法人董事的常任代理人及他们的亲属向第三人承担的义务提供物的担保和保证。"而美国《标准公司法》及各州公司法赋予公司担保的权利。在上文提到的德国银行法的案例中,德国专家也提出,将银行法的规定认定为非禁止性规定的案例是在全球金融危机之前作出的,如果是在金融危机之后进行判决,可能结果会截然相反。我国公司法对公司担保的态度在不同时期也有相应的调整[1] 同样,"公司法第 16 条是历史的产物,当然也不可避免地带有源于其时代脉络的法律问题。"[2] 债权人审查义务的界限也应当结合我国的现实情况决定。

(二) 债权人适度审查义务:利益平衡的要求

代理问题是公司法律制度面临的主要难题。该问题具体包括三个方面:第一,公司所有权与控制权分离,经理人与股东利益存在冲突。管理他人的钱财的人,不能指望其向管理自有资金一样小心和谨慎[3] 董事、高级管理人员甚至通过损害股东利益来追求自己利益的最大化。第二,大股东与小股东利益冲突。根据资本多数决原则,小股东不得不服从控股股东的意见,这为控股股东滥用资本多数决提供了合法依据,造成了实质的不平等。控股股东很可能为了谋求自己的私人利益而剥夺小股东的利益,其主要通过合法形式为掏空行为[4]:例如通过自我交易的形式从公司中转移资源,委派自己的代表担任高级管理者并给付其过高的报酬、关联交易、股权稀释以及窃取公司的投资机会、提供贷款担保合同和资产销售等[5] 这种行为在各个国家都是非常普遍的[6] 第三,股东与非股东利益相关者之间的冲突。例如,股东利用公司独立人格、有限责任等制度损害债权人利益,实践中存在着大量的"空壳公司""无赖公司""无赖股东"等,都是公司与

---

[1] 参见赵旭东主编:《公司法学》(第二版),北京:高等教育出版社,2006 年,第 195—196 页。

[2] 钱玉林:《公司法第 16 条的规范意义》,《法学研究》2011 年第 6 期。

[3] 参见[英]亚当·斯密《国富论——国家财富的性质和起因的研究》(第二版),谢祖钧等译,长沙:中南大学出版社,2008 年,第 66 页。

[4] Djankov S. ,LaPorta R. , Loper-de-Silanes F. ,and Shleifer A. The Law and Economics of Self-Dealing[J]. *Journal of Financial Economics*,2008 ,Vol. 88 ,No. 3 ,pp. 430-465.

[5] 参见余明桂、夏新平、吴少凡《公司治理研究新趋势——控股股东与小股东之间的代理问题》,《外国经济与管理》2004 年第 2 期。

[6] Atanasov V. ,Black B. ,and Ciccotello C. Unbundling and Measuring Tunneling[D]. *Working Paper*,2008.

债权人利益存在冲突的集中表现。[1]公司法的许多重要制度都是围绕代理问题进行设计并不断发展,例如规定董事的注意义务、大股东对小股东的忠实义务、揭开公司面纱等。

公司对外担保带来的负面效应本质上是各种代理问题的集中反映。公司担保领域的案件中,有的是大股东欺骗小股东[2],有的是经理人欺骗股东[3],有的是股东欺骗公司[4],有的是债权人和公司内部人欺骗公司[5],等等,经济生活的每一方参与者都为整体社会信用危机扮演了"助攻"的角色,每一方都是始作俑者,但也都可能成为受害者,因为股东在其他法律关系中也可能是债权人,债权人也可能是其他公司的股东。风险社会要求个体在享受权利承担义务的同时,应将责任理念贯穿于民事活动与公共生活中[6],"社会就是个人与个人、个人与群体、群体与群体之间的相互渗透、相互依存的状态,没有连带,人类生活的共同体就无法形成和维持。"[7]

单纯从理想化的公司内部外部行为理论来看,债权人似乎不应当承担任何审查义务。但应当看到,单纯的董事注意义务、大股东忠实义务等已经难以有效解决我国公司担保乱象,这就要求在制度设计上对相关方的权利义务进行适当调整,达到新的平衡。"在规范意义上,公司法作为一个法律部门,其总体目标应当是为全体社会利益服务。具体来说,公司法的恰当目标应当是促进受到公司活动影响的人们的整体福利,包括公司股东、雇员、供应商和客户,以及当地社区居民和自然环境的受益人等第三方。这就是经济学家所称的追求社会的整体效率。"[8]这也是经济学上的均衡理论的要求,均衡理论是指利益主体的每一方的目标都达到最大化并因此而持久存

---

[1] 参见张素华、李雅男《论认缴资本制下债权人利益的保护》,《江汉论坛》2017年第3期。

[2] 参见惠州市荣高实业有限公司民间借贷纠纷上诉案,广东省惠州市中级人民法院,(2016)粤13民终3756号。

[3] 参见西峡县源鑫中小企业信用担保有限公司与河南鹏钰集团有限公司等追偿权纠纷上诉案,河南省南阳市中级人民法院民事判决书(2017)豫13民终701号。

[4] 参见安远县腾益服装有限公司与钟焕炎、唐金旺、赣州国旺泰矿业集团股份有限公司民间借贷纠纷二审民事判决书,江西省高级人民法院民事判决书(2015)赣民一终字第257号。

[5] 参见浙江中特塑业科技有限公司等诉卢伟林民间借贷纠纷案,浙江省台州市中级人民法院民事裁定书(2016)浙10民申134号。

[6] 参见杨春福《风险社会的法理解读》,《法制与社会发展》2011年第6期。

[7] 阳雪雅:《连带责任研究》,北京:人民出版社,2011年,第86页。

[8] [美]莱纳·克拉克曼、[美]亨利·汉斯曼等:《公司法剖析:比较与功能的视角》(第2版),罗培新译,北京:法律出版社,2012年,第29页。

在的相互作用形式,或者说社会整体效率的最大化,这实际上为涉及公司多元利益主体的利益平衡提供了理论支持[1]。"我国公司企业在过往的活动中极度忽视股东利益,任由法定代表人或者控股股东通过担保谋求一己私利而损害公司利益的行为泛滥,使得公司治理结构丧失制衡功能,特别是上市公司问题更加严重"[2]。越权对外担保虽然应主要通过完善公司内部治理解决,但如果债权人注意义务过低,实际对公司法关于公司对外担保的规定釜底抽薪,难以遏制越权担保、虚假担保等情况,有必要要求债权人负适度的形式审查义务,保护债权人交易安全的同时兼顾公司治理安全。

四、债权人审查义务的内容和程度

公司法乃至所有法律制度都需要考虑利益平衡问题。以董事注意义务为例,为了解决代理问题,需要强调董事的注意义务,但如果董事的注意义务过于严格,就会导致其职业风险过大,其履行职责时畏手畏脚,难以充分发挥职业经理人的作用以有效应对瞬息万变的市场形势,最终损害的仍然是公司长远利益,所以必须有相应的"商业判断规则"与董事注意义务制衡。债权人要承担审查义务,但是这种义务也不能过度,否则会导致新的不平衡。在公司担保框架下,如果要求债权人承担的审查义务过重,看似保护了公司、股东的利益,但会导致债权人因为承担风险过高、交易成本过大而选择"用脚投票",不愿意接受公司担保,导致公司难以解决"融资难"问题,从长远看对我国完善融资制度形成障碍。

(一)关于形式审查的内容

有的认为应当审查公司代表人的身份、公司章程和内部决议[3],有的认为应当审查公司章程、内部决议、担保的对象(是否为公司的股东或实际控制人)、担保人的性质(若是上市公司,则应该审查担保金额与公司总资产的

---

〔1〕 参见卢代富《企业社会责任的经济学与法学分析》,北京:法律出版社,2002 年,第 266 页。
〔2〕 甘培忠:《公司法第十六条的法义情景解析》,载《法制日报》2008 年 2 月 17 日,第 6 版。
〔3〕 参见胡田野《公司法律裁判》,北京:法律出版社,2012 年,第 677 页。

关系)。[1]"交易迅捷与交易安全这两种价值应当在商法中和谐共存,并以此谋求商事主体正当利益的实现及社会经济秩序的稳定。"[2]本文认为,如果债权人需要审查的资料过多且不易获得,容易造成审查负担过重、债权人需要承担的风险过大,对债权人不公平,也会造成债权人不愿向外贷款,加剧融资难、融资贵问题。因此,要根据债权人审查难度确定债权人审查范围和程度。

1. 公司章程、董事会决议或股东(大)会决议

公司法第 16 条第 1 款规定,公司向其他企业投资或者为他人提供担保,依照公司章程的规定,由董事会或者股东会、股东大会决议。本文认为,公司章程、董事会决议或股东(大)会决议是证明担保行为合法的基础材料,债权人应当对此负审查义务。公司章程属于登记事项,债权人可到公司登记机关查阅,也可要求公司提供。董事会决议或股东(大)会决议可由公司提供。

2. 担保总额

公司法第 16 条第 1 款规定,公司章程对担保的总额及单项投资或者担保的数额有限额规定的,不得超过规定的限额。公司法第 121 条规定,上市公司在一年内担保金额超过公司资产总额百分之三十的,应当由股东大会作出决议,并经出席会议的股东所持表决权的三分之二以上通过。

如果章程对单笔担保数额有限制,债权人通过审查章程即可确定担保合同是否超出额度限制。如果章程对公司全部债权人的担保总额作了限制,需要公司提交与他人的所有担保合同来证明本次担保不违反章程的总额限制,实践中不具有操作性,不宜纳入债权人审查范围。

3. 被担保人资格

公司法第 16 条第 2 款规定,公司为公司股东或者实际控制人提供担保的,必须经股东会或者股东大会决议。本文认为,有限责任公司股东姓名或名称属于法定登记事项,债权人比较容易核查。对于非上市股份有限公司,发起人以外的股东姓名或名称不属于法定登记事项,股份有限公司又没有

〔1〕 参见华德波《论〈公司法〉第 16 条的理解与适用——以公司担保债权人的审查义务为中心》,《法律适用》2011 年第 3 期。
〔2〕 范健、王建文:《商法的价值、源流及本体》(第二版),北京:中国人民大学出版社,2007 年,第 59 页。

设置股东名册的法定义务,现实中各公司对股东身份的管理比较混乱,不宜要求债权人在公司章程以外主动核实被担保人是否属于担保人的股东。由于实际控制人更为隐蔽,债权人核实的难度太大,不宜对债权人施加该义务。

2008 年《北京市高级人民法院关于审理公司纠纷案件若干问题的指导意见》规定:"公司提供担保未履行《公司法》第 16 条规定的公司内部决议程序,或者违反公司章程的,应认定担保合同未生效,由公司承担缔约过失责任。担保权人不能证明其尽到充分注意义务的,应承担相应的缔约过错责任。"该规定将债权人审查的范围限于公司章程和内部决议,体现了适度审查的精神。

(二)关于形式审查的程度

有的认为,形式审查是指第三人仅审查材料是否齐全和是否符合法定形式,对于材料的真实性、有效性不作审查。例如,对于股东(大)会决议文件的股东签字,形式审查只是要求签有该股东名字即可,至于是否真正由某一股东签字并不过问。[1] 本文认为,形式审查和实质审查的程度并非泾渭分明,为发挥形式审查的效用,避免形式审查"流于形式",一般情况下形式审查限于审查相关材料是否符合形式要求,但不宜绝对化。以签名为例,形式审查不要求对签名作笔迹鉴定等,但如果稍加注意就能发现两份文件上同一个人名字的笔迹明显不同,要求债权人对此承担审查义务并不为过。

公司法第 22 条规定,公司股东会或者股东大会、董事会的决议内容违反法律、行政法规的无效。股东会或者股东大会、董事会的会议召集程序、表决方式违反法律、行政法规或者公司章程,或者决议内容违反公司章程的,股东可以自决议作出之日起六十日内,请求人民法院撤销。本文认为,债权人对董事会、股东(大)会的召集程序、表决方式等原则上不负审查义务,相关决议被撤销或宣告无效的,不影响担保合同的效力。但对于形式上明显的瑕疵,有能力审查但没有审查的,则要承担不利后果。例如,公司法第 16 条第 3 款规定,被担保的股东不得参加担保事项的表决,该项表决由出席会议的其他股东所持表决权的过半数通过。如果债权人明知被担保人是公司

---

[1] 参见梁上上《公司担保合同的相对人审查义务》,《法学》2013 年第 3 期。

股东且参加了表决,如果决议被撤销,可能导致担保合同无效。以决议无效或可撤销主张担保合同无效的,应当取得决议被宣告无效或被撤销的生效裁判文书,不能仅仅因为债权人未审核出相关事由就主张担保合同无效。

(三)可以根据债权人资格确定不同的注意义务

2005 年《证监会、银监会关于规范上市公司对外担保行为的通知》(证监发(2005)120 号)规定各银行业金融机构必须依据上市公司的章程及其他有关规定,认真审核上市公司提供担保的贷款申请的材料齐备性及合法合规性,上市公司对外担保履行董事会或股东大会审批程序的情况等。上市公司为他人债务向银行金融机构提供担保,银行金融机构未按照"证监发(2005)120 号"进行审查,是否影响担保合同的效力? 有的认为,该通知为银行金融机构设定了审查义务,银行未履行审查义务的,担保合同无效。有的认为,该通知不能作为在司法实践中考量合同效力的审查内容,理由包括:其一,合同法司法解释规定,人民法院确认合同无效,不得以地方性法规、行政规章为依据。"证监发(2005)120 号"效力等级较低,法院不能依此判定担保合同无效。其二,从其性质和设立目的来看,通知的规定属于管理性强制性规定,而非效力性强制性规定。[1]

本文认为,公司法第 16 条并没有明确要求债权人对章程等内容进行审查,与此不同,"证监发(2005)120 号"明确规定了银行的审核义务,银行明知该规定却不遵守,应当被认定为非善意第三人,法院可以根据合同法第 52 条的规定认定合同无效,并非是直接根据"证监发(2005)120 号"的规定认定合同无效,并不违反合同法司法解释,也与"证监发(2005)120 号"是否为管理性规定不冲突。"证监发(2005)120 号"主要是从防范金融市场风险角度强调银行对上市公司的审核义务,并非对公司对外担保问题的总体规定,也不宜简单扩张理解为公司形式不同,债权人审查义务也不同。

有的认为,债权人应当尽到"具有普通伦理观念和通常智商的理性银行从业人员或近似情况下应有的谨慎、注意、经验和技能"[2]。本文认为,用银行从业人员的较高标准要求普通债权人,过于严苛。可以对债权人作适当

---

〔1〕 参见华德波:《论〈公司法〉第 16 条的理解与适用——以公司担保债权人的审查义务为中心》,《法律适用》2011 年第 3 期。

〔2〕 刘俊海:《现代公司法》(第三版)(上册),北京:法律出版社,2015 年,第 686 页。

区分,让专业金融机构和普通债权人承担不同的审查义务。[1]

五、结语

越权行为不影响合同效力、公司章程不具有对世效力仍应是商事制度的基石。公司对外担保的债权人对公司章程和决议承担适度的审查义务,是针对中国公司治理乱象和担保领域的现实问题对上述两项制度的审慎修正,这种修正的本质是通过对债权人施加注意义务解决公司治理中的"代理问题"。这种修正不能"矫枉过正",对债权人施加注意义务应当适可而止。另外,是否审查章程、决议等相关材料,是判断善意恶意的重要依据,但不能作为唯一依据,还要依赖对相关证据材料的综合把握。审查了章程、决议等材料的债权人,不一定是善意债权人;未审查章程、决议等材料,也未必就是非善意债权人或者必须因此认定合同无效。例如,对外提供担保的公司是股东和管理者完全重合的一人公司,或者债权人在特殊情况下有合理理由相信股东(大)会或董事会同意公司对外担保。另外,公司越权对外担保,大多数情况下根源在于自身内部治理机制问题,应承担主要不利后果,因此,即使认定合同无效,也应当合理分配责任,避免让债权人承担过多的不利后果。担保法司法解释第 7 条规定,主合同有效而担保合同无效,债权人、担保人有过错的,担保人承担民事责任的部分,不应超过债务人不能清偿部分的二分之一。该规定应当作相应修改,使责任分担更公平。

（初审:杨彪）

---

[1] 专业金融机构负较高的审查义务,是可行的。一是有专业人员;二是金融机构出于防范风险的考虑,实践中已经主动审查相关资料;三是监管部门已经针对部分问题作出规定,如"证监发(2005)120 号"。

国际投资仲裁中法人精神损害赔偿标准

——以 ICSID 案例为视角

刘晓华*

【提　要】　国际投资仲裁领域出现裁决支持法人精神损害赔偿的案例,此不同于大多数国家国内法中有关精神损害赔偿制度的现行法理内容。本文试图剖析国际投资仲裁中支持法人精神损害赔偿的案例,总结仲裁庭对该问题的倾向性意见,并结合相关法理内容讨论法人精神损害赔偿的可获偿性、赔偿范围、定性标准、赔偿计算方法、东道国的反诉请求权以及赔偿限制性问题,结合案情适当延伸仲裁庭的未尽事宜。

【关键词】　法人精神损害　非物质损害　非金钱损害　精神损害　国际投资仲裁

一般而言,大多数国家国内法规定自然人享有精神损害赔偿权,对法人的精神损害赔偿问题持有审慎态度。在国际投资仲裁领域,法人的精神损害赔偿出现新发展,裁决支持法人精神损害赔偿请求权,实则为人权法与国际投资法的融合。国际投资仲裁中提起精神损害赔偿的主体包括三类:自然人、法人和国家。这三类主体因其特性不同,在精神损害赔偿请求权的要素认定上存在差异,本文仅讨论法人作为主体提起精神损害赔偿请求权的情形,旨在分析国际投资法领域中法人精神损害赔偿问题的具体实践以及相关法理依据。尽管仲裁庭授予法人精神损害赔偿的裁决并不多见,但是仲裁庭对该问题的新思路,值得关注。

第一部分,分析国际投资法中的精神损害概念和可诉性;第二部分,从

---

* 女,云南大学滇池学院法学院副教授,中国人民大学法学院 2016 级博士研究生,研究领域为国际投资法,E-mail:122785469@qq.com。

国际公法角度,分析相关案例,探寻精神损害赔偿制度在国际法层面的发展情况;第三部分,通过国际投资仲裁的实践,挖掘并阐释仲裁庭确立的法人精神损害赔偿标准;第四部分,解析国际投资仲裁中法人精神损害赔偿的法理依据;最后总结。

一、国际投资仲裁中法人精神损害赔偿概念及可诉性问题

精神损害赔偿是近代才出现的概念[1],起源于各国国内法。法国是欧洲首个在民法典中规定精神损害赔偿的国家,并对比利时、西班牙、葡萄牙、意大利和希腊产生重大影响[2] 在中国,精神损害概念有广义和狭义之分:广义说认为精神损害包括精神痛苦与精神利益的损失,精神利益的损失是指公民和法人的人身利益(包括人格利益和身份利益)遭受侵害;狭义说认为,精神损害是指公民因其人格权受到侵害而遭受的生理上、心理上的痛苦及其他不良情绪,称之为精神痛苦[3] 根据各国的普遍实践认为法人因其无法产生精神痛苦和人身损害,不具有精神损害赔偿的依据,但可根据其遭受的精神利益获得财产性赔偿[4]

从国际法领域来看,精神损害包含"非财产性损害"或"非物质性损害",具体说来"包括任何对个人的非财产性或非收入性的损害,无法根据市场以客观金融的或其他经济方式进行数量上确定(衡量)的损失。"[5] Stephan Wittich 将精神损害分为四种类型:"第一,个人损害,但这种损害没有导致个人收入减少或产生额外经济费用;第二,包括各种形式的情感伤害;第三,包

---

[1] 参见王利明《人格权法研究》(第二版),中国人民大学出版社,2012 年,第 685 页。

[2] Vernon Valentine Palmer, From Private-law Roots to International Norm: An Invetigation into Moral Damage and Pecuniary Reparations in Transnational and International Law, *Journal of International and Comparative Law*, Vol. 2:2(2015), p. 314. 法国近年来有多起案件支持非物质损害赔偿,包括对法人的精神损害赔偿。

[3] 参见王利明《人格权法研究》(第二版),中国人民大学出版社,2012 年,第 674 页。

[4] 王泽鉴教授在其《人格权法》中提到台湾"民法"不承认法人的精神损害赔偿(北京大学出版社,2013 年,第 57 页);王利明教授在《人格权法研究》中支持狭义说(第二版,中国人民大学出版社,2012 年,第 674 页)。

[5] Stephan. Wittich, Non-Material Damage and Monetary Reparation in *International Law*, XV *Finnish Yearbook of International Law*(2004), p. 329. See in Lars Markert and Elisa Freiburg, Moral Damages in International Investment Disputes——On the Search for a Legal Basis and Guiding Principles, *The Journal of World Investment & Trade* 14(2013), p. 3.

括具有病理学特征的非物质损害;第四,法律上的损害。"[1]而 Borzu Sabahi 认为"国际法层面的精神损害通常具有三种表现类型:第一,个人人格权损害,包括个人痛苦与烦恼、丧失亲人或干涉个人家庭或私生活引致的个人侮辱;第二,声誉损害,这种类型的损害具有双重属性,也可产生可用金钱衡量的损害后果,因此,在某些案件中,其又被视为物质损害;第三,法律损害,这是一种由于违反国际法义务而产生的损害。"[2]ILC 在《国家国际不法行为的责任条款草案》的评述中将物质损害定义为"对国家及其国民的财产或其他利益的损害,这些财产以及利益可用金钱或财会计算的方法来衡量",将精神损害定义为"个人疼痛和痛苦,失去爱人,被擅闯个人住宅或私人生活而造成的个人羞辱感"[3]。精神损害与物质损害相对,主要功能是对非物质性或非财产性损失进行赔偿。

在国际投资仲裁中,法人精神损害赔偿具有可诉性。根据 ICSID 公约第 25(1)条规定,首先,精神损害赔偿属于法律争端。通过支持受损方获得加害方的赔偿、弥补受损方所受损失,进而平衡双方之间的利益关系,尽量恢复至未发生损害时的状态。其次,符合"直接因投资而产生"的条件,属于与投资活动直接相关的法律争议范畴,且 ICSID 公约未排除精神损害赔偿的管辖例外。最后,一旦与投资行为有关的精神损害赔偿争议经由争议双方同意提交至投资仲裁中心,则中心对该法律争议问题具有管辖权。至于精神损害赔偿制度的具体内容是否包含法人精神损害赔偿,则属于管辖权确定之后的实体审查内容。

二、国际公法中精神损害赔偿的实践分析

国内法逐步影响国际法实践,精神损害赔偿理论已融入国际公法领域中。

---

[1] 朱明新:《国际投资仲裁中的精神损害赔偿研究》,《现代法学》2011 年第 5 期,第 122 页。
[2] 朱明新:《国际投资仲裁中的精神损害赔偿研究》,《现代法学》2011 年第 5 期,第 122 页。
[3] ILC Articles on Responsibility of States for Internationally Wrongful Acts, Commentary to Art. 31, para. 5(2001).

(一) 裁决支持精神损害赔偿的案例

著名的 Lusitania Case[1] 支持了精神损害赔偿请求权。该案仲裁员考察了英国、美国、德国的国内法,认为大陆法系与英美法系国家均确立了"因私人权利遭受侵犯而导致损害的情形应获得法定赔偿"的制度,并论证了在侵权法领域中较难用数学计算的方式确定人身伤害与死亡损害的损失,但不能因为较难计算,而免除加害人的赔偿义务。[2] 仲裁员继续以法国拿破仑法典为例,阐明在不法行为造成死亡损害的情形中考虑精神损害是合适的。[3] 其进一步指出,精神损害与人身伤害一样同为客观事实存在,也可用与后者相同的标准来确定赔偿。[4] 考虑到沉船导致被害人死亡的事件使得被害人的家属遭受精神上的折磨,是一种非物质性损害,[5] 最终仲裁员裁决德国赔偿美国因失去公民(包括死者家属失去亲人在内)的精神损害赔偿。可看出该案在国际条约缺乏的情况下,仲裁庭通过一般国际法原则分析方法,将美国、英国、法国和德国的国内法援引入案件分析中,使得国内法中的精神损害赔偿理念进入国际公法视野。

除此之外,其他众多国际实践也纷纷认可国际法领域中精神损害赔偿的合法性。国际劳工组织行政法庭(ILOAT)以及联合国行政法庭(UNAT)在多起案件中裁决支持精神损害赔偿。[6] 欧洲人权法院也支持了各类不同原因造成的精神损害赔偿,包括因无助及挫败感导致情感痛苦的非物质损害(*Papamichalopoulous v. Greece*1995)、因非法拘留导致的非物质损害(*Elci and Others v. Turk* 2003;*Perks and others v. The U. K* 1999),以及因医生过错治疗不当导致死者家属的精神损害(*Byrzykowski v. Poland* 2006 案)。美洲人

---

〔1〕 Lusitania 案情简介:德国击沉了英国客轮,导致乘客死亡,死者中包括 128 名美国公民。美国要求德国承担精神损害赔偿。

〔2〕 Lusitania(United States v. Germany), Opinion of the Mixed Claims Commission of 1st November 1923, VII UNRIAA, pp. 34-37.

〔3〕 同上。

〔4〕 同上。

〔5〕 该案将非物质性损害定义为精神痛苦、个人情感受到的伤害(injury to his feelings)、羞辱、害羞、挫败、失去社会地位或对信誉和声誉的损害;支持精神损害赔偿,但是排除惩罚性的损失类型。

〔6〕 例如在 Applicant v. Secretary-General of the United Nations;Gonzalo Perez del Castilllo v. Food and Agric. Org. Of the U. N;Sita Tam v. WHO 案例中,精神损害赔偿得到支持。

权法院同样在非法拘留（*Suárez Rosero v. Ecuador*1999 案；*Goiburú et al. V. Para.* 2006 案）、严刑拷打（*Tibi v. Ecuador*2004 案）及由此造成的谋杀行为（*Aloeboetoe er al. v. Suriname* 1993 案；*Gómez-Paquiyauri Brothers v. Peru*2004 案）等情况下要求国家承担精神损害赔偿责任。[1] 美洲人权法院还支持受害者的父母及其他亲属因受害人遭受的不法拘留及拷打而产生的精神痛苦和折磨，获得精神损害赔偿。

国际法院在 Diallo case 中裁决刚果（金）向 Diallo 先生赔偿 85000 美元的精神损害赔偿。理由是 Diallo 先生遭到刚果（金）非法程序的逮捕、有失公正的长期拘禁、缺乏证据证实的指控，并被非法驱逐出其已经居住生活 32 年并进行主要商业活动的国家。[2]

国际海洋法法庭（ITLOS）在 The M/V "Saiga"（No. 2）案中更进一步变相支持了类似于法人主体的精神损害赔偿，为国际投资法领域的精神损害赔偿制度提供法律思维方法以及价值取向基础。在该案中，几内亚逮捕并拘留船方船员。船旗国-圣文森特和格林纳丁斯国（Saint Vincent and the Grenadines, 简称 SVG 国）请求 ITLOS 裁决几内亚承担精神损害赔偿责任。ITLOS 认为，现代集装箱海洋运输的特点是载有不同国籍的乘客和船员，《联合国海洋法公约》并未将船员或乘客需具有船旗国国籍作为船旗国行使权利和义务的前提基础，而是将船舶本身视为一个整体单元。尽管被逮捕和拘留的船员并不具有 SVG 国籍，但船员是 SVG 国籍船舶上的一员。[3] ITLOS 最终认定船员遭受了拘留和精神痛苦方面的折磨，并裁决几内亚向 SVG 国承担精神损害赔偿责任。这表明，SVG 国籍船舶上的船员遭受的精神损害，可让 SVG 国获得精神损害赔偿。至于 SVG 国是否需要将所获赔偿支付给遭受精神损害的船员，ITLOS 并未提及，因此属于 SVG 国国内法的管辖范畴。

上述国际法案例实践表明国内民法的精神损害赔偿理念已经渗入国际

---

[1] See footnotes in Matthew T. Parish, Annalise K. Nelson, and Charles B. Rosenberg, Awarding Moral Damages to Respondent States in Investment Arbitration, *Berkeley Journal of International Law*, Vol. 29：1, p. 228.

[2] See Ahmadou Sadio Diallo(Republic of Guinea v. Democratic Republic of the Congo), Judgment of 19 June 2012, pp. 10-12, in Lars Market&Elisa Freiburg, Moral Damages in International Investment Disputes-On the Search for a Legal Basis and Guiding Principles（2013）14：1 *J World Investment &Trade*, p. 11.

[3] Lars Market&Elisa Freiburg, Moral Damages in International Investment Disputes-On the Search for a Legal Basis and Guiding Principles(2013)14：1 *J World Investment &Trade*, p. 13.

公法法理之中。国际公法实践普遍承认精神损害的可获偿性,不仅个人可获得精神损害赔偿,国家也可在一定程度上因其管辖范围内的成员精神受损而获得精神损害赔偿。这是否暗示着一个抽象的团体可因其内部的具体成员遭受精神损害而获得精神损害赔偿? 国际投资仲裁中的法人当事方相当于此时抽象的团体地位? 然而法人与国家的地位无法同质化,因此在与上述情况相似的情形下,是否可将给予国家精神损害赔偿的权利赋予法人,是一个值得商榷和讨论的问题。

(二) 国际公法领域有关精神损害的国际惯例规定

国际公法领域中,除具体的案例实践支持精神损害赔偿外,《国家国际不法行为的责任条款草案》(以下简称《草案》)第 31 条将精神损害的可获偿性明确纳入习惯国际法中。其规定"1. 责任国有义务对其国际不法行为造成的损害承担充分赔偿(Full reparation);2. 损害包括一国国际不法行为造成的任何损害,无论是物质损害(material damage)还是精神损害(moral damage)。"[1] ILC 在评述中解释道:"在草案中,物质损害是指财产损害或其他对国家及国民造成的具有可进行财产性评估特性的利益损害;精神损害包括诸如个人疼痛和痛苦,失去爱人,被擅闯个人住宅或私人生活而造成的个人羞辱感。"[2] 可见,习惯国际法确认了自然人精神损害赔偿请求权,只是通常通过国家渠道获得。

然而,尽管较多国际法院和仲裁庭支持精神损害赔偿,却并未对该问题作出明晰的判断标准。通过现有案件大致看出国际法院和仲裁庭运用一般国内法原则将国内法融入国际公法之中,认可个人的精神损害赔偿,并将其内容界定于人身伤害和精神痛苦范畴。根据《草案》,国家因违反其国际义务需承担国际责任时,便存在精神损害赔偿的可能性。是否构成精神损害需要进一步对损害性质进行定性。在国际公法层面,逮捕、拘留、谋杀和其他不法行为造成精神痛苦和折磨,是明显的精神损害赔偿范围。

---

[1] 《国家责任条款草案》第 31 条。
[2] ILC Articles on Responsibility of States for Internationally Wrongful Acts, Commentary to Art. 31, para. 5(2001).

三、国际投资仲裁中法人精神损害的可获偿性以及归责标准分析

国际投资法继承和发展了国际公法中有关精神损害赔偿制度的内容。Desert Line 案援引了国际公法的实践和一般国内法原则,最终确认法人精神损害的可获偿性。Lemire 案进一步明确分析法人精神损害赔偿的构成要件。这一发展实为国际投资法的重要变化,也为国际投资参与者的行为结果预判性提供了一定依据。

(一)精神损害赔偿理念通过国内法进入国际投资法的路径

国际公法中精神损害赔偿问题已有百年历史,但在国际投资领域中是新兴问题。1980 年 Benvenuti&Bonfant v. Congo 案[1]是 ICSID 裁决支持精神损害赔偿的首例案件。B&B 公司是否因为刚果国有化行为而对供应商和银行违约,导致名誉受损及无法保持必要人力资源,仲裁庭对此持有一定的存疑态度。但仲裁庭认为刚果采取的各种措施确实扰乱了 B&B 公司的经营活动,因此裁决 B&B 公司获得 CFA500 万的非物质损害赔偿。[2] 仲裁庭根据 ICSID 公约第 42(1)条适用了刚果法,刚果有关该问题的规定与法国法等同,法国法支持此情况下的精神损害赔偿。[3]"从这个意义上我们可以认为法国法中的精神损害赔偿概念通过这个间接途径进入了国际投资仲裁过程"[4]。仲裁庭虽未涉及精神损害赔偿的法理基础和构成要件分析,但通过国内法的引入变相确定国际投资中法人精神损害赔偿的可行性。尽管赔偿数额不高,却体现了国际投资的特性和国际投资仲裁庭的倾向性意见。在

---

〔1〕 Benvenuti&Bonfant v. Congo 案情简介:意大利 B&B 公司与刚果(布)根据协议分别持有 Plasco(刚果公司法人,主要生产塑料瓶与矿泉水)40% 和 60% 的股份。后 Plasco 公司被刚果国有化,刚果派军队占领公司总部。Bonfant 先生和意大利籍的职员出于安全受威胁的原因离开刚果。

〔2〕 Benvenuti&Bonfant SARL v. People's Repubilc of the Congo,award of 15 August 1980,ICSID Case No. ARB/77/2,1 ICSID Reports,pp330,at 361. see in Matthew T. Parish,Annalise K. Nelson,and Charles B. Rosenberg,Awarding Moral Damages to Respondent States in Investment Arbitration,*Berkeley Journal of International Law*,Vol. 29∶1,225 at 234.

〔3〕 Lars Markert and Elisa Freiburg:Moral Damages in International Investment Disputes-On the Search for a legal Basis and Guiding Principles,The Journal of World Investment &Trade14(2013),p. 18.

〔4〕 朱明新:《国际投资仲裁中的精神损害赔偿研究》,《现代法学》,2011 年第 5 期,第 123—124 页。

实质内容上实现了法人在国际投资仲裁中获得精神损害赔偿的可能。

(二) 法人精神损害可获偿性的确定

2008 年 Desert Line 案[1]成为国际投资仲裁中给予法人精神损害赔偿的标杆性案件。该案仲裁庭确认 Desert 公司遭受了"与投资有关的法人整体性的人身(physical integrity of its investment)"威胁和攻击的事实:(1)被申诉方包围了工地,并逮捕了申诉方的管理人员,包括董事长之子;(2)当申诉方受到被申诉方当地第三方武装力量骚乱、威胁和偷盗的不法侵害时,被申诉方没有提供依申诉方请求的保护和安全;(3)申诉方董事长接到威胁电话,被迫离开也门,导致公司经营活动被迫终止。[2]仲裁庭根据上述事实在裁决书中仅用了两个分段来阐明理由。其认为:

> 被诉方没有质疑申诉方根据 ICSID 程序规则获得精神损害赔偿的可能性。尽管投资条约主要目的是保护财产和经济价值,但也没有排除一方在例外情形(exceptional circumstances)下可请求精神损害赔偿。众所周知大部分法律体系除纯粹经济损失外还规定精神损害赔偿。因此实在没有理由排除精神损害赔偿。
>
> 仲裁庭认可证实本案所涉的损害是困难的,尽管不是不可能。Lusitania 案认为非物质损失可能是"非常真实的,尽管存在难以用金钱标准来确定或评估的事实,其依然具有真实性、而且没有理由让受损害方不得获得赔偿"。
>
> 而且普遍承认(generally recognized)法人(与自然人相对)可获

---

[1] 案情简介:Desert 公司与也门签订 8 份一系列修路合同,公司完成工程量约 2/3 时请求也门付工程款,未果。也门总统致函公司,告知公司继续履行合同将支付全部款项。后也门仍未如期支付欠款。公司遂提起也门国内仲裁程序,并获得支持自己的裁决。但是也门拒绝执行国内仲裁裁决,并通过暴力威胁方式与公司签订解决协议代替国内仲裁裁决(协议赔偿数额显著少于国内仲裁裁决确定的赔偿数额)。公司的股东受威胁、职员(包括董事会主席的儿子)遭受了也门官方逮捕、拘留等不公待遇。公司后向 ICSID 提起裁决也门违反 BIT 条约等若干仲裁请求,其中包括要求精神损害赔偿(具体请求仲裁庭支持赔偿的事实包括三部分:一是因也门和第三方武装力量骚乱、威胁和拘留的行为致使公司行政管理人员感受压力和焦虑感;二是公司自身遭受了信誉和商誉重大损失,失去了声望;三是公司的行政人员受到也门的恐吓)。

[2] Desert Line Projects LLC v. The Republic of Yemen, award of 6 February 2008, ICSID Case No. ARB/05/17. Para. 185.

得精神损害赔偿,包括名誉损失,但只限于特殊情况(specific circumstances)。

仲裁庭认为被申诉方违反BIT,特别是对申诉方的行政主管人员施加人身威胁属恶意行为,因此构成过错责任。所以,被申诉方应当对申诉方遭受的损害承担赔偿责任,无论损害本质上属身体性、精神性还是物质性特征。仲裁庭同意申诉方的损失是实质性的,因为申诉方行政主管人员的人身健康以及申诉方的名誉和商誉均受影响。

……仲裁庭裁决100万美元精神损害赔偿,包括名誉损失。

此赔偿数额实际上并非仅是象征性的,而是根据项目比例确定的合适数额。

由此看出,仲裁庭并未仅仅根据被诉方违反BIT的事实遂支持精神损害赔偿,而是根据申请人提出的证据进一步证明精神损害存在的特殊情况,从而认定赔偿。也就是说,国家违反BIT的违约行为并不必然产生精神损害赔偿,需要进一步提供证据证明国家不法行为导致精神损害的结果。精神损害可能与物质损害并存。仲裁庭在裁决中特别说明"100万美元精神损害赔偿额包括名誉损失",暗示着仲裁庭明确精神痛苦的损害类型与法人名誉、商誉受损的损害类型存在差异。仲裁庭一方面区分了这两类损害类型,另一方面又将二者合二为一,纳入精神损害赔偿范围。

通过仲裁庭裁决分析,可得出如下结论:(1)仲裁庭接受并承认精神损害赔偿的真实性、实质性、可诉性及其可获偿性。尽管实际遭受精神损害的对象是公司内部的行政管理职员,而非法人本身,仲裁庭支持了申诉方Desert公司的精神损害赔偿诉求,给予该法人100万美元精神损害赔偿,明确了法人精神损害的可获偿性。(2)法人精神损害的范围包括人身损害和法人的名誉、商誉、信用损害。由于法人无法遭受人身伤害和精神痛苦,法人的精神损害通过其内部的行政主管人员而外化。实质体现出法人行政主管人员的精神损害利益之保护。(3)行政主管人员(外化为法人行为的代表)的人身精神损害只能在例外情形下才能成立,主要限定为非法逮捕、拘留、威胁等性质较为严重恶劣的情形。(4)构成法人精神损害的前提,还需被诉方存在主观恶意性的过错。(5)精神损害获偿数额较低。

尽管该案承认法人精神损害可获得赔偿,但是仲裁庭仅用简短的两个分段阐明理由,没有详细分析法人精神损害的构成要件和法理依据,也没有分析何为例外情形,如何认定赔偿数额比例,总之,理论分析较为模糊。这表明仲裁庭根据国际公法领域和一般国内法的实践经验,倾向性认为行政主管人员遭受精神损害,在一定程度上导致法人受损,而此类受损结果不同于物质性的损失,单纯依靠物质性损失认定不能涵盖行政主管人员的精神损害给法人带来的损失结果,出于公平理念,仲裁庭偏向承认法人的精神损害赔偿请求权,从而达到保护法人内部关键主管人员的人身安全,实则是为避免国家通过对行政主管人员施加人身损害的方式间接控制和损害法人的相关利益。

(三)"例外情形"的认定标准

Desert 案未确定系统的精神损害赔偿认定标准,2011 年 Lemire 案[1] 提供了进一步的细致阐述,明确了例外情形(exceptional circumstances)的标准。该标准未将适用对象仅限定为自然人,因此不排除法人精神损害赔偿的可适用性。尽管该案于 2013 年被撤销,但其确立的"例外情形"标准不是裁决无效的理由,因此该标准依然具有一定指导意义。仲裁庭在裁决书第 333 段中,得出给予精神损害赔偿的标准:

> 作为一般规则,遭受国家不法行为侵害的主体并不能获得精神损害赔偿,只有在例外情形下方可获得精神损害赔偿,例外情形包括:
>
> ——国家不法行为违反了文明国家应遵循的行为准则,实施了人身威胁、非法拘留或其他类似情况的行为;
>
> ——国家不法行为导致行为对象健康恶化,遭受压力,产生焦虑,以及其他诸如遭受羞辱、尴尬和落魄潦倒(degradation)的精神痛苦,或失去名誉、信誉和社会地位;

---

[1] Joseph Charles Lemire v. Ukraine 案情简介:美国投资方 Lemire 在乌克兰经营无线电广播行业。乌克兰决定新开新无线电频率,为当地投资者提供了 38—56 个额外的频率,但是只给了申诉者一个乡下农村的无线电频率,尽管当地超过 200 个申请使用单。申诉方提起 ICSID 仲裁请求 300 万美元的精神损害赔偿,称其遭受持续的侮辱、挫败、压力、打击、羞辱等感受的精神损害。

——原因与结果均严重或具有实质性损害。[1]

仲裁庭依据该标准对案件展开分析,最后得出 Lemire 先生未遭受类似于 Desert 案中的逮捕、拘留等人身伤害,且其遭受的压力、焦虑等损害也未达到 Desert 案的严重程度。因此不满足例外情形三要件中第一项和第三项要求。

仲裁庭指出"在大多数法律体系中,受损方可获的损失不仅包括实际损失(damnum emergens and lucrum cessans),还包括精神损失",但又进一步说明 Desert 案事实上是十分特殊的情况,因为申诉者遭受了被申诉方的人身威胁和武力包围。[2] 虽然该案仲裁庭未支持 Lemire 先生的精神损害赔偿请求,却为国际投资仲裁中精神损害赔偿问题的解决提供了一定思路。随后的多起仲裁案件的仲裁员肯定了法人精神损害的可获偿性以及 Desert 和 Lemire 案确立的标准[3]。该案确立的标准填补了 Desert 案遗留的"例外情形"的空白,具有积极的补充作用。

四、国际投资仲裁中法人的精神损害赔偿法理分析

虽然国际投资仲裁实践出现支持法人精神损害赔偿的裁决案例,但其标准尚未成为国际投资领域的国际惯例。国际投资法的法律渊源包括国内立法、国际条约、联合国大会的规范性决议、国际惯例。国际投资条约普遍没有明确规定精神损害赔偿的确立条件、赔偿计算等问题。国际习惯法的形成要素包括物质要素和心理要素。[4] 有关裁决支持法人精神损害赔偿案件数量稀少尚不能成为多数国家反复实践结果,且国际社会也未明确普遍接受法人精神损害的合法性,因此,上述案件中仲裁员确立的标准还不能成为国际投资法的法律渊源。

国际公法中的习惯国际法规则可成为国际投资法缺失情形下的补充依据。《国家国际不法行为的责任条款草案》第 55 条暗示《草案》与国际投资

[1] Joseph Charles Lemire v. Ukraine, award of 28 March 2011, ICSID Case No. ARB/06/18 Para. 333.

[2] Joseph Charles Lemire v. Ukraine, Decision on Jurisdiction and Liability of 14 January 2010, ICSID Case . No. ARB/06/18 Para. 476.

[3] 多起案件当事方提及精神损害赔偿,并且多个案件仲裁庭都认可 Desert 案中的标准。

[4] 参见余劲松《国际投资法》(第四版),法律出版社,2014 年,第10—11 页。

法是一般性规则与特殊规则的关系。在国际投资仲裁框架下,国际投资条约虽未在实体和程序方面明确规定有关精神损害赔偿的具体条文,却也未排除支持精神损害赔偿的可能性。[1] 因此《草案》中有关精神损害赔偿的规定,可作为国际投资法援引的合法渊源。

《草案》第 3 条规定国家违反国际义务则需承担国际责任。国家赔偿法人精神损害的义务主要来源于其违反国际投资条约的事实。《草案》第 12 条表明只要国家行为与其国际义务不符,无论该行为的起源缘由和特征如何,均视为国家违反了国际义务。国际投资条约的主要目的是保护和促进国际投资,为投资者提供公平的投资环境和人身安全保护。倘若国家欲达到控制法人目的而对法人的雇员实施非法拘禁、非法逮捕等行为,这可能产生违背一般国际投资条约中有关投资保护的相关规定,国家违反其应承担的国际义务,则需承担国际责任。Chorzów Factory 案确定了赔偿和补救任一损害的国际法基本原则。[2] 通过融合国际公法案例和国际投资仲裁实践,可探寻国际投资仲裁庭对法人精神损害赔偿的法理理念。

(一)支持法人精神损害赔偿的法理基础

目前主要存在两类支持法人精神损害赔偿的学术观点。Borzu Sabahi 主张"瓦特尔哲学假定"(Vattelian Philosophical Fiction),也称"国家支持原则"(Doctrine of State Espousal)即对个人的伤害等同于对其母国的伤害;同理可推"公司支持原则"(Doctrine of Corporate Espousal),对公司雇员的损害等同于对公司本身的损害。这一原则可解释 Desert 案仲裁庭作出的裁决结果。[3] 在习惯国际法中,存在与此相似的运行机制,即外交保护原则,当东道国违反最低待遇标准时,一国可为其在国外的本国公民提供支持、援助的

---

〔1〕 参见朱明新《国际投资仲裁中的精神损害赔偿研究》《现代法学》,2011 年第 5 期,第 123 页。

〔2〕 Factory at Chorzów(Germany v. Poland),Judgment(Claim on Indemnity, Merits)of 13 September 1928,Permanent Court of International Justice,Series A,No. 17,p. 4,at 47.

〔3〕 Borzu Sabahi. "Moral Damages in International Investment Law:Some Preliminary Thoughts in the Aftermath of Desert Line v Yemen"in Jacques Werner&Arif Hyder Ali,eds,A Liber Amicorum:Thomas W lde-Law Beyond Conventional Thought(London:Cameron May 2009),253 at 259. 朱明新在其文章《国际投资仲裁中的精神损害赔偿研究》(《现代法学》,2011 年第 5 期)中也提及瓦特尔原理,其将"doctrine of State espousal"译为"国家襄助原则"。

行为[1] The M/V"Saiga"案确立的船旗国精神损害赔偿请求权,也体现该哲学假定理论。

学者 Jarrod Wong 认为"国家支持原则"存在原则性的弊端,因为它从本质上模糊(掩饰)了公司与其雇员个体的差异特性[2] 他提出代位原则,认为公司可以其自身名义代替其雇员向东道国提出精神损害赔偿请求。根据该原则,公司应当将所获赔偿金交还给其雇员,而 Desert 仲裁庭并未明确公司是否需要将赔偿金退还其受损害的雇员[3] 笔者认为,"公司支持原则"更能阐明雇员遭受精神损害的定性问题,因为法人才是国际投资仲裁的当事方。雇员遭受人身损害从而影响公司决策进而使公司利益受损,在此意义上,对公司关键雇员人身的伤害等同于钳制公司的运营造成公司法人遭受损害的结果,因此根据"公司支持原则"将雇员遭受的损害视为公司遭受的损害更为妥当,精神损害赔偿是仲裁庭裁决给予法人的赔偿。至于法人与其雇员如何分配所获赔偿则属于法人内部自决事宜。

(二)法人精神损害赔偿范围

根据仲裁庭意见,当投资者为法人时,由于其自身不具备遭受精神痛苦和人身伤害的条件,原则上法人不应当成为精神损害赔偿的对象。但是某些特殊情况下,法人的关键职员由于法人与东道国之间的投资争议而遭受精神损害,该损害结果恰巧处于法律管辖权的交叉地带,若国际投资仲裁庭忽视该类损害,将可能导致东道国通过控制法人关键管理人员从而达到控制法人的目的。为避免此类结果,Desert 案仲裁庭倾向于在极为特殊的情况下给予法人一定的精神损害赔偿请求权,目的在于达到双重保护效果:第一,保护法人的合法利益,防止法人的关键控制人或关键行政管理人因遭受精神损害而影响法人的经济利益;第二,保护处于法律管辖权交叉状态中的实际遭受人身伤害或精神痛苦的管理人员。Desert 裁决明确说明支持 Desert 公司的精神损害赔偿请求权,并裁决东道国赔偿 100 万美元给予 Desert

[1] Lars Market&Elisa Freiburg,Moral Damages in International Investment Disputes-On the Search for a Legal Basis and Guiding Principles,(2013)14:1 *J World Investment &Trade*,at 35.

[2] Jarrod Wong,The Misapprehension of Moral Damages in Investor-State Arbitration,in Arthur W Rovine,ed,*Contemporary Issues in International Arbitration and Mediation:The Fordham Papers* 2012 (Leiden,Netherlands:Martinus Nijhoff,2013)67 at 98.

[3] 同上。

公司,该 100 万美元包含法人名誉受损部分的精神损害。这表明,仲裁庭认为法人的精神损害赔偿范围包括两类:第一类是精神痛苦或人身伤害结果。由代表法人行事的关键行政主管人员实际遭受的非法待遇为判断依据。关键行政主管人员遭受的精神痛苦或人身伤害虽不是法人本身遭受的非法待遇,但是此类伤害结果足以导致法人的神经中枢受控制从而达到被控制的结果。第二类是法人的商誉或名誉受损害的结果。

(三) 法人精神损害认定的关键要素

结合 Desert 和 Lemire 案件的分析,可总结出仲裁庭对法人精神损害的认定标准以及对关键问题的倾向性意见。法人精神损害认定的前提是国家因违反国际投资条约而应承担国际责任。无国际条约的违反,则无国际责任的产生。Helnan International Hotels v. Egypte 案[1]仲裁庭指出 Helnan 未能证明埃及因违反 BIT 而需承担国际责任,因此拒绝投资者的全部赔偿请求,包括精神损失和名誉损失。国家违反 BIT 的事实并不必然产生精神损害赔偿,是否裁决支持该赔偿,仍需进一步分析精神损害的构成要件,从而判定是否存在精神损害赔偿问题。单纯因为国家违反 BIT 行为而要求精神损害赔偿的请求无法得到支持。Tecmed v. Mexico 案[2]提到单纯违反 BIT 条约的事实并不自动产生精神损害赔偿。[3] 只有提供足够的证据表明存在精神损害赔偿的特别例外情况,才能进一步考虑精神损害赔偿问题。这也表明,国际投资仲裁并不承认纯粹精神损害赔偿。

1. 法人精神损害赔偿要件

一般而言,自然人可获得精神损害赔偿请求权,法人精神损害赔偿只能是特例情形。由于国际投资争端的特殊性导致一部分自然人人身受损与法人精神利益受损密切相连,若忽视这部分自然人的精神受损结果,将使得法人因此受到严重损害。为避免法人因该类特殊情形遭受损害的法律责任处于法律管辖的真空状态,国际投资仲裁员倾向于支持特例情形之下的法人

---

[1] 2008,ICSID,case No. ARB/05/19.

[2] 案情简介:墨西哥取消之前给予西班牙公司建设垃圾处理厂的特许权。西班牙公司诉至 IC-SID 请求裁决墨西哥承担间接征收以及违反公平公正原则的国家责任,并赔偿精神损害。

[3] Lars Markert and Elisa Freiburg:Moral Damages in International Investment Disputes-On the Search for a legal Basis and Guiding Principles,*The Journal of World Investment &Trade*14(2013),p. 19.

精神损害赔偿请求权,试图弥补法人的相应损失。这是一种缺乏其他更有效的公平保护措施的有效举措,但是只能在特定的"例外情形"下产生法人精神损害赔偿责任。Lemire案确定了"例外情形"判断标准:第一,国家违反了文明国家应遵守的行为准则,实施了人身威胁、非法拘留或其他类似情况的不法行为;第二,国家行为致使投资者遭受精神痛苦,例如健康恶化、压力、焦虑,其他诸如羞辱、尴尬和落魄潦倒状况,或失去名誉、信誉和社会地位;第三,原因与结果均严重或具有实质性损害。该标准明确了精神损害的行为要件、结果要件、损害程度和因果关系要件。

行为要件偏向于政府公权力的滥用情形。文明国家的行为准则没有界定明确的范围,Lemire案将其主要限定于公权力滥用范围。其他非公权力滥用导致的人身伤害严重性略低,不属于国际投资中的精神损害行为要件范围。这也是Lemire先生无法获得精神损害赔偿的原因之一。Desert案中的行政主管人员遭受非法逮捕、非法拘留等滥用公权力的行为,人身伤害达到恶劣性质,符合公权力滥用的行为要件要求。然而,文明国家有权正当行使国家行政权力,如果东道国的行政部门仅单纯实施查询、要求提供资料、查封和扣押的正当国家行政行为,即使发生轻微口角冲突等,在一定程度上可能产生阻碍法人经营活动的结果,并给雇员造成工作方面的精神压力,但是并不能因此认定为"例外情形"从而给予法人精神损害赔偿。国家行为的性质和目的是考查该行为是否符合文明国家行为准则的关键因素。

结果要件包括自然人遭受的精神痛苦及法人名誉、商誉受损两种情形。这些损害结果必须具有真实性,假设的损害结果不构成精神损害。在SOABI v. Senegal案[1]中,仲裁庭认为SOABI提出的精神损害必须在本质上是真实或现实存在的,而非假设的损失。精神损害的真实存在情况由申请方承担举证责任。若申请方未能举证证明真实发生的精神损害结果,"例外情况"条件无法自证满足,将由申诉方自行承担举证不能的后果。Tecmed v. Mexico案仲裁庭指出申诉方未能提供足够的证据证明被申诉方的行为造成申诉方的名誉损失,也不能证明由此阻碍了申诉方的商业机会,最终拒绝申诉方的精神损害赔偿请求。Lurii Bogdanov v. Moldavie案仲裁庭同样强调

---

[1] 1988,ICSID,case No. ARB/82/1.

申诉方未能提供有关精神损害存在的有效事实证据,因而拒绝给予精神损害赔偿。另外,需注意其与人权的差异。[1] 人权问题不是投资争端,一般被排除在国际投资仲裁管辖范围之外。因此若申诉方在申请书中将精神损害称之为人权受损,要求仲裁庭支持人权损害的赔偿,那仲裁庭可能会作出排除人权问题的管辖权决定。

ICSID 仲裁庭实践认为行为与损害结果之间需存在因果关系。Biwater Gauff v. Tanzani 案因为申诉方的投资本身存在赤字亏损状况,无法证明损害结果由国家不法行为导致,因此不法行为与损害结果之间缺乏因果关系。最终精神损害请求未得到支持。

2. 国家的过错责任

由于精神损害赔偿具有无形性、难以计算的特征,缺乏客观的计算标准,因此国家的过错程度则是衡量精神损害赔偿的重要因素。法国法采取过错责任的归责原则,《法国民法典》第 1382 条规定:"任何人因为过错给他人造成损害,不论是财产损害还是非财产损害都应当依据过错承担赔偿责任。"[2] Desert 案仲裁庭将国家行为的恶意性作为构成精神损害的主观过错要件。《草案》第 2 条没有规定恶意的主观要件是国家国际不法行为的构成要件。布朗利(Brownlie)教授认为"尽管疏忽(culpa)不是国家责任的一般条件,但是它也具有重要意义……可能影响损失的衡量问题"。因此在国际公法中,主观过错不是国家责任的构成要件,可视为衡量损害结果轻重的重要砝码。而 Desert 案中将过错责任作为精神损害的构成要件,这与国际公法中国家国际责任制度存在差异。其实,除非国家举证证明公权力的滥用存在免责事由,否则国家实施的非法逮捕、非法拘禁等类似行为本身即暗示着国家的恶意过错。在举证证明国家存在过错责任方面,主要涉及国家实施的具体行为、损害的程度、双方的沟通情况以及国家事后的救济情况等。

(四)精神损害赔偿计算方法

《草案》第 34 条规定了三种赔偿方式:恢复原状(restitution)、补偿(compensation)和抵偿(satisfaction),这些赔偿模式可单独也可合并适用。三种赔

---

〔1〕 参见朱明新《国际投资仲裁中的精神损害赔偿研究》,《现代法学》2011 年第 5 期,第 126 页。

〔2〕 王利明:《人格权法研究》(第二版),中国人民大学出版社,2012 年,第 686—687 页。

偿方式的适用顺序为:恢复原状为第一顺序的赔偿方式,其次为补偿的赔偿方式,抵偿是最后的补救方式,即只有恢复原状和补偿无法全面赔偿损失,才需要抵偿方式来弥补损失。[1] 总之,赔偿的目的是消除不法行为造成的全部损害后果,且符合比例原则。[2] 精神损害具有难以修复、恢复或重塑的特点,一旦发生痛苦、疼痛、焦虑等精神痛苦的体验,很难像修复商品那般恢复个人的精神体验。因此恢复原状的赔偿方式不是赔偿精神损害的较好方法。尽管精神损害是非物质性损害,不等同于物质的或金钱方面的损害,但是可通过金钱给付的方式来补偿精神损害。如果补偿的方式仍无法弥补精神损害程度,那么还可以要求抵偿的方式减轻精神损害带来的后续影响,例如要求责任者公开道歉或检讨、传媒报道、保证不再犯等其他合适的道歉方式。适格的法院或仲裁庭作出的宣告损害行为不法性的裁决本身就是较为合适的其他抵偿方式之一。[3] Desert 案仲裁庭没有裁决东道国作出道歉的抵偿赔偿方式,其可能将裁决本身视为抵偿方式之一,或认为单纯的经济补偿已经足以赔偿 Desert 公司的精神损失。

补偿作为精神损害赔偿的较佳方式,那么补偿多少、如何计算精神损害补偿数额成为关键问题。首先,赔偿数额的界定应当综合考虑特殊的主要义务内容、当事方的行为效果,并尽量通过公平评价体系做出可接受的结果。[4] 这是评估补偿额的最基本原则。笔者认为,国家的过错程度、投资者的过错程度、损害程度大小以及客观免责事由等情况也可适度考虑。

其次,从三个方面来评估赔偿额度:第一,资本价值的赔偿;第二,收益损失的赔偿;第三,由于减损等行为产生的附加费用。[5] 精神损害是非物质性损害,不是资本或财物损失,因此不涉及资本价值的评估问题,主要涉及

---

[1] ILC Articles on Responsibility of States for Internationally Wrongful Acts, Commentary to Art. 37, para. 1(2001)。恢复原状优先于补偿方式,但如果恢复原状不可行,则选择补偿方式。当二者不能完全赔偿损害结果时,抵偿作为最后的赔偿方式。

[2] ILC Articles on Responsibility of States for Internationally Wrongful Acts, Commentary to Art. 34, para. 2&5 (2001).

[3] ILC Articles on Responsibility of States for Internationally Wrongful Acts, Commentary to Art. 37, para. 6(2001).

[4] ILC Articles on Responsibility of States for Internationally Wrongful Acts, Commentary to Art. 36, para. 7&19(2001).

[5] ILC Articles on Responsibility of States for Internationally Wrongful Acts, Commentary to Art. 36, para. 21 (2001).

收益损失和附加费用的赔偿问题。法人关键雇员遭受精神损害可能导致司法裁决之后的收益减少，那么这部分未来的收益是赔偿评价体系内容之一，即倘若法人能够证明由于关键雇员遭受精神损害使得公司之前签订的合同或其他特许权无法继续履行，公司因此产生的未来的可预测损失可以获得赔偿。除此之外，法律不保护的利益不得成为赔偿的损失范围。例如垄断行为产生的收益不得获得赔偿。

最后，防止双重计算损失。如果评估了公司的其他损失类型的市场公平价值之后，在判断精神损害赔偿额中应谨慎隔离已经评估过的价值，否则容易出现双重计算的风险。[1] 另外，在同一时间段内，已经按照前述收益计算方法确定收益性赔偿的情形，不得同时计算利息。[2] Desert 案仲裁庭认为精神损害赔偿是其裁决时对整个案件最终认定的整体数额，在损害产生至裁决作出期间不产生利息。但是如果裁决生效后 30 日内，也门未支付精神损害赔偿，则将产生 5% 的利息。

B&B 案和 Desert 案仲裁庭没有对有关精神损害赔偿数额列出明确的计算方法，分别裁决 25000 美元和 100 万美元的精神损害赔偿额，分别占其最初赔偿请求额度的 2% 和 1%，与投资标的额相比，实属微薄。但仲裁庭特别指出该赔偿数额并非是象征性的赔偿，而是根据案件具体情况而确定的数额。可看出仲裁员对法人精神损害赔偿数额的确定采取谨慎和保守的态度。

精神损害的非物质性损害特征使得数额计算所依赖的事实和标准较为模糊。有学者提出参照各人权法院的做法来计算国际投资仲裁中的精神损害赔偿，笔者认为，国际投资仲裁和各不同的人权法院性质并非完全相同，相反，国际投资仲裁与投资活动密切相关，其性质更倾向于经济性的属性特征，而人权法院更倾向于保护人的属性特征。二者计算的出发点和重点不同，将会导致计算的偏重点和数额的差异。

(五) 东道国的精神损害赔偿反诉请求权

当投资者提出精神损害赔偿请求时，东道国是否享有提出精神损害赔

---

〔1〕 参见朱明新：《国际投资仲裁中的精神损害赔偿研究》，《现代法学》2011 年第 5 期，第 129 页。

〔2〕 ILC Articles on Responsibility of States for Internationally Wrongful Acts, Commentary to Art. 36, para. 34(2001).

偿的反诉请求权？更进一步说，若法人滥用精神损害赔偿请求权，给东道国造成冗长的诉累，东道国可否提出反诉认为法人的滥诉损害了本国的信誉，导致流入东道国的投资额或现存的外国投资减少。对此有两种不同的学理观点。一派学者认为大多数现存 BITs 的目的是规制投资者和东道国之间的关系，主要保护投资者的投资，因此仅允许投资者提出仲裁，却没有明确东道国享有提起 ICSID 仲裁的权利，因此东道国缺乏有效、合法的提起反诉的权利[1] 倘若给予东道国精神损害赔偿反诉请求权，将额外增加仲裁的花销和拖延程序时间[2] 而且东道国可以通过胜诉裁决获得一定的赔偿，胜诉裁决本身以及其他赔偿足以弥补东道国的名誉损失，不应当单独支持东道国的精神损害赔偿请求权[3] 另一派学者认为，东道国有权获得精神损害赔偿请求权。理由如下：(1)投资者和东道国之间签订的投资协议或投资者的承认是国家提起反诉的合法渊源。当投资者接受国家根据投资条约确立的单边仲裁要约，向仲裁庭提出仲裁程序请求，该行为视为投资者对国家的单边仲裁要约作出的承诺行为，至此，在投资者和国家之间形成一项合法的仲裁协议[4] 这是国家可提起精神损害赔偿反诉请求权的法律来源。除此之外，投资者明示或默示地承认国家的反诉请求，也同样赋予国家相应的反诉请求权。(2)国家提出精神损害赔偿反诉请求权并不必然导致仲裁程序的拖延和费用的增加，反而可以减少投资者的恶意仲裁请求，提高仲裁效率。(3)由于投资者的恶意仲裁诉累导致东道国内的外国直接投资额减少的可能，投资者的恶意诉讼使得国家名誉受损，这种损失不同于实质物质损失，也应当获得赔偿[5] (4)有利于实现公平正义，保障国家和投资者的公

[1] See in Matthew T. Parish, Annalise K. Nelson, and Charles B. Rosenberg, Awarding Moral Damages to Respondent States in Investment Arbitration, *Berkeley Journal of International Law*, Vol. 29:1, pp. 225-245; also see in Doğan Gültutan, Availability of Counterclaims to Host States for Moral Damages Sustained, *The Turkish Commercial Law Review*, Vol. 2:2, 2016, p. 220.

[2] Matthew T. Parish, Annalise K. Nelson, and Charles B. Rosenberg, Awarding Moral Damages to Respondent States in Investment Arbitration, *Berkeley Journal of International Law*, Vol. 29:1, p. 243.

[3] Matthew T. Parish, Annalise K. Nelson, and Charles B. Rosenberg, Awarding Moral Damages to Respondent States in Investment Arbitration, *Berkeley Journal of International Law*, Vol. 29:1, p. 237.

[4] Matthew T. Parish, Annalise K. Nelson, and Charles B. Rosenberg, Awarding Moral Damages to Respondent States in Investment Arbitration, *Berkeley Journal of International Law*, Vol. 29:1, p. 242.

[5] Matthew T. Parish, Annalise K. Nelson, and Charles B. Rosenberg, Awarding Moral Damages to Respondent States in Investment Arbitration, *Berkeley Journal of International Law*, Vol. 29:1, p. 243.

平机会。[1] 因此应支持东道国的精神损害赔偿。

两种不同观点将会导致两种截然不同的态度,前者反对国家提出精神损害赔偿反诉请求权,后者支持。[2] 国家提出有关精神损害赔偿的反诉请求权和国家精神损害赔偿得到仲裁庭支持,是两个不同的法律问题。有关"精神损害赔偿的反诉请求权提出"是程序性问题,"国家精神损害赔偿支持"是实体性问题。

笔者认为,关于程序问题,国际投资仲裁主要依赖于"合意",如果国际投资条约或国际投资协议以明示或默示的方式承认国际投资仲裁庭对国家反诉请求的管辖权,那么国家有权提出反诉请求;若反之,国家无权提出反诉请求权。关于实体问题,则需要考查国际公法和国际投资仲裁领域的做法。根据"国家支持原则"以及 ILC 对《草案》第 31 条的评述[3],国家的荣誉、名誉、尊严等非金钱或非物质利益受损害时,受害国有权获得赔偿。在国际公法领域,一些裁决支持国家的精神损害赔偿请求权,例如 *Rainbow Warrior* 案支持了新西兰有关非物质损失的赔偿请求权,*Lusitania Case* 案也同样支持美国的精神损害赔偿请求权。在国际投资仲裁领域,尚未有案例裁决支持国家的精神损害赔偿。多数国际投资仲裁庭认为,若国家胜诉,一份公正的裁决本身包含对案件的详细分析,已经能够挽回国家的名誉损失,而败诉方(投资者)承担的仲裁等各项费用也未对国家造成更大的损失,无需单独裁决支持国家的精神损害赔偿。笔者认为,在某些特殊情况下可能出现具体的国家代表遭受精神方面的损害情形或国家名誉、尊严受损(例如国旗、国徽被侮辱等),国家可获得精神损害赔偿,但是由于国家精神损害难以用金钱衡量,因此可借鉴习惯国际法的做法,以抵偿的方式(要求投资者道歉等方式)弥补国家的精神损失较为适宜。[4]

[1] Doğan Gültutan, Availability of Counterclaims to Host States for Moral Damages Sustained, *The Turkish Commercial Law Review*, Vol. 2:2, 2016, p. 225.

[2] Matthew T. Parish, Annalise K. Nelson, and Charles B. Rosenberg, Awarding Moral Damages to Respondent States in Investment Arbitration, *Berkeley Journal of International Law*, Vol. 29:1, p. 240-244.

[3] ILC Articles on Responsibility of States for Internationally Wrongful Acts, Commentary to Art. 31, para. 7(2001)

[4] Antoine Champagne: Moral Damages Left in Limbo, *McGILL Journal of Dispute Resulution*, Vol. 1:2, 2015, p. 31.

（六）对法人精神损害赔偿的限制性分析

1. 法人精神损害赔偿的限制必要性

首先，法人精神损害的特殊属性要求对其进行限制。通说认为法人不能像自然人一样遭受精神痛苦和人身伤害，因此没有精神损害。多数国家国内法谨慎地将法人遭受的精神利益损害纳入财产性赔偿范畴。因法人的精神损害赔偿建立在雇员遭受人身损害的基础之上，这是一种特例情况，所以在极有限的情况下支持法人精神损害赔偿方为妥当。

其次，投资者与东道国之间的利益平衡目的要求对其限制。国际投资条约及其仲裁机制应秉持公平公正原则合理权衡投资者和东道国之间的利益保护。[1] 法人精神损害赔偿制度目的是保护和促进国际投资发展。因此，一方面不可支持投资者滥用法人精神损害赔偿权利；另一方面也不得支持东道国滥用公权力控制和损害法人精神利益。

2. 法人精神损害赔偿限制的考量因素

仲裁庭对法人精神损害赔偿的分析与解释存在不明之处。因此笔者欲延伸仲裁庭未明确提出、却暗含在裁决中，或应当注意的一些考量因素。前述案件均未明确"隐藏在法人面纱之后的受损自然人"的范围。那么是否意味着法人的任意雇员在任何情况下人身受损均可认定为法人的精神损害赔偿范围？

首先，人身损害需与投资具有密切相关性。国际投资仲裁中心审理与投资密切相关的法律争端。法人雇员的人身损害和东道国实施的违法行为必须与法人在东道国的投资运营活动相关联。[2] 若雇员遭受的人身损害与法人在东道国的投资不具有直接相关性，则雇员遭受的损失依据属地管辖原则，归属于东道国境内的涉外民商事案件管辖范围，适用东道国国内法律解决。雇员在生活中因经济摩擦、侵权等遭受的损害不得认定为法人的精神损害。Desert 案中雇员因为公司与东道国发生投资争端的缘故而被非法逮捕和拘禁，仲裁庭方将雇员损失纳入管辖范围，而未以缺乏管辖权为由不

---

〔1〕 参见余劲松《国际投资条约仲裁中投资者与东道国权益保护平衡问题研究》，《中国法学》2011年第2期，第133页。

〔2〕 Lars Markert and Elisa Freiburg: Moral Damages in International Investment Disputes-On the Search for a legal Basis and Guiding Principles, *The Journal of World Investment &Trade* 14（2013），p. 36.

予受理雇员人身伤害的法律争端。

其次,区分雇员的行政级别尤为重要。值得注意的是,被非法逮捕和拘禁的员工是行政主管人员,他们的决策对法人的正常经营活动具有关键的决定性作用。东道国正是利用对他们的人身伤害从而钳制法人,达到强迫法人履行"解决协议"进而达到获益的目的。一般而言,对股东、董事和高管人员的控制在一定程度上等同于对法人的控制;而对一般雇员的控制不一定等同于对法人的控制,除非该一般雇员得到法人的特殊授权而实际代表法人行事。笔者认为,如果一般雇员的人身损害与法人投资活动密切相关,并能够对法人造成一定的制约作用,则视为法人的精神损害;反之,如果缺乏密切相关性,或仅为雇员个人日常生活中的摩擦导致,或对法人的投资经营活动不会产生遏制影响,则可能属于东道国境内的涉外或国内民商事纠纷,而排除在国际投资仲裁的管辖范围之外。因此,应当将遭受人身损害的雇员限定在行政主管人员、管理人员和其他关键职员范围内。[1]

行政主管人员或关键职员是否需要进一步区分东道国国籍或非东道国国籍?笔者认为,当行政主管人员或关键职员具有东道国国籍时,依据属人管辖原则,东道国对该行政主管或关键职员享有管辖权,通过东道国国内司法途径解决。只有当行政主管人员不具有东道国国籍时,根据"国家支持原则",对行政主管人员或关键职员的损害等同于对法人的损害。

最后,法人精神损害必须限定在极端的情形,且损害必须达到严重的程度。由于法人的精神损害赔偿超出一些国家国内法中"精神损害赔偿仅授予自然人"的规则。因此必须将法人精神损害范围限缩在极为恶劣的情形内。严重程度的标准可采取个案认定方法。其基本的内涵应涵摄对人身造成轻伤以上的伤害,非法剥夺人身自由,威胁导致精神紧张和恐惧、焦虑等精神痛苦,以及对法人的正常经营活动产生严重阻碍,致使法人倒闭、破产、被并购等内容。纯粹的精神损害不应当认定为国际投资法中法人精神损害赔偿范围。

---

[1] Antoine Champagne: Moral Damages Left in Limbo, *McGill Journal of Dispute Resolution*, Vol. 1:2 (2015), p. 29.

五、结语

国际投资领域中法人的精神损害赔偿在特定情况下得到支持具有现实意义,但同时精神损害认定规则应当有非常严格的界限。因为国际投资仲裁庭通过 Desert 和 Lemire 案确定的法人精神损害赔偿已经超出一些国家国内法的相关法理理念,这将对未来类似的相关问题产生一定的影响。本文主要通过国际公法和国际投资仲裁中的实践分析,试图阐明仲裁庭的做法,并延伸仲裁庭的未尽事宜。总体而言,法人的精神损害赔偿只能在特殊例外情况下成立,目的在于贯彻公平效率原则,避免东道国通过对法人内部主要行政人员实施非法行为,而间接导致法人的损害。在计算赔偿数额的过程中秉持适当性和比例性原则,作出适度的可接受的裁决。保证精神损害赔偿问题与现有法律体系的一致性,维护整体法秩序。

（初审:梁丹妮）

选择性罪名司法适用问题研究

唐仲江*

【提　要】　选择性罪名是我国刑法理论中的一个重要概念,是具有中国特色的刑事立法模式。本文结合了大量的典型案例对选择性罪名司法认定中的疑难问题进行探讨,具体内容包括选择性罪名与数罪并罚之间的关系,选择性罪名与吸收犯、牵连犯、连续犯之间的关系,选择性罪名的未遂形态问题,选择性罪名的认识错误问题,选择性罪名的共同犯罪问题,选择性罪名的数额计算问题。

【关键词】　选择性罪名　司法适用　数罪并罚　认识错误　未遂形态

引言

所谓选择性罪名,一般是指所包含的犯罪构成的具体内容复杂,反映出多种行为类型,既可概括使用,也可分解拆开使用的罪名。据笔者初步统计,我国刑法共有选择性罪名 150 多个,占全部罪名的三分之一左右,可见选择性罪名在我国刑法中数量之多。在其他国家及我国台湾地区的刑事立法中也存在一些选择性罪名的立法规定。例如《日本刑法典》第 212 条伪造货币、行使伪造的货币罪[1],《德国刑法典》第 132 条乱用称号、职务标志和证章罪[2],我国台湾地区"刑法典"第 258 条制造、贩卖、运输吸毒器具罪等。但这些国家和地区的学者在著作中并没有类似于选择性罪名的概念,也没

＊　编辑,中国青年政治学院法学学士、刑法学硕士,研究领域为刑事法学、青少年法学等,代表作有《故意毁坏财物罪研究》《未成年人取保候审适用问题研究》《社会分层与多元化背景下农村青少年犯罪新趋势及原因分析》等,E-mail:115263319@ qq. com。

〔1〕　参见《日本刑法典》,张明楷译,北京:法律出版社,1998 年,第 161 页。
〔2〕　参见《德国刑法典》,冯军译,北京:中国政法大学出版社,2000 年,第 95 页。

有对其进行专门的论述。其原因在于,以日本刑法为例,"日本刑法中刑法分则分部对条文内容的概括,基本上相当于我们所说的罪名,但与我们所要求的罪名并不完全相同。因为日本裁判所的刑事判决书的主文不是指明行为所触犯的罪名,而是指明行为所触犯的条款,故罪名问题在日本并不重要,教科书上对罪名的概括不一致的现象大量存在,但没有人提出什么异议。"[1]

虽然选择性罪名在我国刑法中大量存在,其独特性也颇引人瞩目,但刑法学界对于它的研究似乎并没给予充分的关注。当然,目前也有一些学者对选择性罪名进行了一定程度的研究,如有的学者探讨了选择性罪名的概念和特征[2],有的学者根据犯罪构成的单一与复杂情形,把选择性罪名的犯罪构成归为复杂犯罪构成一类[3],有的学者研究了选择性罪名适用中的疑难问题[4],等等。学者们围绕选择性罪名的一些问题研究取得了一定的成果,各种观点聚讼纷纭,但学界对于选择性罪名司法适用中的疑难问题进行精细研究的并不多见。选择性罪名的理论性较强,仅从理论层面进行研究,难免给人空对空的感觉。笔者在分析选择性罪名司法适用中的疑难时结合了大量的典型案例,乃本文的一大特色,也希望能对刑法理论和司法实践有所裨益。

一、选择性罪名与数罪并罚之间的关系

通常认为,选择性罪名是指行为人实施了一个或数个有密切关联的行为或者同一行为侵犯了不同的犯罪对象,在适用中必须针对具有可选择的犯罪客观方面的要件来确定使用某个分解罪名。

选择性罪名仅仅是罪名在形式上的选择适用,由于确定罪名的依据是犯罪构成要件,因而选择性罪名的实质又是犯罪构成某些要件(主要指犯罪客观要件)中的组成要素的选择运用。由于这些选择性的犯罪构成在内在性质、社会危害等方面存在一致性,一般又带有发生的连锁性,因而在立法

---

〔1〕 《日本刑法典》,张明楷译,北京:法律出版社,1998 年,译者序。

〔2〕 参见李永升《我国刑法中的选择性罪名研究》,《云南大学学报》2003 年第 3 期,第 31—33 页。

〔3〕 参见黄京平、彭辅顺《论选择性罪名》,《山东公安专科学校学报》2004 年第 2 期,第 22—27 页。

〔4〕 参见林维、王充《选择性罪名适用的探讨》,《人民检察》1997 年第 8 期,第 43—44 页;张亚平、王东风《论选择性罪名的适用》,《天中学刊》2004 年第 1 期,第 27—30 页。

技术上加以合并规定为一个构成,其要件选择使用。选择犯罪构成的选择性整体罪名是一个完整独立的个罪名,而其选择枝即亚罪名并非完全独立存在,因而选择性罪名的适用必须与罪数问题相区别,从一定意义上说,它是构成要件的规定形态,而不是罪数形态。[1] 选择性罪名本来就只是一罪,而非实质的或独立的数罪,因此,从应然的角度而言,不应将选择性罪名的适用纳入罪数形态中进行讨论。但是,选择性罪名在实际运用过程中仍然存在着罪数问题。

选择性罪名所包含的犯罪构成的具体内容复杂,反映出多种犯罪行为,既可概括使用,也可分解拆开使用。例如,生产、销售伪劣产品罪,这是一个典型的选择性罪名,它的构成要件行为包括了生产、销售两种行为,于是可以分解为两个分解罪名。当行为人只生产伪劣产品时,定生产伪劣产品罪;当行为人销售伪劣产品时,定销售伪劣产品罪;当行为人既生产伪劣产品,又销售伪劣产品时,定生产、销售伪劣产品罪,而不实行数罪并罚。由于选择性罪名构成要件要素的复杂性,并因而导致其罪名适用的不确定性,往往容易使人将选择性罪名与罪数形态理论混为一谈。有学者认为在立法上确立选择性罪名"有利于解决罪数与并罚问题"[2],立法上或许是出于此种考虑,表面上看似也能解决数罪与并罚问题,但事实上非但没有解决这些问题,反而导致选择性罪名与数罪及并罚的关系更加纠缠不清。例如,选择性罪名与罪数形态之间到底存在何种关联,有学者将选择性罪名的适用纳入罪数形态是否合适,以及通说一般认为选择性罪名不需要数罪并罚,但对选择性罪名不并罚的前提和适用条件是什么,是否意味着行为人只要实施了选择性罪名中构成要件的各个行为,都不会产生数罪并罚的问题等。

选择性罪名与数罪并罚之间的关系中,所要研究的问题是,选择性罪名是否一律认定为一罪,而不实行数罪并罚? 如果回答是否定的,那么,在何种情况下应该实行数罪并罚,在何种情况下应按一罪处理?

选择性罪名实质就是一罪,这是由其本质和特征所决定的。行为人实施选择性罪名构成要件所规定的全部行为的,直接按该选择性罪名定罪处罚;如果行为人仅实施其中的部分行为,则根据其所实施的行为来确定相对应的分解罪名。例如,刑法第 347 条的走私、贩卖、运输、制造毒品罪,如果行

---

〔1〕 参见林维、王充《选择性罪名适用的探讨》,《人民检察》1997 年第 8 期,第 44 页。
〔2〕 张亚平、王东风:《论选择性罪名的适用》,《天中学刊》2004 年第 1 期,第 27 页。

为人实施了全部行为,即既走私、贩卖又运输、制造毒品的,就直接按照刑法规定定为走私、贩卖、运输、制造毒品罪;如果仅实施其中的部分行为,如走私行为,则将该选择性罪名分解使用,定为走私毒品罪。这种观点目前是我国学界的通说。按通说理论,选择性罪名是不存在数罪的,无论行为人实施了多少项行为,都应定为一罪。

此外,历来有关选择性罪名的司法解释都明确提出选择性罪名不实行数罪并罚。例如,在假币犯罪罪名的确定中也有类似的规定,根据 2001 年 1 月 21 日最高人民法院《全国法院审理金融犯罪案件工作座谈会纪要》,假币犯罪案件中犯罪分子实施数个相关行为的,在确定罪名时应把握以下原则:(1)对同一宗假币实施了法律规定为选择性罪名的行为,应根据行为人所实施的数个行为,按刑法规定相关罪名的排列顺序并列确定罪名,数额不累计计算,不实行数罪并罚。(2)对不同宗假币实施法律规定为选择性罪名的行为,并列确定罪名,数额按全部假币面额累计计算,不实行数罪并罚。(3)对同一宗假币实施了刑法没有规定为选择性罪名的数个犯罪行为,择一重罪从重处罚。如伪造货币或者购买假币后使用的,以伪造货币罪或购买假币罪定罪,从重处罚。(4)对不同宗假币实施了刑法没有规定为选择性罪名的数个犯罪行为,分别定罪,数罪并罚。

对选择性罪名罪数问题的处理是解决选择性罪名能否并罚这一问题的关键前提。在对选择性罪名能否进行数罪并罚的问题上,我国学者有不同观点。大部分学者认为选择性罪名不能并罚,只需按一罪酌情从重处罚[1]。也有学者认为,是否并罚不可一概而论,应以能否达到罪刑相适应为标准决定是否并罚。在选择性罪名能否并罚的问题上,可援引同种数罪理论说明[2]。本文认为,选择性罪名是否并罚,关键是看选择性罪名的选择构成之间是否具有密切关系。选择性罪名的选择构成之间的密切关系,要求数行为为同一行为人实施,具有并发的整体故意,如行为人引诱他人吸食毒品,隔一段时间又教唆他人注射毒品的,就不应按选择性罪名理论处理,而应具体分析,按罪数形态理论加以解决[3]。如果行为人实施的选择性罪名的选择构成之间具有密切关系,则根据选择性罪名认定罪名的理论,行为人只构

〔1〕 参见苏惠渔《刑法学》,北京:中国政法大学出版社,1997 年,第 383 页。
〔2〕 参见黄京平、蒋熙辉《关于选择性罪名的几个问题》,载《人民法院报》2002 年 3 月 1 日,第 7 版。
〔3〕 参见林维、王充《选择性罪名适用的探讨》,《人民检察》1997 年第 8 期,第 44 页。

成选择性罪名一罪。这一选择性罪名有可能是整体的选择性罪名,也有可能是其分解罪名,由行为人实施的行为所决定。如果行为人实施的选择性罪名的选择构成之间不具有密切关系,则应当将选择性罪名分解拆开使用,数行为分别构成相应的独立的分解罪名,并且分解罪名之间应当实行数罪并罚。

由此产生的问题是,认定行为人构成选择性罪名,为什么需要其选择构成之间具有密切关系,以及如何认定这种密切关系的存在?

首先,行为人构成选择性罪名需要其选择构成之间有密切关系,这是由罪名的基本理论和选择性罪名的立法宗旨所决定的。按照我国的罪名理论,决定一罪和数罪的根本标志是行为符合犯罪构成的个数。行为符合一个犯罪构成的是一罪;行为具备数个犯罪构成的是数罪。具体就选择性罪名而言,在其选择构成之间不具有密切联系的数行为符合数个犯罪构成(因为选择性罪名可分解使用),应定为数罪,且不违背选择性罪名的立法宗旨。在其选择构成之间具有密切联系的数行为虽然表面上也符合数个犯罪构成,但若将其按数罪处理,则显然违背选择性罪名的立法精神和宗旨。

其次,选择性罪名的选择构成之间的密切关系通常表现在以下三个方面:

1. 数行为在一个整体的故意支配下实施。例如行为人为了帮助其他犯罪嫌疑人躲避侦查,明知对方委托的是毒赃而窝藏,并于一段时间之后将毒赃转移。又如案例 1"邓同学贩卖、制造毒品案"[1],在这两则案例中,尽管行为人实施的数行为具有时间上的间隔,甚至在案例 1 中间隔时间长达两年之久,但行为人所实施的数行为之间是在一个整体的故意支配之下实施的,因此可以认定数行为之间有密切关系。相反,如果数行为不在一个整体的故意支配之下实施,即便数行为之间间隔时间很短,也难以认定为数行为之间具

---

〔1〕 案例 1:被告人邓同学于 1997 年秋季的一天以 4800 元购得大烟膏一块,并将买的大烟膏熬成 16 克熟鸦片,1997 年 11 月 17 日购得海洛因 2 克,后又将毒品通过他人贩卖,其获利 200 元,1999 年 11 月的一天在自己家中把大烟膏熬成毒品海洛因 83 克。法院在判决书中认定,被告人邓同学贩卖、制造毒品海洛因 85 克、鸦片 16 克,其行为已构成贩卖、制造毒品罪。参见河南省周口地区中级人民法院刑事判决书,(2000)周刑初字第 49 号。

有密切关系。例如在案例2"熊成顶贩卖、运输、窝藏毒品上诉案"中〔1〕,尽管被告人的行为看似符合选择性罪名的要求,即贩卖和运输的时间相隔很近,即行为在一段时间内先后连续发生。但法院最后却没有以贩卖、运输毒品罪裁判,这其中的根本原因就在于被告人对于贩卖和运输的行为没有一个整体的故意,因此数行为之间没有密切关系,从而不按选择性罪名贩卖、运输毒品罪对其定罪处罚,最终法院对被告人的行为分别认定为贩卖毒品罪、运输毒品罪、窝藏毒品罪,并对三个罪名实行数罪并罚。

2. 数行为针对同一犯罪对象。例如在案例3"高桂花非法买卖、储存爆炸物案"中〔2〕,被告人买卖、储存的对象都是同一批爆炸物,因此,买卖和储存行为之间具有密切关系,法院在判决书中也据此认定其构成非法买卖、储存爆炸物罪。

3. 数行为往往同时发生,或虽不同时发生,但却在某一段时间内先后连续发生。例如在案例4"骆心灵非法制造、买卖、运输爆炸物案"中〔3〕,被告人在2000年6月至2001年4月这一段时间内先后连续非法制造爆炸物,并且在整体故意的支配下,又于2000年9月至2001年1月间非法买卖和运输

〔1〕 案例2:被告人熊成顶于1997年10月购得海洛因2100克,并于同年11月25日将其中部分海洛因交给另一被告人吴泉贩卖;1997年11月,被告人金志贤在云南省芒市购得海洛因8997克,交被告人熊成顶运回安顺;1997年10月熊成顶窝藏海洛因2228克。一审法院认定,被告人熊成顶贩卖海洛因2100克、运输海洛因8997克、窝藏海洛因2228克,对熊成顶以贩卖毒品罪判处无期徒刑,剥夺政治权利终身,并处没收财产人民币1万元,以运输毒品罪判处无期徒刑,剥夺政治权利终身,并处没收财产人民币1万元,以窝藏毒品罪判处有期徒刑3年,决定执行无期徒刑,剥夺政治权利终身,并处没收财产人民币2万元。后二审法院驳回上诉,维持原判。参见贵州省高级人民法院刑事裁定书,(2000)黔刑经终字第79号。

〔2〕 案例3:2000年8月被告人高桂花将黑建滕运来的450盒(45000枚)工业8号纸壳火雷管储存在本市西山农场煤矿家属院自己家中,后又将其中30000枚雷管转移到西山农场机建连谢新华家储存。2000年8月,被告人高桂花以每盒100元的价格向西山片石场朱军成销售11盒(1100枚)雷管,后朱军成退回两盒。2001年3月,被告人高桂花以每盒100元的价格向西山片石场高有歧销售5盒(500枚)雷管,后高有歧退回一盒。2001年6月1日,被告人高桂花将7600枚雷管隐匿于邻居杨俊林家。一审法院认定,被告人高桂花明知是国家管制的爆炸物雷管仍然进行储存并向他人销售,总数达45000枚,其行为构成非法买卖、储存爆炸物罪。依照刑法有关规定判决被告人高桂花犯非法买卖、储存爆炸物罪,判处有期徒刑十五年。参见乌鲁木齐市沙依巴克区人民法院刑事判决书,(2001)沙刑初字第635号。

〔3〕 案例4:被告人骆心灵为进行非法爆破采石以牟利,自2000年6月开始至2001年4月在塘窝石场内利用硝酸铵及柴油进行搅拌自制了铵油炸药30公斤。2000年9月至2001年1月间,被告人骆心灵窜到广东省博罗县福田镇非法购得硝铵炸药等爆炸物,并用0.6吨货车运回塘窝石场。法院认定被告人骆心灵构成非法制造、买卖、运输爆炸物罪,判处有期徒刑三年,缓刑五年。参见广东省广州市中级人民法院刑事判决书,(2001)穗中法刑初字第210号。

爆炸物。因此可以认定非法制造、买卖、运输这三个行为之间具有密切关系,法院也据此认定其构成非法制造、买卖、运输爆炸物罪。如果数行为不在同一时间内实施,也不是先后连续发生的数行为,例如,行为人先是倒卖伪造的有价票证,后来干脆自己伪造,并不再实施倒卖行为,这种情况下就不能认为行为人的倒卖和伪造行为具有密切关系,而应分别认定为倒卖伪造的有价票证罪和伪造有价票证罪,并实行数罪并罚。

二、选择性罪名与吸收犯、牵连犯、连续犯之间的关系

在罪数形态理论中,数罪并罚的前提是实质的或独立的数罪,而连续犯、牵连犯与吸收犯作为处断上的一罪,也以本来的数罪为前提,无论是实质的或独立的数罪,在性质上都与选择性罪名在罪数上的单一独立性及亚罪名的非完全独立性相矛盾[1]。以生产、销售不符合卫生标准的食品罪为例,按照牵连犯和吸收犯的处罚原则,只能在两个分解罪名中作出选择,要么定生产不符合卫生标准的食品罪,要么定销售不符合卫生标准的食品罪。这样确定罪名不仅无法反映犯罪的本质特征,而且与我国司法实践中的做法并不相符,如案例 5 "汤伟祥生产、销售不符合卫生标准的食品案"[2]。连续犯说可以勉强解释行为选择性罪名,但无法从本质上解释对象选择与行为、对象复合选择性罪名的选择适用。连续犯说的一个重要依据是数行为触犯同一罪名,但以走私武器、弹药或伪币罪为例,行为人先走私武器,后又走私弹药,所触犯的同一罪名应当是指基本罪名即走私武器、弹药或伪币罪,如果以此定罪,就同选择性罪名的适用相违背,并且在有些情况下,行为人主观上并无同一连续故意[3]。

对于选择性罪名的确定,一般认为,行为人的犯罪事实符合了哪一选择事项,就按选择的符合犯罪构成体现的选择性罪名来确定罪名。有争议的是,行为人实施了具有牵连、吸收关系的数行为,是以一行为还是以数行为

---

[1] 参见林维、王充《选择性罪名适用的探讨》,《人民检察》1997 年第 8 期,第 44 页。

[2] 案例 5:被告人汤伟祥将病死猪剥掉猪皮,并去掉因农药注射而特别臭的肉后进行肉松加工,其中做肉松的肉为 440 斤,随后进行销售并获利人民币 200 元。法院认定被告人构成生产、销售不符合卫生标准的食品罪。参见浙江省丽水市莲都区人民法院刑事判决书,(2003)莲刑初字第 181 号。

[3] 参见林维、王充《选择性罪名适用的探讨》,《人民检察》1997 年第 8 期,第 44 页。

确定罪名? 例如刑法第 206 条规定的伪造、出售伪造的增值税专用发票罪,行为人伪造增值税专用发票后又出售该发票的,罪名应确定为伪造增值税专用发票罪还是伪造、出售伪造的增值税专用发票罪? 对此有三种观点,有的学者认为应以实施的数行为确定罪名,即罪名为伪造、出售伪造的增值税专用发票罪[1] 有的学者认为以最后实施的行为定罪为宜[2] 还有的学者认为既可以将全部行为罗列出来,也可以概括为一个犯罪行为。如制造枪支后又运输的,就可以概括为制造枪支罪,也可以概括为制造、运输枪支罪[3] 笔者赞同第一种观点,即对于数行为具有牵连或吸收关系的选择性犯罪,其罪名应涵盖数种行为。因为这里的数行为之间虽然具有牵连或吸收关系,毕竟不是真正意义上的牵连犯或吸收犯。牵连犯和吸收犯的处罚原则是以一重刑处罚,而选择性罪名的数行为既是独立定罪,其法定刑也相同,并无重罪轻罪之分。

三、选择性罪名的未遂形态问题

犯罪停止形态即犯罪的预备、中止、未遂和既遂,在刑法理论及司法实践中对于一些重要的问题还存在着较大的争议,例如区分犯罪预备与未遂的"着手"的认定,以及既遂的标准等。当选择性罪名和犯罪停止形态结合时,无疑更加大了对选择性罪名停止形态的认定难度。例如,选择性罪名中行为人的一个犯罪行为已经既遂,而其他行为已经着手,但出于行为人意志以外的原因未能既遂;或者是行为人的一个行为尚处于未遂状态,而其他犯罪行为已经既遂,此时,选择性罪名的整体犯罪形态是什么,是既遂还是未遂? 对于选择性罪名未遂形态的认定关系到对行为人的定罪量刑,因而对它进行研究不仅具有理论意义,而且对司法实践也具有指导意义。此外,选择性罪名的其他停止形态,如预备、中止,与未遂形态认定所存在的问题大体相同,本文不再对其进行展开论述,只探讨未遂形态所存在的疑难问题。

1. 当行为人实施的犯罪行为,有的行为既遂,而有的行为未遂时,应如

---

〔1〕 参见黄京平、彭辅顺《论选择性罪名》,《山东公安专科学校学报》2004 年第 2 期,第 27 页。
〔2〕 参见张阳《对窝藏、转移、收购、销售赃物罪的再认识》,《吉林公安高等专科学校学报》2005 年第 4 期,第 16 页。
〔3〕 参见蒋兰香《论选择性罪名》,《河南省政法管理干部学院学报》2001 年第 1 期,第 81 页。

何评价?

有学者认为,在前后相继型的选择性罪名中,这一类选择性罪名数行为前后相连而紧密结合成为一个整体,数行为往往为最终目的服务。如果行为人仅实施前部分行为,后部分行为还没有实施的,其最终目的难于实现,因而从总体上看,其犯罪应是未遂。例如,行为人为贩卖毒品而运输,即使运输毒品完成,而贩卖未遂的,也应视整个运输、贩卖毒品罪未遂。[1] 本文不同意这一观点,首先,该观点认为当选择性罪名属于前后相继型时,后部分目的行为未完成,即便前部分的行为已经完成,也属于未遂。这种观点是违背刑法基本理论的。其次,如果行为人走私、贩卖毒品行为都已经完成,应认定为走私、贩卖毒品罪既遂,这种情形下,行为人的走私行为和贩卖毒品的行为都被进行了否定性的评价,罪刑是相适应的。但是,根据上述观点,如果行为人最终目的是贩卖毒品,其走私毒品已经既遂,而贩卖毒品未遂,则全案只能认定为走私、贩卖毒品未遂,这是不合逻辑的。因为行为人的部分行为已经达到了既遂的标准,而只对其进行未遂的评价,这必定导致罪刑不均衡,也与单一性罪名的定罪量刑产生冲突,从而导致整个刑法体系的不协调。最后,上述观点认为“如果行为人仅实施前部分行为,后部分行为还没有实施的,其最终目的难于实现,因而从总体上看,其犯罪应是未遂”,这种观点是以行为人的目的是否得到实现为犯罪既遂的标准。但是犯罪既遂并不是完全以行为人的主观内容是否实现为标准,而是应在法益侵害的范围内考虑其主观内容的实现。如果完全按照行为人的主观内容是否实现来判断既遂与未遂,那么,犯罪人主观内容越复杂、所意欲实现的事实越多,便越难以既遂。这有悖法益侵害本质与刑法的法益保护目的。[2] 例如,甲原本只想生产伪劣产品,而且实际上也生产了伪劣产品,这理所应当认定为生产伪劣产品罪的既遂;乙不仅生产了伪劣产品,并且打算销售伪劣产品,但在销售时被抓获,整个行为却只认定为生产、销售伪劣产品罪的未遂。这一结论,恐怕是不能令人接受的。由于生产、销售行为只是一个犯罪的行为选择要素,而不是必须同时具备的要素,所以,只要行为人完成了其中行为之一,便应成立所实施行为的犯罪既遂。因此,如果行为人生产了伪劣产品,便成立生产伪劣产品的既遂。否则,便造成极为不公平的现象。

---

〔1〕 参见张亚平、王东风《论选择性罪名的适用》,《天中学刊》2004 年第 1 期,第 29 页。
〔2〕 参见张明楷《刑法分则的解释原理》,北京:中国人民公安大学出版社,2004 年,第 307—308 页。

2. 在选择性罪名中,行为人实施的部分既遂行为按照既遂来认定,那么对于未遂的那部分行为,在刑法上应如何评价? 其余的未遂行为在定罪上是否应有所体现? 未遂行为对量刑又具有什么样意义?

关于这个问题,理论上有两种观点。第一种观点认为,选择犯的既遂标志取决于该罪的犯罪构成。根据择一性犯罪构成要求行为人的行为只要具备选择事项之一,并符合该罪其他构成要件的,就是犯罪既遂。行为人在实施某一犯罪的过程中,若兼有各种选择事项,只要其中的一个事项完成时,整个选择犯便已既遂,尽管某一选择事项未完成,也不构成未完成的犯罪形态[1]。按照这种观点,一行为既遂,全罪既遂,其中行为人实施的未完成形态的行为也评价为既遂。例如,行为人从 A 地运输毒品到 B 地贩卖,但在交易过程中被警察抓获。行为人运输毒品的行为已经既遂,根据这种观点,虽然贩卖行为属于未遂,但全罪仍然成立既遂,即按运输、贩卖毒品罪的既遂来处理。与此相类似的观点认为,在性质相似型选择性罪名中,数行为在纵向上并没有必然联系,只是由于性质相似而被刑法以选择性罪名的方式予以规定。这种情况下选择性罪名的既遂与未遂的决定,仅需看行为人实施的那部分行为是既遂还是未遂。如果实施的行为构成既遂,则整个选择性罪名也是既遂;只有每一部分均未遂的,选择性罪名才是未遂。例如,行为人实施拐卖妇女、儿童的行为,如果拐卖妇女既遂,而拐卖儿童罪未遂,则整个拐卖妇女、儿童罪也是既遂;只有拐卖妇女和拐卖儿童均未遂,拐卖妇女、儿童才是未遂[2]。也有学者认为,若行为人实施了走私、贩卖、运输、制造毒品行为其中 2 种或者 2 种以上的,则应按照"就高不就低"的原则,其中的行为只要有一种达到了既遂标准,则全案都可以按照犯罪既遂来进行处理。此外,还有学者认为,当一个核心行为通常与另一附随行为密不可分之时,只要附随行为达到既遂标准,全案也可按犯罪既遂来进行处理。在走私、贩卖、运输、制造毒品罪中,运输毒品行为往往是走私、贩卖毒品行为的伴随行为。也就是说,行为人通常在实施走私、贩卖毒品行为之时,伴随有运输毒品行为。运输毒品行为通常是走私、贩卖毒品行为的一个组成部分。在这种情况下,即使走私、贩卖毒品罪未达到既遂标准,但只要运输毒品已经达到既遂标准,则全案可按既遂来进行论处。这种情况可以概括为走私、贩卖

[1] 参见姜伟《犯罪形态通论》,北京:法律出版社,1994 年,第 316 页。
[2] 参见张亚平、王东风《论选择性罪名的适用》,《天中学刊》2004 年第 1 期,第 29 页。

行为的一个组成部分,不再考虑其行为的独立性,在适用罪名时也不需要考虑;当走私、贩卖行为达不到既遂标准,则应将运输毒品的行为作为独立的犯罪行为来进行看待,全案可以按既遂处理。[1]

第二种观点认为,选择性罪名的特殊性决定,行为人的行为只要具备某些选择构成,就构成某分解罪名,如果兼而实施另外一事项,但未能完成,如生产假药后又去销售,未及售出即被查获,但其制作行为已既遂,因而不应按生产、销售假药罪的未遂处理,而应当以生产假药罪既遂定罪量刑,未遂的销售行为可以作为一种情节考虑。[2] 按照这种观点,未遂行为就不在行为人被认定的罪名上体现出来,法律也不通过定罪的方式对未完成行为予以否定性评价,而是通过量刑的方式予以考虑。

我们知道,犯罪的停止形态是在犯罪过程中由于某种原因停止下来所呈现的状态,这种停止不是暂时性的停顿,而是终局性的停止,即该犯罪行为由于某种原因不可能继续向前发展。就同一犯罪而言,出现了一种犯罪形态后,不可能再出现另一种犯罪形态。[3] 在选择性罪名中,虽然有数个构成要件行为,可能有些行为已经既遂,而有些行为未遂,例如走私、运输、贩卖、制造毒品罪,行为人走私和运输行为已经既遂,而贩卖行为未遂,但是根据选择性罪名对罪名的认定,不管行为人实施了多少个行为或者是涉及多少个对象,最终都只认定为一个分解罪名或者整体罪名,实质上仍然是一罪。既然是一罪,那最终就只能有一种停止形态,要么未遂,要么既遂,这是导致出现上述理论争议的根本原因。

第一种观点注重了对行为定罪的准确性,为了能够在罪名上体现刑法对行为人所实施的全部犯罪行为的否定性评价,不得不将未遂行为升格为既遂行为,这种做法的实质就是对未遂行为和既遂行为在定罪上予以相同的评价,因而,在对行为人所认定的罪名上未遂行为和既遂行为一样都有所体现。如果按照这种观点,未遂行为在选择性罪名中由于整体上被认定为既遂,使得其也被等同于既遂,这并不符合对犯罪行为既、未遂的认定标准。例如,在单一性罪名的场合,行为人着手之后,由于意志以外的原因未能实现构成要件的结果,是犯罪未遂。我们不能因为在选择性罪名中,只是出于

---

〔1〕 参见郦毓贝主编《毒品犯罪司法适用》,北京:法律出版社,2005 年,第 29 页。

〔2〕 参见林维、王充《选择性罪名适用的探讨》,《人民检察》1997 年第 8 期,第 44 页。

〔3〕 参见张明楷《刑法学》,北京:法律出版社,2007 年,第 277 页。

行为人所实施行为在罪名上体现的完整性,就将某一犯罪行为的未遂状态人为的上升为既遂状态。这种做法本质上是一种认定中的司法拟制,没有任何依据,也与刑法基本理论相违背。

此外,将未遂行为上升为既遂行为,必将导致在立法上无法区别选择性罪名中的"未遂+既遂"与"既遂+既遂"这两种犯罪模式。例如行为人走私和运输毒品既遂,与行为人走私毒品未遂,运输毒品既遂在罪名认定上完全一样,没有任何区别。或许有人会认为,可以将这种情况整体上认定为既遂,在量刑时才考虑既遂与未遂的区别。这种看法在结果上似乎是公平的,也具备了实质的合理性。但是,这种观点在定罪时,先将一个未遂行为上升为既遂,而后在量刑时又根据其本来的未遂行为来处罚,这必然导致行为人实施的未遂行为在定罪和量刑两个阶段所评价的对象不一致,即定罪时评价的是由未遂上升为既遂的行为,而量刑时评价的却是原来实施的未遂行为。这种做法无疑在罪名的认定上,加重了行为人的刑事责任。尽管这只是罪名上的加重,也是不允许的。另外,在定罪时将行为人的未遂行为评价为既遂,在量刑时再减轻刑罚,这在逻辑上也是说不通的。

第二种观点注重了对整个犯罪量刑的准确性,显然已经考虑到了第一种做法的不妥当之处,即行为人所实施的未遂行为不能人为地升格为既遂行为进行评价,因而在罪名的认定上放弃对未遂行为的评价。但这种做法并不是对行为人所实施的选择性罪名中的未遂行为放任不管,不对其进行任何评价。未遂行为是没有充足犯罪构成要件的行为,但其也具有一定的法益侵害性,只不过相对既遂行为而言较轻一些,不对其进行刑法上的任何评价显然是不合理的,因而将这种未遂行为放在量刑阶段予以考虑。

笔者赞同第二种观点,即对行为人实施数行为中的未遂行为不作定罪上的否定性评价,而将未遂行为在量刑时予以考虑。这种做法虽然不能在罪名上体现出对未遂行为的否定性评价,但是却可以通过量刑情节来体现对该未遂行为的处罚,因为毕竟定罪的准确性最终也是为了量刑的准确性。在司法实践中,虽然对于选择性罪名停止形态的认定还没有做过统一的立法或司法解释,但是2001年4月10日实施的《最高人民法院、最高人民检察院关于办理生产、销售伪劣商品刑事案件的具体应用法律若干问题的解释》(以下简称《解释》),《解释》第2条第2款规定,伪劣产品尚未销售,货值金额达到刑法第140条规定的销售金额3倍以上的,以生产、销售伪劣产品罪

(未遂)定罪处罚。有学者指出,从《解释》中可以看出司法解释处理选择性罪名未遂形态的思路和价值取向,即该《解释》之所以将考虑未遂行为的标准提高了 3 倍,就是因为未遂行为的社会危害性较低,在生产数额与销售数额相同的情况下,生产行为构成相应的犯罪,而销售行为则不构成相应的犯罪,它也仅仅是作为在对生产行为认定为犯罪的前提下的一个量刑情节。根据该《解释》,在行为人已经生产了销售金额达到 5 万元以上 15 万元以下的伪劣产品,并将同数额的伪劣产品运往某地进行销售的过程中被抓获,由于欲销售的伪劣产品数额没有达到 3 倍,即 15 万元以上,销售行为就不被认定为犯罪,从而不将生产行为和销售行为合并认定为生产、销售伪劣产品罪(未遂),而是仅认定为生产伪劣产品罪(既遂)。这是司法解释所体现出来的立场,这一司法解释不仅对所有生产、销售伪劣商品罪的犯罪停止形态的认定具有规范意义,而且对所有的选择性罪名停止形态的认定都具有普遍意义。[1]

由此我们可以得出以下结论,在选择性罪名中,行为人实施数个行为,如果其中某一犯罪行为已经既遂,而其他行为处于未遂形态,那么,就可以只对既遂行为进行定罪,即在罪名的认定上以此既遂行为作为评价的对象,而其他未遂行为作为一个量刑情节予以考虑。以此类推,如果其中的所有行为均处于未完成形态,例如行为人所实施的数行为中,有的行为未遂,有的行为预备,有的行为中止,就将其中最为严重的形态作为定罪的对象,并在罪名上体现相应的犯罪形态,而将其他未完成形态仅作为一个量刑情节考虑。例如,刑法第 438 条规定的盗窃、抢夺武器装备、军用物资罪中,如果盗窃武器装备的行为处于未遂状态,而抢夺军用物资的行为处于预备状态,那么,根据以上结论,则在定罪上可以认定为盗窃武器装备罪(未遂),而抢夺军用物资的预备行为可以作为盗窃武器装备罪(未遂)的量刑情节予以考虑。如果按照这种解决方案,是否会出现盗窃未遂的量刑比抢夺预备法定刑要低的情形?本文认为不会造成这种情况,因为选择性罪名中各项犯罪的行为方式存在着相当的相似性,其所造成的法益侵害性也大体上相当。虽然这些行为在具体手法上有所区别,但是在刑法的规范评价上却是一致的。经过对比单一性罪名中的盗窃罪与抢夺罪的处罚,我们可以得知,这两

---

〔1〕 参见吴情树《论我国刑法中的选择性罪名》,北京:中国人民大学硕士学位论文,2003 年,第 62 页。

个罪名的量刑幅度大体相当。又如,刑法第347条规定的走私、贩卖、运输、制造毒品罪中的走私、贩卖、运输、制造四种行为在刑法的规范评价上是一致的。因此,不会出现在选择性罪名中盗窃未遂的量刑比抢夺预备法定刑要低的情形。

再如,在案例6"史学满持有伪造的货币案"中,对被告人史学满的行为应如何定罪有两种意见:一种意见认为,被告人既有随身携带伪造的人民币的行为,又有使用伪造的人民币购物的行为,其行为应定为持有、使用伪造的货币罪。另一种意见认为,被告人虽然既有携带伪造的人民币的行为,也有使用伪造的人民币的行为,但根据全国人大常委会1995年6月30日公布施行的《关于惩治破坏金融秩序犯罪的决定》第4条的规定,持有、使用伪造的货币只有达到"数额较大"的才能构成犯罪。被告人持有伪造的人民币1900元,可以认为"数额较大",但使用伪造的人民币只有100元,尚不属于"数额较大",故只能对其持有伪造货币的行为定罪,不能对其使用伪造货币的行为定罪。[1]笔者赞同第二种评析意见,本文的结论也与法院的判决保持了一致性。被告人虽然既持有伪造的货币又使用伪造的货币,但是持有、使用伪造货币的行为是否构成犯罪,还要看他持有和使用伪造的货币数额是否达到,全国人大常委会《关于惩治破坏金融秩序犯罪的决定》所规定的"数额较大"的标准。本案中被告人持有的伪造货币1900元,可以构成数额较大,而使用伪造货币的数额仅100元,显然不够定罪的数额标准。因此,对被告人的行为不能定持有、使用伪造的货币罪,只能定持有伪造的货币罪,其所实施伪造货币的行为在判决书的罪名认定上并没有作出评价,而只是作为一种量刑情节加以考虑。

---

〔1〕 案例6:1996年3月7日20时许,被告人史学满在北京市海淀区魏公村一个体商亭购买香烟,当他拿出一张面值100元的伪造的人民币付款时,被巡警当场抓获。另外从他身上查获伪造的人民币19张,每张面值100元。连同正在使用的假人民币100元,共计2000元。史学满供称,伪造的人民币是他在北京市知春里集邮市场购买的,但无证据佐证。北京市海淀区人民检察院以被告人史学满犯持有伪造的货币罪,向北京市海淀区人民法院提起公诉。被告人史学满对起诉书指控的事实不持异议。北京市海淀区人民法院经公开审理后认为,被告人史学满非法持有伪造的人民币,数额较大,其行为已构成持有伪造的货币罪,应予惩处。北京市海淀区人民检察院起诉书指控被告人史学满犯持有伪造的货币罪的事实清楚,证据确凿。该院依照《全国人民代表大会常务委员会关于惩治破坏金融秩序犯罪的决定》第四条、第二十二条第一款和二款的规定,于1996年6月10日作出刑事判决如下:一、被告人史学满犯持有伪造的货币罪,判处有期徒刑二年,并处罚金人民币四万元。二、扣押的伪造的人民币二千元予以没收。参见祝铭山主编《破坏金融管理秩序罪》,北京:中国法制出版社,2004年,第35页。

3. 选择性罪名的共同犯罪的停止形态,应如何认定?

例如,甲生产假药由乙进行销售,则不应认为甲构成生产假药罪,乙构成销售假药罪,而应认为甲、乙构成生产、销售假药罪的共同犯罪,是由生产销售行为在此应被评价为一个完整、连续的犯罪过程的特点所决定的。[1] 选择性罪名的共同犯罪停止形态的认定,同样适用上述结论,即对未遂行为按照量刑情节予以处理。例如,甲乙共谋盗窃、抢夺武器装备、军用物资,由甲盗窃武器装备,乙抢夺军用物资,结果甲既遂,而乙未遂,根据"一人既遂,全体既遂"的原则,应认定甲和乙都构成盗窃武器装备罪的既遂。乙抢夺军用物资未遂的行为,按照共同犯罪理论,实质上甲和乙都应当承担抢夺军用物资未遂的刑事责任,只是作为一种量刑情节予以考虑。

四、选择性罪名的认识错误问题

在单一性罪名中,行为人的犯罪行为所针对的是同一性质的对象。例如,在盗窃罪中,犯罪对象是财物,当然财物的种类是多种多样的,但要构成本罪,行为对象必须具有财物的属性,这样才能够为同一构成要件所涵盖。而在选择性罪名中,有多个行为对象,而且这些行为对象的属性并不相同,不属于同一性质的对象。例如,在选择性罪名中,行为人就同一罪名所列举的可供选择的行为对象发生认识错误时,是否影响定罪?例如,刑法第 280 条规定的盗窃、抢夺、毁灭国家机关的公文、证件、印章罪,本条所规定的国家机关的公文、证件、印章三种对象属于选择要素,即只要盗窃、抢夺或者毁灭其中之一便成立相应的分解罪名,同时盗窃、抢夺和毁灭三种对象物的,也只成立一个整体罪名。但是,行为人本打算抢夺国家机关的公文,但实际上抢夺的是国家机关的印章,是否影响犯罪成立?

本文认为,实质上,在选择性罪名中所针对的数个性质不同的犯罪对象,也是属于同一犯罪构成的范围,因而属于具体的事实认识错误,即指行为人认识的事实与实际发生的事实虽然不一致,但没有超出同一犯罪构成的范围,行为人只是在某个犯罪构成的范围内发生了对事实的认识错误,也称之为同一犯罪构成内的错误。对于具体的事实错误,主要存在具体的符

---

[1] 参见林维、王充《选择性罪名适用的探讨》,《人民检察》1997 年第 8 期,第 44 页。

合说和法定的符合说的争论。前者认为,行为人所认识的事实与实际发生的事实具体地相一致时,才成立故意的既遂犯;后者认为,行为人所认识的事实与实际发生的事实,只要在犯罪构成范围内是一致的,就成立故意的既遂犯。[1] 针对上述问题,具体符合认为,这种认识错误是不同性质对象之间的认识错误,行为人所认识的事实与实际发生的事实并不一致,因而成立抢夺国家机关公文罪的未遂。而本文根据法定符合说则认为,应当成立抢夺国家机关印章罪的既遂。理由如下:首先,国家机关的公文、证件、印章是刑法第280条并列规定的三种可以选择的对象,而不是根据不同对象规定为不同的单一性犯罪,说明针对不同对象所实施的行为都是同一犯罪行为;既然是同一犯罪行为,没有超出同一构成要件的范围,根据法定符合说,这种错误便不影响犯罪的成立。其次,行为人以抢夺国家机关公文时的故意实施抢夺国家机关公文时,其行为性质具有法益侵害性;而当行为人以抢夺国家机关公文的故意,实际上抢夺的却是国家机关的印章,这种行为的法益侵害性与前者并没有任何的不同。有学者指出,盗窃、抢夺枪支、弹药、爆炸物属于抽象的危险犯(但同条规定的盗窃、抢夺危险物质罪属于具体的危险犯),当行为人以盗窃弹药的故意实施了盗窃弹药的行为时,当然具有抽象的公共危险;但当行为人以盗窃枪支的具体故意,实施了盗窃弹药的行为时,其行为所具有的抽象的公共危险性质没有任何变化。因为行为是否具有公共危险并不取决于行为人的主观认识,而是取决于客观事实。既然如此,行为人的上述错误便并不影响其行为的性质。[2] 最后,如果认为上述认识错误仅成立犯罪的未遂,便会造成刑法的漏洞,使行为人得以开脱罪责。例如抢夺了国家机关印章的行为人,都可以辩解自己实际上是要抢夺国家机关的公文或证件,从而导致其行为只成立犯罪未遂,而司法机关根本无法查明行为人主观上究竟为了盗窃哪一种对象,这种做法并不可取。

五、选择性罪名的共同犯罪问题

选择性罪名中的共同犯罪是指两个以上的行为人在共同犯罪故意的支配下,共同实施选择性罪名中的全部或部分行为。选择性罪名可以作为一

---

〔1〕 参见张明楷《刑法学》,北京:法律出版社,2007年,第224页。

〔2〕 参见张明楷《刑法分则的解释原理》,北京:中国人民公安大学出版社,2004年,第307页。

个整体罪名,也可以分开为若干分解罪名,因而选择性罪名的共同犯罪既可以构成整体罪名的共同犯罪,也可以构成分解罪名的共同犯罪。例如,甲、乙共谋走私、贩卖、运输、制造毒品,由甲走私、贩卖毒品,乙运输、制造毒品,则甲乙构成走私、贩卖、运输、制造毒品的共同犯罪,属于选择性罪名中整体罪名的共同犯罪;另外,甲和乙共谋贩卖毒品,甲负责联系买家,乙负责直接与买家进行交易,则甲乙构成贩卖毒品罪的共同犯罪,属于选择性罪名中的分解罪名的共同犯罪。可以说,刑法中选择性罪名中的共犯均属于共同犯罪理论中的任意共犯,即一人可以实行的犯罪,由二人以上共同实行的情况。由于这些行为一方面可以单独构成相应的分解罪名,另一方面这些行为结合起来又可以构成整体的选择性罪名。因此,选择性罪名中的共同犯罪与单一性罪名的共同犯罪既有相同之处,但同时又具有一定的特殊性。

选择性罪名中的共同犯罪其特征为:第一,在主观方面,各行为人具有共同的犯罪故意,但该共同犯罪故意不必要求在实施犯罪以前就已存在,在实施犯罪过程中形成,同样可以成立。例如,甲实施了违规制造枪支的行为后,乙在并未就违规制造枪支与甲通谋的情况下,与甲共同实施非法销售行为的,乙仅在违规销售枪支的范围内与甲成立共同犯罪。甲成立违规制造、销售枪支罪,乙成立违规销售枪支罪。因此,乙对其参与之前的由甲所实施的行为及其结果不承担共犯责任。但是,如果乙与甲就违规制造枪支存在通谋,则成立违规制造、销售枪支罪的共犯。[1] 第二,在客观方面,各行为人具有共同的实施行为。因此,判断数个行为人实施了不同的行为是否构成选择性罪名的共同犯罪的关键在于:在主观上,各个行为人之间是否形成共同犯罪的故意,行为人相互之间是否具有主观罪过的联络;在客观上,各行为人都实施了属于同一犯罪构成的行为,而且指各共犯人的行为在共同故意支配下相互配合,相互联系,形成一个有机的整体。

选择性罪名中有关共同犯罪的问题,可以分为以下几种情况进行讨论:

1. 在共同犯罪故意的支配下,各行为人之间没有具体的分工,而是共同实施选择性罪名中的全部或部分行为,是否成立共同犯罪?

如以出售、购买、运输假币罪为例,数个行为人具有共同实施出售、购买、运输假币的故意,且各行为人之间没有具体的分工共同出售假币的,构

[1] 参见张明楷《论短缩的二行为犯》,《中国法学》2004 年第 3 期,第 155 页。

成出售假币罪的共同犯罪,共同购买假币的构成购买假币罪的共同犯罪,共同实施出售、购买、运输假币行为的,构成出售、购买、运输假币罪的共同犯罪。这种情况下,数个行为人成立共同犯罪较为明显。

2. 两个以上的行为人具有意思联系,各行为人在相互分工的基础上各自针对不同的对象实施其行为的,是否成立共同犯罪?

例如,甲与乙之间具有意思联络,由甲走私毒品,乙贩卖毒品,在这种情况下,甲与乙成立走私、贩卖毒品罪的共同犯罪。尽管每个行为人只实施了部分行为,但是由于各行为人主观上具有共同的犯罪故意,以此共同犯罪故意为纽带,支配着客观上所分担的不同实行行为,相互协力,相互补充,共同实施一个完整统一的犯罪行为。在此情况下,每个行为人都应对共同行为所引起的全部危害社会结果承担刑事责任。共同犯罪的成立要求具有共同的犯罪故意与共同的犯罪行为。"共同的犯罪故意"包括两个内容:一是各共犯人均有相同的犯罪故意;二是各共犯人具有意思联络。所谓相同的犯罪故意,是指各共犯人均对同一罪或同几个罪(共同犯数罪时)持有故意,而且这种故意只要求在刑法规定的范围内相同,不要求故意的形式与具体内容完全相同。"共同行为"不仅指各共犯人都实施了属于同一犯罪构成的行为(包括犯罪中具有重合性质的行为),而且指各共犯人的行为在共同故意支配下相互配合、相互协调、相互补充,形成一个整体,但不要求各行为人的行为的表现形式完全相同。[1] 从主观方面说,甲乙两人通过意思的联络,从而知道自己是和在他人配合共同实施犯罪,明知他们共同实施的走私、贩卖毒品的犯罪行为会发生危害社会的结果,并希望或者放任这种危害结果的发生。从客观上看来,甲虽然只实施了走私行为,乙只实施了贩卖行为,两个人的行为似乎是孤立的,但是这两个行为指向的是同一犯罪事实,彼此间相互联系,互相配合,形成一个有机的犯罪活动整体。走私、贩卖毒品属于同一个犯罪,既然如此,甲与乙在具有意思联络的情况下,分别实施走私与贩卖毒品的行为时,就在刑法规定的范围内具有相同的犯罪故意与犯罪行为,完全符合共同犯罪的成立条件。不仅如此,甲与乙不仅要对自己的行为及其结果负责,而且根据部分实行全部责任的原则,各自都必须就对方的行为及结果承担责任。我们认为,对于共同犯罪应当采取"部分实行全部责

---

[1] 参见张明楷《刑法分则的解释原理》,北京:中国人民公安大学出版社,2004年,第309页。

任"的原则。因为如果不是共同犯罪,行为人就不能对他人的行为及其结果承担刑事责任;如果成立共同犯罪,则由于各共犯人相互利用、补充对方的行为,而使数人的行为形成一个整体,每个共犯人的行为都是其他共犯人行为的一部分,其他共犯人的行为也是自己的一部分,故共犯人不仅要对自己的行为及其结果承担刑事责任,而且要对所参与的整个共同犯罪承担刑事责任,即对其他共犯人的行为及其结果承担刑事责任。[1] 因此,甲与乙均对走私、贩卖毒品承担刑事责任。

3. 行为人甲教唆乙实施选择性罪名中的数个行为,乙实施了甲教唆的数个行为,对甲的教唆行为应如何评价? 行为人甲教唆乙实施选择性罪名中的数个行为,而乙实施了甲教唆的数个行为中的部分行为,对甲的教唆行为应如何评价? 行为人甲教唆乙实施选择性罪名中的某一特定行为,而乙实施了选择性罪名中的另一行为,对甲的教唆行为又应如何评价?

对于第一种情形,例如,甲教唆乙出售、购买、运输假币,乙听从甲的教唆实施了出售、购买、运输假币这三种行为,则甲和乙构成出售、购买、运输假币的共同犯罪。对于第二种情形,例如,甲教唆乙出售、购买、运输假币,而乙只实施了运输假币的行为,则甲和乙在犯罪构成要件重合的部分构成共同犯罪,即成立运输假币罪的共同犯罪。对于第三种情形,甲教唆乙购买假币,而乙却实施了运输假币的行为,这类教唆者,尽管主观上有教唆他人实施犯罪的故意,客观上实施了教唆他人的教唆行为,但教唆者的犯罪意图未能通过被教唆者的犯罪行为得以实施。换句话说,教唆者与被教唆者之间没有形成共同犯罪的关系,因此甲和乙并不成立共同犯罪,而应分别单独定罪。在这种情况下,能否认为购买行为和运输行为同属于一个犯罪构成要件,因此认定教唆者与被教唆者构成共同犯罪? 本文不赞同这一观点。尽管在选择性罪名中,教唆者所教唆的行为与被教唆者实施的另一行为同属于一个犯罪构成要件,但选择性罪名仍有其特殊性,即教唆者教唆的某一构成要件行为构成相应的分解罪名,而被教唆者实施的另一构成要件行为又构成另一分解罪名,况且二者主观上也没有共同的犯罪意图,因此,在这种情形下,不能认定教唆者与被教唆者构成共同犯罪。

---

[1] 参见张明楷、黎宏、周光权《刑法新问题探究》,北京:清华大学出版社,2003年,第372页。

六、选择性罪名的数额计算问题

犯罪数额是与犯罪行为相关联,并以货币形式表现的经济利益的数量。它对刑法中许多罪名的定罪量刑具有重要意义。目前,我国刑法分则条文以及相关的司法解释中有许多关于数额的规定,这些数额有些属于构成要件的内容,决定着犯罪的成立与否;有些则属于量刑情节的范围,决定着刑罚的轻重。所谓的数额,就是指表现为货币或财物的犯罪对象的经济价值的货币金额。刑法上的数额或者直接表现为货币金额,或者可以换算为货币金额。在涉及货币财产的犯罪中,刑法使用的概念是数额,它强调的是犯罪对象的经济价值的大小。[1] 对于数额犯而言,犯罪对象的经济价值的大小直接反映了犯罪行为客观损害的大小,因此,被侵犯财产的经济价值的大小往往是判断涉及货币、财产的犯罪的社会危害性大小的主要标准。[2] 选择性罪名中涉及的数额问题比较复杂,这些犯罪数额的计算直接关系到能否对行为人进行定罪量刑以及处以何种刑罚。理论界由于对选择性罪名性质的认识不同,对实践中关于数额的处理有不同的主张,这其中主要涉及罪名的成立和处罚问题。因此,研究选择性罪名中的数额问题具有十分重要的意义。

1. 行为人针对同一对象先后实施了数个不同行为时,所涉及的犯罪数额能否累计计算?

例如,刑法第 140 条规定的生产、销售伪劣产品罪中,如果行为人生产和销售的是同一宗伪劣产品,在伪劣产品的数额上能否累计计算?针对此种情况,本文认为其两次犯罪所涉及的数额不应累计计算。首先,这是由选择性罪名中的数个犯罪行为的内在联系性决定的,犯罪对象是同一或同宗的,实施了数个选择性的行为,正是刑法规定的选择性罪名的适用情形,其涉及数额不应累计。其次,同一行为人实施的行为所涉及的数额为同一宗货物,如累计计算,就意味着对同一犯罪数额进行了重复评价,违背了刑法中禁止重复评价的原则。但是行为人既实施了生产伪劣产品的行为,又实施了销

〔1〕 参见刘华《论我国刑法上的数额及数量》,载陈兴良主编《刑事法评论》(第 2 卷),北京:中国政法大学出版社,1998 年,第 574 页。
〔2〕 参见刘树德《罪状构建论》,北京:中国方正出版社,2002 年,第 297—298 页。

售伪劣产品的行为,相对于其实施单一行为而言,在主观恶性及社会危害性方面更大,因此,在量刑上应该在法定刑幅度范围内从重处罚,这样即可实现罪刑均衡。最后,相关的司法解释对同一对象的数额不进行累计计算有明确规定。最高人民法院于 1994 年 12 月 20 日作出的《关于适用〈全国人民代表大会常务委员会关于禁毒的决定〉的若干问题的解释》第 2 条曾作过专门的规定:本罪(走私、贩卖、运输、制造毒品罪)是选择性罪名。凡实施了走私、贩卖、运输、制造毒品行为之一的,即以该行为确定罪名。凡实施了其中两种以上行为的,如运输、贩卖海洛因,则定为运输、贩卖毒品罪,不实行并罚。运输、贩卖同一宗毒品的,毒品数量不重复计算;不是同一宗毒品的,毒品数量累计计算。最高人民法院颁发的《全国法院审理毒品犯罪案件工作座谈会纪要》进一步明确规定:对行为人同一宗毒品实施了两种以上犯罪行为并有确凿证据的,应当按照所实施的行为性质并列确定罪名。罪名不以行为实施的先后、危害结果的大小排列,一律以刑法条文规定的顺序表述,如对同一宗毒品,既制造又走私的则以"走私、制造毒品罪"定罪,但不实行并罚。对不同宗毒品分别实施了不同种犯罪行为的,应对不同行为并列确定罪名,累计计算毒品数量,也不实行并罚。

2. 行为人以相同的行为针对不同的对象实施犯罪或者是以不同的行为针对不同的对象实施犯罪,此种情况下,不同对象所涉及的犯罪数额能否累计相加?

例如,行为人对明知是他人盗窃犯罪所得的赃物,先后窝藏了其中价值 3000 元的电视机和销售了其中价值 2000 元的手机(此案发生在浙江省)。该案从主体、主观方面、客体以及客观方面的行为方式上都符合了刑法第 312 条窝藏、转移、收购、销售赃物罪的要件,但是由于财产型犯罪一般都由各省、自治区、直辖市高级人民法院根据本地的经济状况规定起刑点数额,其中浙江省规定了窝藏、转移、收购、销售赃物的数额要在 4000 元以上才追究刑事责任[1],那么对于上述案件,能否追究行为人的刑事责任?

有学者认为,刑法中规定了构成要件性数额,是犯罪成立的条件,不是犯罪既遂的标准,因此,不够这一数额标准的,只能认为其社会危害性达不

---

[1] 浙江省高级人民法院、浙江省人民检察院、浙江省公安厅《关于修改抢夺犯罪、窝藏、转移、收购、销售赃物犯罪和确定敲诈勒索犯罪数额标准的通知》(浙高法〔1999〕32 号)规定,浙江省窝藏、转移、收购、销售赃物罪的定罪标准起点为价值人民币 4000 元。

到被刑法评价的程度,不能作为犯罪处理。以生产、销售伪劣产品罪为例,根据刑法第 140 条的规定,行为人生产、销售伪劣产品的数额分别达到五万元以上的,按照司法机关关于罪名的司法解释,应认定为生产、销售伪劣产品罪;如果生产、销售的数额都不够五万元的,则都不作为犯罪处理;如果生产伪劣产品的数额达到 5 万元以上,而销售数额未达到 5 万元的,则只能认定为生产伪劣产品罪,而不能将数额累计,认定为生产、销售伪劣产品罪或者认定为生产伪劣产品罪和销售伪劣产品罪(未遂)。[1]

　　本文不赞同这种观点。解决这一问题,我们首先要思考的是,对于选择性罪名起刑点数额的规定是针对选择性罪名整体,还是只针对其中的各个分解罪名? 如果针对的是各个分解罪名,则导致的后果是每一个分解罪名所涉及的犯罪数额都未达到起刑点的要求,因而都不构成犯罪。例如生产、销售伪劣产品的数额都不够 5 万元的,则都不作为犯罪处理,而在窝藏赃物一案中同样如此,窝藏价值 3000 元的电视机和销售了 2000 元的手机都达不到起刑点 4000 元的标准,因而不构成犯罪。这种观点将会导致司法实践中犯罪分子利用这一规定轻易地逃避法律的制裁,因此并不妥当。

　　首先,在选择性罪名中关于起刑点数额的规定是就选择性罪名整体罪名而言的,换言之,在选择性罪名中关于起刑点数额的规定是行为人构成整体选择性罪名的最低要求。只要其行为所涉及不同对象的数额累计计算达到这一规定的数额即可,而不是每一对象所涉及的数额都要达到这一规定。虽然选择性罪名实质上只有一个犯罪构成,但它却有数个构成要件的行为或者每一个行为指向不同的对象,并且都对法益造成了侵害,因此将同一构成要件之内的不同构成要件行为所指向的数额进行累计,并不会违背禁止重复评价的原则。因此,本案中,行为人所涉及的犯罪数额累计为 5000 元,已经达到了起刑点为 4000 元的最低要求,当然可以追究其刑事责任。其次,从选择性罪名中反映的数种行为来看,其行为的同质性是确立选择性罪名的决定性因素,因而可以将各行为所涉及的数额相加。而且从选择性罪名不采取数罪并罚的一般原则也可以看出,其指导思想也是要避免将数种行为孤立地对待。[2] 再次,分则条文只是并列规定了一个犯罪的几种选择性

---

〔1〕　参见曹树彬《选择性罪名中的数额问题研究》,登载于"法律教育网",网址:http://www. china-lawedu. com/news/2004_8/5/1657008101. htm,访问时间:2009 年 4 月 9 日。

〔2〕　参见胡耿《选择性罪名适用探析》,载《检察日报》2002 年 5 月 16 日,第 3 版。

的行为对象,而不是根据不同对象规定为不同犯罪时,说明针对不同对象所实施的行为都是同一犯罪行为;既然是同一犯罪行为,就必须累计该行为的数量。最后,如果只能分别计算不能累计,就会造成大量遗漏:只要行为人对每种对象数量没有达到法定或司法解释规定的要求,不管累计多少,都不成立犯罪。这便给犯罪人造成可乘之机,甚至给犯罪人指明了"方向"。[1]

另外,在选择性罪名中有起刑点数额规定的情况下,如果行为人生产和销售伪劣产品所涉及的是同一对象,数额应当如何计算? 在这种情况下,结论仍与上文相同,即在选择性罪名中数个行为所涉及的是同一对象的情况下,数额不应累计计算。例如,行为人生产 3 万元的伪劣产品,又将这一伪劣产品进行销售,不能将生产和销售对象相同的伪劣产品数额相加而累计计算数额为 6 万元,进而追究行为人的刑事责任。因此,在此种情形下,行为人不构成犯罪。

3. 当选择性罪名条文中有数档法定刑,能否将数量累计计算,导致法定刑升格?

例如,刑法第 347 条第 2 款第(一)项规定,走私、贩卖、运输、制造鸦片一千克以上、海洛因或者甲基苯丙胺五十克以上或者其他毒品数量大的,处十五年有期徒刑、无期徒刑或者死刑,并处没收财产;第 3 款规定,走私、贩卖、运输、制造鸦片二百克以上不满一千克、海洛因或者甲基苯丙胺十克以上不满五十克或者其他毒品数量较大的,处七年以上有期徒刑,并处罚金;第 4 款规定,走私、贩卖、运输、制造鸦片不满二百克、海洛因或者甲基苯丙胺不满十克或者其他少量毒品的,处三年以下有期徒刑、拘役或者管制,并处罚金;情节严重的,处三年以上七年以下有期徒刑,并处罚金。举例说明,如果行为人走私鸦片 900 克,同时又贩卖不同宗的鸦片 100 克,根据前文的分析,此时数量可以累计计算,毒品总量为鸦片 1000 克,认定的罪名为走私、贩卖毒品罪,其适用的条款是第 2 款第(一)项,即处十五年有期徒刑、无期徒刑或者死刑。

上面讨论的都是属性相同,能够直接累计计算的物品的数额或者数量。但是当刑法条文中的某一物品是一个上位概念,其包含了多个子概念,而且这些子概念之间属性并不相同,不能够简单的直接累计计算数量时,应当如

---

〔1〕 参见张明楷《刑法分则的解释原理》,北京:中国人民公安大学出版社,2004 年,第 306 页。

何处理？仍以刑法第 347 条为例，假如行为人走私鸦片 900 克，同时又贩卖海洛因 10 克，也许我们能够得出这样的结论，即行为人贩卖毒品的数量在第 347 条第 3 款规定的范围之内，直接认定为走私、贩卖毒品罪，适用刑法第 347 条第 3 款，并且从重处罚即可。但是当行为人贩卖毒品的数量跨越了同一条文的不同款项时，应当如何处理？例如，行为人走私鸦片 900 克，同时又贩卖海洛因 5 克，此时应当如何适用刑罚？如果行为人仅走私鸦片 900 克，直接适用第 3 款；行为人只是贩卖海洛因 5 克，则应当适用第 4 款。行为人所涉及的毒品对象，跨越了同一条文的不同款项，而且属性并不相同，难以累计计算。

由此产生的另外一个问题是，如前所述，行为人走私鸦片 900 克，同时又贩卖不同宗的鸦片 200 克，此时数量可以累计计算，毒品总量为鸦片 1100 克，认定的罪名为走私、贩卖毒品罪，其适用的条款是第 2 款第（一）项，即处十五年有期徒刑、无期徒刑或者死刑。但是，当行为人走私鸦片 900 克，同时又贩卖海洛因 10 克，却是认定为走私、贩卖毒品罪，适用第 347 条第 3 款，处七年以上有期徒刑。从刑法条文对不同毒品数量的规定可知，行为人贩卖鸦片 200 克与贩卖海洛因 10 克处于同一量刑幅度，换句话说，立法者对 200 克鸦片和 10 克海洛因的刑法评价是相同的，其危害性程度也大体相当。但是，前一行为人走私鸦片 900 克，又贩卖了相同对象的鸦片 200 克，数量可以累计计算导致其可能适用十五年有期徒刑、无期徒刑或者死刑；而后一行为人同样走私鸦片 900 克，又贩卖了属性不同但刑法评价却相当的 10 克海洛因，却只能在七年以上量刑。由此可见，如果司法实践中遵循这一处罚原则，将会导致罪刑严重失衡。在选择性罪名的数额认定上，只要同一法条内有几档不同的法定刑，而且针对不同的对象规定了不同的数额的情形，都会产生同样的问题，例如刑法第 125 条第 1 款规定的非法制造、买卖、运输、邮寄、储存枪支、弹药、爆炸物罪等。

本文认为，行为人犯罪涉及属性并不相同的对象，且有几档法定刑的情况下，可以采用折算法。例如，根据刑法第 347 条第 3 款规定，鸦片二百克与海洛因或者甲基苯丙胺十克的刑法评价相当，就以此为基准进行折算，即 200 克鸦片相当于 10 克海洛因或者甲基苯丙胺。按照这种计算方法，则上文所提到的案子就可以轻易地解决。当行为人走私鸦片 900 克，同时又贩卖海洛因 10 克，将海洛因 10 克折算为鸦片 200 克，则毒品数量就可以进行累计计算,那么行为人走私、贩卖毒品的总量为 1100 克,其适用的条款是第 347 条第 2 款第(一)项,即处十五年有期徒刑、无期徒刑或者死刑。如此处理,便能够实现罪刑均衡。当然,如果选择性罪名的条文只有一档法定刑,而没有法定刑升格条款的,在量刑幅度内从重处罚即可。

4. 在犯罪行为涉及的对象是人的场合,应如何计算?

有几种情形需要讨论:第一,针对不同的对象实施了同一个行为,如行为人先拐卖 1 名妇女,又拐卖了 3 名儿童的,对此应将所涉对象相加,认定是 4 人,适用刑法第 240 条拐卖妇女、儿童罪的加重情节,即"拐卖妇女、儿童三人以上的"。第二,针对不同的对象实施了同一性质的数个行为,如行为人分别引诱甲、容留乙、介绍丙 3 名妇女卖淫。因为涉及对象是 3 人以上,可将此 3 人相加,认定为多人而适用加重情节。第三,针对同一对象实施了不同的行为,如行为人先后实施了引诱、容留、介绍同一名妇女卖淫的三种行为。根据 1992 年 12 月 11 日最高人民法院、最高人民检察院《关于执行〈全国人民代表大会常务委员会关于严禁卖淫嫖娼的决定〉的若干问题的解答》,引诱、容留、介绍卖淫罪是一个选择性罪名。引诱、容留、介绍他人卖淫这 3 种行为,无论是同时实施还是只实施其中一种行为,均构成本罪。如:介绍他人卖淫的,定介绍他人卖淫罪;兼有引诱、容留、介绍他人卖淫 3 种行为的,定引诱、容留、介绍他人卖淫罪,不实行数罪并罚。在这种情形下,同一对象不能累计计算,即只能计算为 1 人,而不能累计为 3 人,再适用情节严重的法定刑。

(初审:陈毅坚)

法官如何应用"社会效果"

——基于 213 份刑事裁判文书的考察

江秋伟*

【提　要】　法律效果和社会效果的统一是最高法院的一项司法政策。学理上认为法律效果与社会效果的统一,需要通过法律的方式容纳社会效果予以实现。而通过中国裁判文书网上 2016 年刑事案件裁判文书的考察发现,实践中存在 213 份裁判文书明确使用"社会效果"进行裁判说理。这些明确使用"社会效果"的裁判文书呈现出来的特征是:第一,具有明显的基层法院特征;第二,主要涉及常见的、与百姓生活关系相关的罪名;第三,具有明显的审判结果利于被告人的特征,且涉及的是刑罚较轻的犯罪;第四,使用"社会效果"的方式相对粗糙;第五,通过"社会效果"实现相应的裁判功能。之所以如此,一方面可能与该司法政策的争议性有关,另一方面可能与基层法院司法权威、推理能力有关。

【关键词】　法律效果　社会效果　裁判理由　司法权威　推理能力

引言

早在 1998 年 11 月 23 日,时任最高法院副院长的李国光在谈及关于审理涉农案件的问题,认为"要坚持保护农村集体经济组织利益和保护农民利

---

* 浙江大学光华法学院博士研究生,研究领域为法律方法、司法制度,E-mail: qiuwei_jiang@163. com。

益的统一,坚持审判的法律效果与社会效果的统一"〔1〕。随后,法律效果和社会效果的统一,通过最高法院的领导讲话以及最高法院的一系列文件,最终确定为一项司法政策。〔2〕 第一,从最高法院的领导人讲话上来看,最高法院的领导人重视法律效果与社会效果的统一,在领导讲话中都表达"法律效果与社会效果的统一";〔3〕第二,从最高法院的司法文件上来看,最高法院强调法律效果与社会效果的统一,在文件中都表达"法律效果与社会效果的统一"。〔4〕 直至今天,最高法院依然强调法律效果与社会效果的统一。〔5〕 通过这些最高法院领导的讲话以及最高法院的文件可以看出,"法律效果与社会效果的统一"的适用领域,已经从一开始的针对经济审判,扩大到所有的司法领域。

学理上的研究,主要是将"法律效果与社会效果的统一"纳入法律框架内予以考量的,认为社会效果需要通过法律的方式予以实现。尽管存在相当多的反对意见,"法律效果与社会效果的统一"可能造成混乱或异化〔6〕,

---

〔1〕 《最高人民法院关于当前经济审判工作应当注意的几个问题》(1998 年 11 月 23 日)(法宝引证码 CLI. 3. 21659)。

〔2〕 "判决不仅是单纯的法律责任的判断,更重要的,它是一个可能造成一系列社会影响的法决策。为此,中国司法机构提出了'审判的法律效果与社会效果的有机统一'问题。"参见肖扬《中国司法:挑战与改革》,《人民司法》2005 年第 1 期,第 6 页。

〔3〕 参见《最高人民法院副院长李国光在全国法院技术合同审判工作座谈会上的讲话》(1999 年 11 月 26 日)(法宝引证码 CLI. 3. 109479);《最高人民法院副院长曹建明在全国法院知识产权审判工作会议上的讲话》(2001 年 6 月 12 日)(法宝引证码 CLI. 3. 109503);《最高人民法院副院长李国光在全国法院行政审判工作会议上的讲话——深入贯彻党的十六大精神努力开创行政审判工作新局面为全面建设小康社会提供司法保障》(2003 年 2 月 13 日)(法宝引证码 CLI. 3. 132655);《最高人民法院院长肖扬在全国高级法院院长会议上的讲话》(2003 年 12 月 15 日)(法宝引证码 CLI. 3. 110277);等等。

〔4〕 参见《最高人民法院关于加强人民法院基层建设的若干意见》(法发〔2000〕17 号);《最高人民法院关于周正义状告浦东发展银行要求撤销增发新股议案等一类纠纷的投诉应否受理问题的复函》(〔2002〕民立他字第 2 号);《最高人民法院关于进一步加强各项审判工作为整顿和规范市场经济秩序提供有力司法保障的通知》(法〔2003〕57 号);《最高人民法院关于加大对涉及重大公共安全事故等案件的审判力度全力维护社会稳定的通知》(法〔2004〕107 号);《最高人民法院关于印发〈关于进一步加强人民法院基层建设的决定〉的通知》(法发〔2004〕21 号);等等。

〔5〕 如《2016 年人民法院工作要点》(法〔2016〕4 号)中规定:"确保办案法律效果和社会效果有机统一";《最高人民法院、最高人民检察院、公安部关于办理电信网络诈骗等刑事案件适用法律若干问题的意见》(法发〔2016〕32 号)中规定:"坚决有效遏制电信网络诈骗等犯罪活动,努力实现法律效果和社会效果的高度统一";等等。

〔6〕 参见李旭东《论司法裁判的法律标准——对社会效果与法律效果统一论的批评》,《华南理工大学学报(社会科学版)》2010 年第 5 期,第 73—78 页;陈金钊《被社会效果所异化的法律效果及其克服——对两个效果统一论的反思》,《东方法学》2012 年第 6 期,第 44—61 页。

法律效果与社会效果如何统一仍然是研究的重心。其研究的重点在于法律效果与社会效果之间的张力问题。具体而言,法律效果与社会效果的统一表征的是法条主义与民意、法官职业化与司法民主化、严格规则与法官自由裁量、形式正义与实质正义和正式制度与非正式制度等关系之间的关联。[1]对于这种张力的化解,最终必须是通过法律的方式容纳社会效果。[2]

具体而言,通过法律的方式实现社会效果,主要是通过对法律目的、法律原则、法律规则、法律概念(多义概念、不确定概念)的法律解释、漏洞填补、法律论证乃至于法律修辞,进而容纳社会价值或者需求。[3] 通过这样的转换,"社会效果"这一概念"消失了","法律效果与社会效果相统一"也"消失了",成为具体的法律解释、漏洞填补、法律论证乃至于法律修辞。然而这种"消失",针对的可能只是"社会效果","法律效果与社会效果的统一"被具体的法律解释、漏洞填补、法律论证乃至于法律修辞所替代的"消失",并没有触及实际中法院的实践样态。

通过"中国裁判文书网"高级检索,裁判文书内容选定为"理由"[4],输

---

[1] 参见张文显、李光宇《司法:法律效果与社会效果的衡平分析》,《社会科学战线》2011 年第 7 期,第 189—194 页。

[2] 参见孔祥俊《论法律效果与社会效果的统一:一项基本司法政策的法理分析》,《法律适用》2005 年第 1 期,第 26—31 页;江必新《在法律之内寻求社会效果》,《中国法学》2009 年第 3 期,第 5—14 页;江国华《审判的社会效果寓于其法律效果之中》,《湖南社会科学》2011 年第 4 期,第 52—59 页;陈林林、许杨勇《论法律效果与社会效果的"有机统一"》,《求是学刊》2012 年第 2 期,第 85—90 页;陈金钊《被社会效果所异化的法律效果及其克服——对两个效果统一论的反思》,《东方法学》2012 年第 6 期,第 44—61 页。

[3] 参见孔祥俊《论法律效果与社会效果的统一:一项基本司法政策的法理分析》,《法律适用》2005 年第 1 期,第 26—31 页;江必新《在法律之内寻求社会效果》,《中国法学》2009 年第 3 期,第 5—14 页;陈金钊《被社会效果所异化的法律效果及其克服——对两个效果统一论的反思》,《东方法学》2012 年第 6 期,第 44—61 页。

[4] 在中国裁判文书网中,对裁判文书的内容检索可以区分为"全文""首部""事实""理由""裁判结果""尾部"六个方式。根据《人民法院民事裁判文书制作规范》((法〔2016〕221 号)),裁判文书的正文包括首部、事实、理由、裁判依据、裁判主文、尾部等六个部分,其中理由部分以"本院认为"作为开头,其后直接写明具体意见,根据认定的案件事实和法律依据,对当事人的诉讼请求是否成立进行分析评述,阐明理由。因此,可以推定,中国裁判文书网中"理由"检索部分所指涉的内容,应该就是法院裁判理由。

入"社会效果"[1]进行检索,截至笔者检索时刻,中国裁判文书网上共有裁判文书如下:"刑事案由"的裁判文书共 823 份,"民事案由"的裁判文书共 1190 份,"行政案由"的裁判文书共 36 份。[2] 考虑到裁判文书数量的大小以及刑事案件对于公民的权利的限制最为严苛,刑事案件裁判文书理由对于"社会效果"使用,更是需要引起关注。因此,本文主要集中于 2016 年刑事案件的考察。通过"中国裁判文书网"高级检索,裁判文书内容选定为"理由",输入"社会效果"进行检索,选取裁判年份为"2016 年",案由为"刑事案由",剔除其中重复以及刑罚变更[3]的裁判文书,共获得裁判文书 213 份,其中一审判决书共 191 份,二审判决书共 14 份,二审裁定书共 4 份,再审判决书共 1 份,再审裁定书共 3 份。[4]

本文尝试通过这 213 份裁判文书的分析,集中于:第一,哪个层级的法院使用"社会效果";第二,哪些地方的法院使用"社会效果";第三,哪些类型案件中使用"社会效果";第四,案件使用"社会效果"是否有利于被告人;第五,法院是通过何种方式使用"社会效果"。在这个基础上,归纳总结出法院使用"社会效果"的实践样态,进而可以提炼出实践中法院如何解决"法律效果"与"社会效果"之间的张力。本文首先对考察样本案例的标准进行设定以及样本选取,考察所选取样本案例的情况,总结出"社会效果"在样本案例的实践样态,进而初步解释法院使用"社会效果"的可能逻辑以及存在的问题。

---

[1] 法院如何使用"社会效果"进行裁判,难以通过隐性考察的方式揭示出来。以"张学英诉蒋伦芳遗赠纠纷案"[(2001)纳溪民初字第 561 号]为例,在该案中,四川省泸州市纳溪区人民法院是通过《民法通则》第 7 条的规定"民事活动应当尊重社会公德",进而无效了遗赠人之遗嘱。法院这种裁判方式,是适用法律原则的结果,还是适用"法律效果与社会效果的统一"原则的结果,单纯从判决书中比较难以发现其因果关系。当然,从其他资料作为补充,可以进一步揭示法院是否考虑社会后果或者其他因素,如有学者通过事后主审法官的言论,认为"张学英诉蒋伦芳遗赠纠纷案"的判决结论"既不是法律的规定,也不是法律的精神和价值,而是法官个人的道德判断",孙海波:《"后果考量"与"法条主义"的较量——穿行于法律方法的噩梦与美梦之间》,《法制与社会发展》2015 年第 2 期,第 173 页。

[2] 参见中国裁判文书网 http://wenshu. court. gov. cn/,访问时间:2017 年 4 月 28 日。

[3] 刑罚执行变更包括了如假释、减刑、缓刑执行变更等刑罚执行变更。

[4] 参见中国裁判文书网,http://wenshu. court. gov. cn/,访问时间:2017 年 4 月 28 日。其中只有 3 份判决书属于一审法院判决书或者上诉人意见中使用了"社会效果",二审法院就此进行评价。其余均属于法院的直接使用。

一、基于"社会效果"的刑事裁判文书的考察

通过对213份裁判文书进行逐份阅读、整理，法院使用"法律效果与社会效果的统一"原则的实践样态显示了出来。这种实践样态在不同级别、不同地方、不同的案件、不同审判结果以及不同使用方式上，具有较为明显的特征。通过这五个方面特征的梳理，可以得出法院使用"社会效果"特点。

（一）不同层级的法院

通过对213份裁判文书的受理法院的层级进行统计，本文发现，明确使用"社会效果"进行刑事裁判这一现象具有明显的基层法院特征，如表一所示。

表一[1]

法院层级/审级案件	一审案件（个）	二审案件（个）	再审案件（个）
基层人民法院	191	*	2
中级人民法院	*	18	1
高级人民法院	*	*	1

表二

法院	案件数量（个）
福建省惠安县人民法院	56
陕西省榆林市榆阳区人民法院	31
河南省淮阳县人民法院	26
甘肃省秦安县人民法院	14
江苏省溧阳市人民法院	11
总数	138

从表一的数据上来看，213个使用"社会效果"的裁判文书主要集中于基层法院，占比达到了90.6%（193/213）。这一数据说明了，主要是基层法院明确使用"社会效果"进行刑事裁判。中级人民法院和高级人民法院在明确使用"社会效果"进行刑事裁判方面，则是比较少的，而且集中于二审或者再

---

[1] 表中"*"代表所考察的213份裁判文书没有出现这一类型，下文数据同。

审,没有涉及一审案件。通过这一考察可以得出,明确使用"社会效果"进行刑事裁判这一现象具有明显的基层法院特征。

除此之外,一审案件之所以集中于基层法院,正如表二所呈现出来的,一个很重要的原因是与部分基层法院的受案量 72.3%(138/191)之显著性有关。之所以集中于部分法院,可能与这部分法院的判决书格式化或案件类型有关。以福建省惠安县人民法院的 56 个判决书为例,出现"社会效果"一词的表述都是"综合考虑本案的犯罪事实、情节及社会效果",56 个判决书中有 51 个是危险驾驶罪与交通肇事罪。但是以河南省淮阳县人民法院 26 个判决书进行考察,其中涉及多重罪名,26 个判决书中则有 10 个是交通肇事罪,没有涉及危险驾驶罪。因此,裁判文书集中于部分法院,需要进一步结合非裁判文书的资料予以解释。

(二)不同地方的法院

通过对 213 份裁判文书的受理法院的行政区域进行统计,笔者发现,明确使用"社会效果"进行刑事裁判这一现象具有明显的具体基层法院特征,如表三所示。

表三

省份	案件数量(个)	省份	案件数量(个)	省份	案件数量(个)
福建	60	江西	4	贵州	2
陕西	34	云南	3	辽宁	2
河南	28	广东	3	安徽	2
甘肃	15	海南	3	上海	1
江苏	14	山东	3	浙江	1
新疆	7	山西	3	天津	1
河北	7	广西	2	黑龙江	1
吉林	7	湖南	2		
湖北	5	四川	2		

从这些进行刑事审判的具体法院上来看,除了北京、重庆、青海、内蒙古、西藏、宁夏六大省市没有涉及之外,全国其他省级(不包括台湾、香港以及澳门)法院基本都有涉及。其中大部分省份只涉及零星裁判文书。裁判文书之所以使用"社会效果"可能只与具体裁判的法官有关。比如浙江省只有 1

例,即浙江省开化县人民法院[1],广东省只有 3 例,即广东省的遂溪县人民法院[2]、深圳市以及梅州中级人民法院[3]。然而经过考察统计,仍然能够发现案件主要集中于某些省份的具体基层法院。如果以使用"社会效果"为标准,正如表二所显示的,涉及案件量处于前五个名词的省份——福建、陕西、河南、甘肃以及江苏——其案件量总和就已经达到了 70.9%(151/213)。而这五个省份,福建省涉及的法院主要是福建省惠安县人民法院,陕西省涉及的法院主要是陕西省榆林市榆阳区人民法院,河南省涉及的法院主要是河南省淮阳县人民法院,甘肃省涉及的法院主要是甘肃省秦安县人民法院,江苏省涉及的法院主要是江苏省溧阳市人民法院。这五个基层法院,占了五个省份涉及案件的 91.4%(138/151)。通过这一考察可以得出,明确使用"社会效果"进行刑事裁判这一现象具有明显的具体基层法院特征。而如果仅仅考虑使用"社会效果"的法院数量,可以发现,各省都只有若干法院使用"社会效果"。因而,明确使用"社会效果"进行判决可能与地域无关。当然进一步考察更多隐性使用"社会效果"的刑事裁判文书,有可能进一步充实使用"社会效果"进行判决与地域的关系。

(三)不同类型的案件

通过对 213 份裁判文书的受理的案件类型进行统计,本文发现,明确使用"社会效果"进行刑事裁判这一现象具有明显的具体罪名特征,案件量前五的罪名统计如表四所示。

表四

罪名/审级案件	一审案件(个)	二审案件(个)	再审案件(个)	五个基层法院[4]案件(个)
危险驾驶罪	64	1	*	55
交通肇事罪	57	3	1	50
故意伤害罪	27	5	1	16
非法拘禁罪	3	*	*	1
贩卖毒品罪	3	*	*	*
前三罪名总计	148	9	2	121

---

[1]　(2015)衢开刑初字第 121 号。
[2]　(2016)粤 0823 刑初 20 号。
[3]　(2016)粤 03 刑终 1061 号、(2016)粤 14 刑终 125 号。
[4]　具体指的就是福建省惠安县人民法院、陕西省榆林市榆阳区人民法院、河南省淮阳县人民法院、甘肃省秦安县人民法院、江苏省溧阳市人民法院等五个基层法院。

从 213 个使用"社会效果"进行刑事审判的案件涉及的罪名上来看,涉及的罪名有交通肇事罪、危险驾驶罪、故意伤害罪、非法拘禁罪、贩卖毒品罪、妨害公务罪、故意杀人罪、过失致人死亡罪等 34 个罪名。其中很多的罪名主要是涉及的案件较少,比如故意杀人罪,只有 2 个案件,即福建省泉州市洛江区人民法院受理的因家庭纠纷引发的故意杀人案件[1],以及河北省邯郸市中级人民法院受理的精神分裂故意杀人案件。[2] 但仍然能够发现案件主要集中于某些罪名。正如表三所显示,涉及交通肇事罪、危险驾驶罪与危险驾驶罪三个罪名的裁判文书有 159 个,占所有裁判文书的 74.6%(159/213)。通过这一考察可以得出,明确使用"社会效果"进行刑事裁判这一现象具有明显的具体罪名特征。而如果将这个数据与五个基层法院的数据相比,可以发现,这种明显性特征,五个基层法院的数据的显著性是一个很大的贡献。之所以裁判文书较多出现交通肇事罪、危险驾驶罪与危险驾驶罪,可能与这三个罪名都涉及较为常见以及涉及当事人的生活关系。犯罪事件更为高发,裁判处理往往涉及当事人社会关系的稳定。

(四)是否有利于被告人

通过对 213 份裁判文书进行分析,笔者发现,明确使用"社会效果"进行刑事裁判这一现象具有明显的审判结果利于被告人的特征,涉及的是刑罚较轻的犯罪。如表五所示。

表五

审判结果	一审(个)	二审(个)	再审(个)
减刑	4	5	1
减刑、缓刑	172	9	2
免予刑事处罚	9	*	*
择一执行刑罚	*	*	1[3]
不利于(原审)被告人	6	4	*

---

[1]　参见(2016)闽 0504 刑初 195 号。

[2]　参见(2016)冀 04 刑终 564 号。

[3]　涉案法院认为,对同一犯罪人执行较重刑罚后再执行较轻刑罚,就适用刑罚的目的来说,既无必要,也达不到预期的社会效果,不利于对罪犯的教育改造,因而依据吸收原则,执行较重刑法。

从213个使用"社会效果"进行刑事审判涉及的审判结果来看,既有案件的审判结果对被告人或者原审被告人有利的裁判文书,也有对被告人或者原审被告人不利的裁判文书。

第一,不利于(原审)被告人的裁判主要涉及的情况是:(1)通过"社会效果",将犯罪未遂认定为犯罪既遂。江西省崇仁县人民法院在证据未能证明既遂或者未遂的情况下,认为,"从刑法的作用来看,如果认定抢夺未遂将不能体现刑法的警示和教育功能,且会产生不良的社会效果;故本院认定被告人抢夺既遂。"[1](2)通过"社会效果",认为职务犯罪不适合缓刑。四川省北川羌族自治县人民法院在被告人成立受贿罪的情况下,认为,"为正确贯彻宽严相济刑事政策,确保审理职务犯罪案件的法律效果和社会效果,根据被告人罗某甲的犯罪情节,参酌本案案发前后的社会反映,对被告人罗某甲不宜宣告缓刑。"[2](3)通过"社会效果",认为犯罪不适合缓刑。安徽省含山县人民法院认为:"盗窃次数较多,数额较大,在社会上产生较坏的影响,适用缓刑社会效果不好。"[3]

第二,利于(原审)被告人的裁判主要涉及的情况是减刑、缓刑、免除刑事处罚以及择一执行刑罚四种情况。正如表四所显示的,大部分的审判结果对于(原审)被告人是有利的,共有203个裁判文书,占所有裁判文书的95.3%(203/213)。其中涉及减刑、缓刑的案件达到了86%(183/213),可以说,大部分使用"社会效果"进行刑事审判的裁判文书,都与"缓刑"相关。能够适用缓刑,说明了这些案件主要是涉及刑罚较轻的犯罪。

通过这一考察可以得出,明确使用"社会效果"进行刑事裁判这一现象具有审判结果利于被告人的明显特征,而且大部分使用"社会效果"进行刑事审判的裁判文书,涉及的是刑罚较轻的犯罪。

(五)使用"社会效果"的情况

总体而言,213份裁判中使用"社会效果"两种情况:单独使用"社会效果"与同时使用"法律效果与社会效果"。具体可见表六。

---

[1] (2016)赣1024刑初74号。
[2] (2015)北刑初字第61号。
[3] (2016)皖0522刑初100号。

表六

词汇	案件数量	典型表述
"社会效果"	105	达到案结事了社会效果[1];取得谅解,社会效果较好[2];综合考虑本案的犯罪事实、情节及社会效果[3];为体现更好的社会效果[4];有违法律法规,有违司法公平正义,将产生不良社会效果[5]。
"法律效果"与"社会效果"	108	结合法律效果与社会效果相统一的原则[6];为达到法律效果和社会效果相统一的原则[7];从法律效果与社会效果相结合的原则出发[8];综合考虑法律效果与社会效果[9];实现法律效果和社会效果的统一[10];达到法律效果和社会效果的统一[11];为取得较好的社会效果及法律效果[12];为真正体现法律效果和社会效果[13];彰显法律效果和社会效果的统一[14];兼顾本案的法律效果和社会效果的统一[15]。

在使用"社会效果"的表述上,绝大部分的裁判文书都没有展开论证"何为社会效果""何为法律效果与社会效果的统一",而是一种抽象性的用法,比如"综合""实现""彰显""兼顾"等。但是如果从考察裁判文书中出现的内容上来看,能够对社会效果的内容,做一个大致的梳理。213 份裁判文书中的社会效果主要包含以下三个方面的内容:

第一,社会效果可能指的是判决作出前后对社会的影响。广西壮族自治区桂林市七星区人民法院认为:"被告人莫某甲能主动到公安机关接受讯问,配合调查系自首,依法可从轻处罚。被告人其家属赔偿了被害人全部损失并取得谅解,酌情可从轻处罚。鉴于被告人主观恶性小,悔罪态度好,为

---

〔1〕 如(2016)桂 0305 刑初 134 号。
〔2〕 如(2016)陕 0802 刑初 830 号。
〔3〕 如(2016)闽 0521 刑初 801 号。
〔4〕 如(2015)任刑初字第 562 号。
〔5〕 如(2016)赣 01 刑终 119 号。
〔6〕 如(2016)云 0621 刑初 110 号。
〔7〕 如(2016)豫 1626 刑初 390 号。
〔8〕 如(2016)苏 0481 刑初 430 号。
〔9〕 如(2016)吉 0621 刑初 90 号。
〔10〕 如(2016)新 0105 刑初 193 号。
〔11〕 如(2016)豫 1626 刑初 219 号。
〔12〕 如(2016)甘 0522 刑初 63 号。
〔13〕 如(2016)鄂 2822 刑初 67 号。
〔14〕 如(2016)湘 0602 刑初 315 号。
〔15〕 如(2016)吉 0403 刑初 72 号。

创造和谐村民关系,达到案结事了社会效果,对被告人可以适用缓刑。"[1]从法院的判决理由中可以看出,"社会效果"指涉的是"和谐村民关系、案结事了"。此外还有其他,如被告人所犯非法吸收公众存款罪之"社会影响恶劣"[2]、所犯受贿罪之"案发前后的社会反映"[3]、所犯盗窃罪"在社会上产生较坏的影响"[4]"如果认定抢夺未遂将不能体现刑法的警示和教育功能,且会产生不良的社会效果"[5]等。

第二,社会效果可能指的是与被告人的特殊情况相关的判决后果。江苏省溧阳市人民法院认为:"根据被告人丁某甲的犯罪情节及认罪、悔罪表现和有身孕的现状,从法律效果与社会效果相结合的原则,决定对被告人丁某甲从轻处罚并适用缓刑。"[6]这个社会效果指的可能就是被告人的"身孕"。此外,所考察的判决文书中主要包括其他情况,如被告人乃是"先有残疾又遭重创,身心俱衰"[7]"农民,家中主要劳动力"[8]"家庭发生变故"[9]"家庭矛盾"[10]"正哺育婴儿"[11]"抚养三个子女"[12]"早日出狱筹集资金尽快支付农民工工资"[13]"获得被害人谅解"[14]等。

第三,社会效果可能指的是社区矫正所带来的效果。大部分涉及缓刑的案件,都与社区矫正相关。如福建省惠安县人民法院认为:"被告人武文杰归案后能如实供述自己的犯罪事实,可从轻处罚。且积极预交罚金,可酌情从轻处罚。审理期间,被告人武文杰居住地的社区矫正中心向本院出具《审前调查评估意见表》,认为其符合社区矫正条件,建议将其纳入社区矫正。综合考虑本案的犯罪事实、情节及社会效果,对被告人武文杰宣告缓

---

[1] (2016)桂 0305 刑初 134 号。
[2] (2015)衢开刑初字第 121 号。
[3] (2015)北刑初字第 61 号。
[4] (2016)皖 0522 刑初 100 号。
[5] (2016)赣 1024 刑初 74 号。
[6] (2016)苏 0481 刑初 377 号。
[7] (2016)陕 0827 刑初 111 号。
[8] (2016)晋 1124 刑初 17 号。
[9] (2016)赣 0281 刑初 31 号。
[10] (2016)闽 0521 刑初 695 号。
[11] (2016)津 0105 刑初 28 号。
[12] (2016)云 0621 刑初 110 号。
[13] (2015)唐刑重初字第 00011 号。
[14] (2016)闽 0521 刑初 742 号。

刑,对其所居住的社区没有重大不良影响,且符合矫正条件,可对其适用缓刑。"从法院的判决理由上来看,"社会效果"具体指涉的是社区矫正执行刑罚相较于其他刑罚方式所带来的效果。

综上所述,可以一定程度上归纳出 213 份裁判文书中"社会效果"的可能具体指向。然而裁判的关键在于对这些"社会效果"的正当性以及如何适用予以证明。因此裁判文书对于"社会效果"的适用主要是一种粗糙的状态。

二、"社会效果"的应用在刑事裁判中的功能

前文通过对 213 份裁判文书在法院层级、地域、案件类型、是否有利于被告人以及如何使用"社会效果"进行了考察。基于这些材料,可以进一步考察的问题就是,"社会效果"在 213 份裁判文书中发挥了什么作用的问题。从学理上而言,"社会效果"与"法律效果"本身就存在张力问题,尽管学理上认为"社会效果"应当通过对法律目的、法律原则、法律规则、法律概念(多义概念、不确定概念)的法律解释、漏洞填补、法律论证乃至于法律修辞予以容纳。但是关键的问题在于,什么是"社会效果"?

前文通过裁判文书"社会效果"内容的考察,"社会效果"主要有三个方面的内容:"社会效果"可能指的是判决作出前后对社会的影响;"社会效果"可能指的是与被告人的特殊情况相关的判决后果;"社会效果"可能指的是社区矫正所带来的效果。在这些"社会后果"中,有些已经为法律或者司法解释所规定,如被告人的特殊性(未成年、怀孕妇女以及老年人)[1]、案件起因、被害人谅解等[2],有些则不为法律或司法解释所规定,如判决作出前后

---

[1] 《刑法》第 72 条第 1 款:"对于被判处拘役、三年以下有期徒刑的犯罪分子,同时符合下列条件的,可以宣告缓刑,对其中不满十八周岁的人、怀孕的妇女和已满七十五周岁的人,应当宣告缓刑:(一)犯罪情节较轻;(二)有悔罪表现;(三)没有再犯罪的危险;(四)宣告缓刑对所居住社区没有重大不良影响。"

[2] 《最高人民法院关于适用〈中华人民共和国刑事诉讼法〉的解释》(法释[2012]21 号)第 225 条第 2 款规定:"人民法院除应当审查被告人是否具有法定量刑情节外,还应当根据案件情况审查以下影响量刑的情节:(一)案件起因;(二)被害人有无过错及过错程度,是否对矛盾激化负有责任及责任大小;(三)被告人的近亲属是否协助抓获被告人;(四)被告人平时表现,有无悔罪态度;(五)退赃、退赔及赔偿情况;(六)被告人是否取得被害人或者其近亲属谅解;(七)影响量刑的其他情节。"

对社会的影响,有些则是本身并不与法律规定形成冲突,如社区矫正所带来的效果。正是 213 份裁判文书中"社会效果"存在这样的情况,便与"社会效果"使用在刑事审判中发挥的作用勾连起来。

通过对 213 份裁判文书的使用进行阅读考察,本文发现裁判文书对于"社会效果"的使用,有三种模式:增强裁判文书的说服力、独立支撑裁判文书的裁判结果以及模糊裁判文书的推理过程。

(一)增强裁判文书的说服力

"社会效果"作为增强的理由。在这一类型的案件中,刑法相关的条款以及司法解释足以得出审判结果,裁判文书还使用"社会效果"进行说理,加强审判结果的说服力。以两个使用"社会效果"基层法院为例。(1)福建省惠安县人民法院在被告人"归案后能如实供述自己的犯罪事实,可从轻处罚。且积极预交罚金,可酌情从轻处罚……社区矫正中心向本院出具《审前调查评估意见表》,认为其符合社区矫正条件,建议将其纳入社区矫正"的情况下,认为"综合考虑本案的犯罪事实、情节及社会效果,对被告人黄沧林宣告缓刑,对其所居住的社区没有重大不良影响,且符合矫正条件,可对其适用缓刑。"[1](2)河北省晋州市人民法院在被告人"自首""真诚悔罪""经审前社会调查,宁晋县司法局社区矫正办公室出具证明认为判处缓刑对其所居住的社区无重大不良影响,同意对被告人实行社区矫正,符合缓刑条件,可适用缓刑"的情况下,"为实现法律效果和社会效果的统一",对被告人判处缓刑。实际上,根据《刑法》第 72 条关于缓刑的规定,两个基层法院结合被告人的相关情节与事实,就可以得出被告人缓刑的结论。而"社会效果"的使用与否,对于法律上的判断,可以说没有相应的助益。然而由于考虑"社会效果"是最高法院的司法政策,反而有增强理由的功能。"综合考虑本案的犯罪事实、情节及社会效果"或者"为实现法律效果和社会效果的统一"在修辞上可能使得诉讼两造觉得更有道理,也使得审理法院作出判决似乎更有底气。

---

[1] (2016)闽 0521 刑初 716 号。

(二) 独立支撑裁判文书的裁判结果

"社会效果"作为独立的理由。这一类型有 2 个判决。[1] 在这一类型的案件中,刑法相关的条款以及司法解释不足以得出审判结果,裁判文书使用"社会效果"论证其审判结果。以江西省崇仁县人民法院为例。江西省崇仁县人民法院在证据未能证明既遂或者未遂的情况下,认为:"从刑法的作用来看,如果认定抢夺未遂将不能体现刑法的警示和教育功能,且会产生不良的社会效果;故本院认定被告人抢夺既遂。"[2] 根据《刑事诉讼法》第 195 条第 1 款第 3 项:"证据不足,不能认定被告人有罪的,应当作出证据不足、指控的犯罪不能成立的无罪判决。"在没有证据证明既遂或者未遂的情况下,应当据此作出判决,然而江西省崇仁县人民法院则是根据"产生不良的社会效果",认定被告人有罪。可以说,"社会效果"作为一种独立理由,推导出了审判结果。

(三) 模糊裁判文书的推理过程

"社会效果"模糊推理过程。在这一类型的案件中,刑法相关的条款及其司法解释通过裁判的进一步解释可以得出审判结果。然而裁判文书并没有对法律规范进行解释,进而将案件事实归入法律规范,而是直接使用"社会效果",笼统地认为"为了实现法律效果与社会效果的统一",进而得出裁判结果。这便是一种模糊裁判推理过程。以云南省鲁甸县人民法院为例,对于一起贩卖毒品罪,云南省鲁甸县人民法院认为:"因被告人肖某某之丈夫长期不归家,其还抚养着三个子女的实际情况,若对被告人收监执行,将会造成小孩无人照管,生活无来源及辍学的境地,同时造成社会负担,故综合本案犯罪事实、情节、后果及被告人的认罪态度,悔罪表现和侦破该案的特殊原因及其被告人的家庭状况等因素,结合宽严相济的刑事政策以及法律效果与社会效果相统一的原则,决定对被告人肖某某从轻处罚并适用缓刑。"[3] 被告人需要抚养小孩的家庭情况,如何归入《刑法》第 72 条关于缓

---

[1] (2016)赣 1024 刑初 74 号(如果认定抢夺未遂,将不能体现刑法的警示和教育功能,且会产生不良的社会效果)、(2015)北刑初字第 61 号(考虑受贿罪案发前后的社会反应)。

[2] (2016)赣 1024 刑初 74 号。

[3] (2016)云 0621 刑初 110 号。

刑的条款,是需要通过展开关于缓刑的规定予以解释的。比如量刑情节,理论上存在法定情节与酌定情节的划分,其中酌定情节是法律未作明文规定,需要根据立法精神与刑事政策,在量刑时予以考虑的情节。[1] 因此如何解释"被告人需要抚养小孩的家庭情况"属于酌定情节,就必须对刑事政策或者"法律效果与社会效果"展开论证。这样一种向一般条款逃逸的方式——"结合宽严相济的刑事政策以及法律效果与社会效果相统一的原则"——显然已经模糊了推理的过程,使得被告人之所以适用缓刑,似乎已经与《刑法》第72条关于缓刑的规定无关了。

三、对法院应用"社会效果"进行刑事判决的解释

"法律效果与社会效果的统一"是最高法院的一项司法政策。问题的关键在于界定"何为社会效果"以及解决"法律效果"与"社会效果"之间的张力问题。实践中法院也通过使用"社会效果"进行裁判说理。但是通过前文的考察,至少存在以下的现象以及问题:

第一,样本案例相对较少。

第二,样本案例大部分出现在基层法院,或者更准确地说,与处于基层法院的法官相关。

第三,样本案例主要涉及的罪名是常见的、与百姓生活关系相关的罪名。

第四,样本案例主要是有利于被告人,且涉及的是刑罚较轻的犯罪。

第五,样本案例使用"社会效果"的方式相对粗糙,并且有其裁判功能。

样本案例所展示出来的这些特点,呈现出一定的规律。之所以如此,可能一方面与司法政策的争议性有关,另一方面则与司法权威、推理能力不足有关。本文试图通过这两个方面,尝试着来解释这些问题以及现象。

(一)司法政策的争议性

根据本文的考察,2016年明确使用"社会效果"的刑事案件裁判文书只

---

〔1〕 参见陈兴良《刑法适用总论(下卷)》(第二版),北京:中国人民大学出版社,2006年,第279页;张明楷《刑法学》(第三版),北京:法律出版社,2007年,第434页。

有 213 份,与中国裁判文书网 2016 年公布的 1480550 万份[1]刑事案件裁判文书相比,比例非常之小。其中一审案件只有 191 件,与 2016 年全国各级法院审结一审刑事案件 111.6 万件[2]相比,其数量可谓微乎其微。大部分法院之所以没有在裁判理由中明确使用"社会效果"进行刑事审判,是因为:"社会效果"或"法律效果和社会效果的统一"是为学理上明确批评的[3],因而缺乏明确使用"社会效果"的正当性,这可以从更有争议性的"法律效果和政治效果、社会效果的统一"明确使用更少获得支持[4]。正是在这种司法政策争议的情况下,法院即使使用"社会效果",可能是通过更为隐蔽或者谨慎的方式进行的。具体可以进一步解释如下:第一,法官实际上可能以隐藏的方式使用"社会效果"。比如社会效果可以通过法律适用的方式体现出来,而不必要明确在裁判文书中表示出来,即使裁判文书没有体现"法律效果"或"社会效果",实质却是"法律效果与社会效果统一"的思维。第二,法官以谨慎的方式使用"社会效果"。刑法以及刑事诉讼法最重要的理念之一在于保障被告人的权利,谨防国家刑罚权的滥用。"社会效果"的考量可能会为加重被告人刑罚提供跳板,进而存在滥用的可能,明确使用"社会效果"可能给人造成加重被告人刑罚的印象。因此,即使进行明确使用,正如样本案例所显示的,主要涉及的也是有利于被告人,刑罚较轻的犯罪以及常见的、与百姓生活关系相关的罪名。而基于样本案例的考察,确实存在一些裁判文书利用"社会效果"作出不利于被告人的审判结果的问题[5],这是违反了"法律效果与社会效果的统一"原则的,也是学理上明确反对的用法。这些违反法律的用法,应当得到相应的重视与纠正。

---

[1] "中国裁判文书网"高级检索,裁判文书内容选定为"理由",输入"社会效果"进行检索,选取案由为"刑事案由",检索时间:2017 年 6 月 4 日。

[2] 参见周强《最高人民法院工作报告——2017 年 3 月 12 日在第十二届全国人民代表大会第五次会议上》,登载于"中国人大网",网址:http://www.npc.gov.cn/npc/xinwen/2017-03/15/content_2018938.htm,访问时间:2017 年 4 月 30 日。

[3] 参见陈金钊《被社会效果所异化的法律效果及其克服——对两个效果统一论的反思》,《东方法学》2012 年第 6 期,第 44—61 页。

[4] "中国裁判文书网"高级检索,裁判文书内容选定为"理由",输入"政治效果"进行检索,排除重复文书,只有 4 份判决书,其中西藏自治区巴青县人民法院使用了"更好地实现政治效果和法律效果、社会效果相统一",内蒙古自治区磴口县人民法院在两个案件中使用了"政治效果"一词,山东省临沂市中级人民法院评价了辩护意见。检索时间:2017 年 6 月 3 日。

[5] 参见(2016)赣 1024 刑初 74 号。

（二）司法权威、推理能力不足，向司法政策逃逸

除了少量裁判文书是通过"社会效果"作为独立理由支撑裁判结果，大部分使用"社会效果"的裁判文书要么是通过"社会效果"增强其裁判的说服力，要么是通过"社会效果"模糊了推理过程。基于以上的考察，本文认为，其中"社会效果"模糊了推理过程的类型主要与法官的法律推理能力有关，一如前述。而通过"社会效果"增强其裁判的说服力，则是为了增强裁判文书的权威。

正如前文已经揭示出来的，很多有利于被告人的案件中，一方面，法院完全可以通过对法律规范的适用，进而得出有利于被告人的审判结果，而不需要使用"社会效果"进行论证。另一方面，法院需要在结合"社会效果"进一步对法律规范以及案件事实解释的基础上，得出有利于被告人的审判结果。这种现象，一方面与增强裁判说服力有关，另一方面则与一些基层法院的裁判说理能力有关。第一，一些基层法院在裁判说理部分，没有充分展开对于刑法条款的解释与适用，这使得其说服力不足。第二，由于裁判说理不充分或者基层法院不自信而认为援引最高法院司法政策会增强说理力，因而基层法院会使用最高法院的司法政策"社会效果"增强其裁判文书的说服力，增强其基层裁判的权威。基层法院面对的是具体诉讼两造以及公众，所以基层法院的裁判是否具有充足的说服力，除了裁判本身法律适用，有时需要援引其他论证资源增强其说服力，使得具体诉讼两造以及公众更能接受这一审判结果。这是由于我国司法系统向来存在行政化问题[1]，我国上级法院相对于下级法院，有一种超越的地位[2]，通过层级的叠加，尤其是最高法院变成了司法系统的最高权威了。层级越高，话语越有说服力。就此而言，最高法院的司法政策不失为一个合适的论证理由。这从裁判文书的表述来看，如"为取得较好的社会效果及法律效果"[3]"结合法律效果与社会

---

〔1〕 参见贺卫方《中国司法管理制度的两个问题》，《中国社会科学》1997 年第 6 期，第 116—129 页；张卫平《论我国法院体制的非行政化——法院体制改革的一种基本思路》，《法商研究》2000 年第 3 期，第 3—11 页；龙宗智、袁坚《深化改革背景下对司法行政化的遏制》，《法学研究》2014 年第 1 期，第 132—149 页。

〔2〕 参见刘忠《政治性与司法技术之间：法院院长选任的复合二元结构》，《法律科学》2015 年第 5 期，第 27 页。

〔3〕 (2016) 甘 0522 刑初 63 号。

效果相统一的原则"[1]"综合考虑法律效果与社会效果"[2]"注重案件处理的法律效果和社会效果相统一"[3]"实现法律效果和社会效果的统一"[4]等表述中都可以体现出来。因此,在司法权威不足以及推理能力不足的情况下,裁判理由便向司法政策靠拢了。

四、结语

从司法权的性质上而言,法院是依法独立行使审判权。而从我国法律规范上而言,各级人民法院之间只有指导与被指导的关系,法院依法独立行使审判权。具体到"法律效果与社会效果的统一"原则,学理上一方面反对这一原则,另一方面则认为,社会效果可以通过法律适用的方式予以实现。然而,法律方法上的理想状态,与实践中法官法律推理能力之间,可能存在一定的张力。这个张力,一方面可以解释使用"社会效果"进行刑事审判的裁判文书主要集中于基层法院,另一方面也能够解释"社会效果"的使用属于一种粗糙的方式,既没有具体论证何为社会效果,也没有解释如何解决法律效果与社会效果之间的张力。因此,"社会效果"这一概念能否出现在裁判理由中,不是问题的关键。关键在于,使用"社会效果"进行裁判说理,必须充分解释"何为社会效果"以及相应的法律规范,进而解释"法律效果与社会效果"是如何统一的。而在这一过程中,一方面需要提高法官的推理能力,另一方面也需要通过体制的调整,提高基层法院的权威。这一结论是否存在更大范围的可能,则是需要进一步考察以及研究的。

(初审:谢进杰)

---

[1] (2016)云 0621 刑初 110 号。
[2] (2016)吉 0621 刑初 90 号。
[3] (2016)辽 1422 刑初 133 号。
[4] (2016)冀 0183 刑初 185 号。

论　文

Articles

在个例中实现正义

李泽宇*

【提　要】　正义是人类永恒的价值导向和社会追求,但其本身具有抽象性和相对性的特点。本文从法哲学的角度对正义的内容与形式进行了解析性的研究,通过引入具体案例的形式对既往的正义理论进行梳理和归纳,在个例的实际运用中达致对正义概念直观化和具体化的目的。本文试图论证,早期的正义概念与道德相连接,被视为社会美德的基础;分配正义侧重正义的形式,实质在于给予各人有差异但符合本质的对待;功利主义与社会正义论均追求法律的合目的性,功利主义侧重社会利益或社会福利的总增长,而罗尔斯社会正义论更关注社会中个体自由的实现与权利的保障。

【关键词】　正义　分配　功利主义　社会正义

一、引论

正义,一直是人类社会数千年来孜孜以求的价值导向和社会追求。每个人都渴望正义,每个社会都需要正义。但是,究竟什么是正义? 人类为什么需要正义? 如何实现正义? 这些问题伴随着时代的变迁和社会矛盾的复杂化而不断改变其形式,不同时期的智者都尝试运用已有的智识对正义进行定义和论证:柏拉图认为,"正义就是只做自己的事而不兼做别人的事"[1];罗马法学家则将法与正义联结在一起,"正义是给予每个人应得的部分的这种坚定而恒久的愿望"[2];时至今日,对于正义的探讨仍在继续,罗

---

　*　中国人民大学法学院 2016 级法学理论硕士研究生,E-mail:429140914@ qq. com。
〔1〕 〔古希腊〕柏拉图:《理想国》,郭斌和、张竹明译,商务印书馆,1986 年,第 154 页。
〔2〕 〔古罗马〕查士丁尼:《法学总论》,张启泰译,商务印书馆,1989 年,第 5 页。

尔斯在《正义论》的开篇指出,"正义是社会制度的首要价值,正像真理是思想体系的首要价值一样"[1],佩雷尔曼认为,在所有有号召力的概念中,正义似乎是最伟大的概念。"正义是人类灵魂中最淳朴之物,社会中最根本之物,观念中最神圣之物,民众中最热烈要求之物"[2]。无论对正义作何定义,我们可以毫不夸张地说:"正义是一张普罗透斯似的脸,变化无常,随时可呈现不同形状,并具有极为不同的面貌。"[3]

"当语言和语言的隔阂真正成为我们理解某一概念障碍的时候,我们就发现语言学家所说的文化的不可通约性不是空穴来风"[4],正是由于正义概念的相对性和抽象性,使得对于正义的论证日益精密繁复却缺乏在同一维度的对话与厘清。笔者试图通过不同正义理论在同一具体案例中的实际运用,展现理论的特点及其差异,以期达致对正义直观化和具体化的目的:

> 从前有兄弟三人 A、B、C。A 和 B 是手工工匠,C 什么手艺都没有。A 和 B 想帮助 C,于是让他养羊。A 从自己的 30 头羊中拿出 5 头,B 从自己的 3 头羊里拿出 1 头给 C。C 就红红火火地养起羊来,没想到八年后 C 突然死去而没有留下遗嘱,这时 C 的羊已经达到了 132 头。A 和 B 养羊没有 C 那么顺利。在 C 去世的时候,A 有 50 头羊,B 有 10 头羊。C 除了 A 和 B 以外没有其他亲人。于是,A 和 B 坐到一起商量怎样分这 132 头羊。假设,这个社会仅有 A、B、C 三人,且当时没有调整民事权利和继承权的法律。那么如何分配才是"公正的"、"更公正的"或者"最公正的"?[5]

二、道德语境下的正义概念

方法一:首先每人将自己的羊取回,即 A 拿回 5 头,B 拿回 1 头。余下的

[1] [美]约翰·罗尔斯:《正义论》,何怀宏、何包钢、廖申白译,中国社会科学出版社,1988 年,第 3 页。

[2] C. Pelelman, *justice, Law, and Argument*, D. Reidel Publishing Company, 1980, p. 1.

[3] E. Bodenheimer, *Jurisprudence-The Philosophy and Method of the Law*, Harvard University Press, 1974, p. 196.

[4] 於兴中:《法理学前沿》,中国民主法制出版社,2015 年,第 49 页。

[5] 转引自[德]魏德士《法理学》,丁晓春、吴越译,法律出版社,2005 年,第 157 页。为了说明不同正义学说的观点,笔者对其进行了适度的修改并补充了一些解决方法。

（132－6）＝126头羊，兄弟二人各得一半，即：A 5＋63＝68头羊，B 1＋63＝64头羊。

正义最早是作为政治学的核心概念，进入哲学思辨与探讨的范围中。柏拉图在《理想国》中将解决什么是正义的问题放在最优先的位置。在思考正义理论的过程中，柏拉图设想了一种理想生活的政治制度，他认为正义将在这种社会制度下发扬光大。在理想的城市中，包含三个自由民阶级：工匠、武士和监国者。工匠负责为城市提供物质必需品，武士负责保卫城邦免受外国侵略，监国者则以统治城邦、料理城邦福利为己任。每位公民之所以身处不同的阶级，既不取决于财富，也不取决于出身，而是以"对他们的天赋能力的估价为基础的"[1]。与三种阶级相对应，国家的善也是由三种基本的美德构成的，即所谓节制、勇敢和智慧。除三种美德之外，还有第四种美德，就是正义。正义不是三个阶级中任何一个所独具的美德，而是构成这些美德的基础，维系和整合三种美德的正常运作。当三个阶级专心于自己的职责，践行自身美德，正义就得到了最好的维护和实现。因此，柏拉图总结道："正义，就是做应当做的事情。"[2]

由此可见，早期的正义概念与道德紧密相连，个人必须符合道德的姿态，按照道德的善和要求处理日常的行动，诚实可信地扮演自己的社会角色并完成自己的社会职责。这种正义思想肯定了个人拥有自己权利的意志，"正义是赋予每个人权利的、稳定而持久的意志"[3]。每个人都应当做自己分内之事，这种意志的稳定和长久构成了民主国家内在聚合和向心的力量。

正是意识到了正义在连结个体与国家之间的枢纽作用，对正义的探讨开始与国家和法紧密联系在一起。柏拉图的弟子亚里士多德尝试对三者关系进行界定："城邦以正义为原则，由正义衍生的礼法，可凭以判断人世间的是非曲直。"[4]罗马法学家对这一思想进行了进一步的深化和发展：塞尔苏斯认为，法是实现善与公正的艺术；乌尔比安则认为，法学是区分正义和非正义的科学。由此，古典自然法学派将正义视为法律的必备要素，其认为，正义作为一种客观的道德真理，其依宇宙之性而存在，可通过理性获得。因

---

〔1〕 ［印］阿·库·穆霍帕德希亚：《西方政治思想概述》，姚鹏、张峰、王伟光译，北京：求实出版社，1984年，第12页。

〔2〕 ［古希腊］柏拉图：《理想国》，郭斌和、张竹明译，北京：商务印书馆，1986年，第154页。

〔3〕 转引自［德］魏德士《法理学》，丁晓春、吴越译，北京：法律出版社，2005年，第155页。

〔4〕 ［古希腊］亚里士多德：《政治学》，吴寿彭译，北京：商务印书馆，1997年，第9页。

此,规制人们恰当行为的规则必然要与人性的内在真理保持一致,任何违背正义的法律(Law)不具有道德上的正当性,不可以称其为"法"(Right)。这种正义观念经由西塞罗、奥古斯丁等法学家渗入罗马法中,从而成为欧洲法律思想和国家思想的基本组成部分。

在案例中,对羊分配的行为应符合道德的客观要求,偿还债务和人人平等是最朴素的道德要求。因此,C 所遗留的羊中首先应偿还 A 和 B 所借与的羊,然后将剩余的羊进行平均分配,即可实现道德语境下的正义。

三、正义作为分配原则

在既有学说的基础上,亚里士多德进一步将正义区分为"分配正义"和"矫正正义":"具体的公正和其相应的行为有两类。一类是表现于荣誉、钱物或者其他可析分的共同财富的分配上(这些东西一个人可能分到同等的或者不同等的一份)的公正;另一类则是在私人交易中起矫正作用的公正。"[1]

分配正义是基于比例上的正义,该领域涉及财富、荣誉、权利等有价值的东西的分配,对不同的人给予不同对待,对相同的人给予相同对待,即为正义。换言之,分配正义即是给每个人以其应得。财产和权利的分配要根据正义判断所遵循的各种原则,如平等原则、贡献原则与既得权利原则等。无论依循何种原则,分配正义实质上均是给予各人有差异但符合本质的对待与处理。

(一)平等原则

方法二:C 遗留下来的 132 头羊 A 和 B 各得一半,即每人 66 头。

平等原则是我们最熟悉也是最简单的分配原则,根据这个原则每个人都可得到相等的份额。这个规则之所以简单,是因为只需要确定每个人可以从被分配物中获得多少就能解决问题,而不用考虑他们的功绩或需求。平等原则背后具有深厚的历史和社会基础:西欧基督教学说认为,根据身体与灵魂的自然本质以及不可侵犯的尊严,任何人在上帝以及上帝的使者面

---

[1] [古希腊]亚里士多德:《尼各马可伦理学》,廖申白译,北京:商务印书馆,2003 年,第 134 页。

前是平等的。在近代民族国家的建立过程中,平等原则作为一项根本原则被写入建国宣言中,美国《北美殖民地独立宣言》(1776)中确立:任何人生来平等而且平等地相处。1789 年法国《人权宣言》第一条宣告:人生来就是而且始终是自由的,在权利方面一律平等。从此以后,平等原则渗透到几乎所有民主宪法中,成为公法中选举权平等和私法中一切人享有平等的权利能力的理论起点和法律渊源。

此外,平等原则也是形式正义的集中体现。对于正义的理解,每个人都有不同的回答,都能提出不同的制度设计,但任何制度设计都很难满足所有人的意愿。有的认为应当考虑贡献,有的认为应当考虑社会总体效用,有的认为应当考虑最不利益者的利益。但不管彼此之间的分歧有多大,每个人的正义考量中都包含有相同的因素,即同意正义就是给予属于同一"基本范畴"的人同样待遇,而不同范畴的界定则属于具体正义的考量范围之内。这种"凡属于同一基本范畴的人应受到同等的待遇"[1]的活动原则被定义为形式正义。因此,平等原则可以被看作是形式正义的表现形式,其他具体的范畴界定和分配原则则属于具体正义。平等原则属于形式正义是不可能出现争论的,因为它是"纯形式的和抽象的"[2]。同样,形式正义也可以说明正义概念存在混乱和分歧的根本原因,是因为在谈论正义时,我们被迫为一个具体正义下定义,同时还须确立其基本范畴。在为具体正义下定义的时候,我们将形式主义和彼此不同的世界观和价值考量放入同一公式中,因此产出了不同的正义观念。

(二)贡献原则

方法三:B 建议,应当按照在 C 开始饲养羊时各人对 C 的"资助比例"来计算。那么 B 当时将他 1/3 的羊给 C,而 A 仅将他 1/6 的羊给 C。那么相应的分配就是 1/3 : 1/6 = 2 : 1。即 A 可以得到 88 头,B 可以得到 44 头。

方法四:A 建议,应该以当时赐予 C 的羊的比例为基础,也就是以 5(A) : 1(B)的方式分配。因为考虑到兄弟俩为 C 提供的"原始资本"。这样以 5 : 1 的比例分配,A 得到 110 头羊,B 得到 22 头羊。

---

〔1〕 C. Pelelman, *justice*, *Law*, *and Argument*, D. Reidel Publishing Company, 1980, p. 11.

〔2〕 张文显:《二十世纪西方方法哲学思潮研究》,北京:法律出版社,2006 年,第 493 页。

　　方法三和方法四均是按照贡献原则对剩余产品进行分配的解决进路。根据上文可知,平等原则是分配正义的基本原则,对于平等原则的违背必须有正当的理由。在具体正义的实现过程中,由于客观不同对待要求的存在,分配必须遵循不同的标准。但无论采取何种标准,共同的要求是使“每个人得到其应得的份额”[1],即根据个人的贡献、需求、既有权利、身份等相关因素进行分配。

　　如果根据贡献原则分配财产,就必须将个人所做的贡献作为分配的标准,贡献越多,得到的也就越多。在具体操作中,需要适用比例原则,根据个人在社会中的贡献所占比例来获得各自应得的份额。

　　诚然,对贡献的衡量也有不同的标准。方法三中,对贡献的衡量是原始出资占各人财产比例;而方法四则是原始出资占社会投资比例。方法三更偏向个体正义的实现,而方法四则侧重社会正义的平均分配。在社会分配中,国家作为独立于社会个体的第三方对物和财产进行分配,不可能就社会个体情况进行精确掌握,因此方法三虽然在道德和心理层面具有正当性,但在实际社会生活中并不具有可操作性,因此方法四相较方法三更容易达致社会正义。

(三) 既得权利原则

　　方法五:这里两兄弟的行为明显与继承存在着“混合”。因此,一半羊按照继承法的观点,而另一半羊则按照提供羊的份额($A：5/B：1$)或者按照资助比例($A：1/6/B：1/3$)来分配,这样才是公正的。因此,应当这样分配:

　　(1)继承法的分配($132/2 = 66$)A = 33　　B = 33

　　(2)法律行为的分配:

　　① 按照提供羊的比例:

　　　　A = 55　　B = 11

　　② 按照贡献比例

　　　　A = 22　　B = 44

　　在情况 i 中,A 获得 88 头羊,B 获得 44 头羊。

　　在情况 ii 中,A 获得 55 头羊,B 获得 77 头羊。

---

[1]　[德]魏德士《法理学》,丁晓春、吴越译,北京:法律出版社 2005 年版,第 161 页。

方法五中两种情况相较于方法三、方法四最大的不同是引入了继承的概念,在对财产按贡献进行分配前加入了按继承分配的前置程序。抽象地讲,继承在此处实际上是既得权利的表现形式。正是因为 A 和 B 是 C 的亲兄弟,所以 A 和 B 享有从 C 的遗产中优先分配的权利。如果此时还有非血缘关系借款人 D,则 D 必须留待 A 和 B 实现各自的遗产继承权利后再对剩余财产进行平均分配。A 和 B 即是根据他们原有的身份或者说既有的权利获得对财产的优先分配权。A 和 B 所具有的亲人身份在此处便是对财产的事先允诺,第三方进行分配时必须考虑附加在财产上既有权利的情况,只有在实现既有权利的前提下再对剩余财产进行分配,才有利于维系稳定的市场秩序,确保经济往来的正常运行。

四、功利主义正义观:整体福利最大化

分配方法	A	B
方法一	68	64
方法二	66	66
方法三	88	44
方法四	110	22
方法五(i)	88	44
方法五(ii)	55	77

功利主义作为一种道德学说,起源于 18 世纪的苏格兰学派,形成于 19 世纪边沁和穆勒的道德哲学,中间经由西季威客和穆尔的方法论批判,最终在道德领域构成了一种"足以与自由主义契约论学派相抗衡的政治哲学和法哲学"[1],并在经济领域排除其他所有伦理学说构成主流经济学的伦理框架,成为事实上最有影响的现代伦理思潮。正如罗尔斯所说:"在现代道德哲学的许多理论中,占优势的一直是某种形式的功利主义。"[2]

功利主义对正义的理解渗透到其主要思想中:"如果一个社会的主要制度如此安排,以致使作为所有个人综合的满足达到最大净余额,那么这个社

---

〔1〕 徐大建、任俊萍:《功利主义究竟表达了什么? ——从罗尔斯对功利主义与正义论分歧的论述契入》,《哲学动态》2014 年第 8 期。

〔2〕 [美]约翰·罗尔斯:《正义论》,何怀宏、何包钢、廖申白译,北京:中国社会科学出版社,1988 年,第1—2 页。

会就是正当地组织起来的,从而也就是正义的。"[1]换句话说,判断功利主义的正义观就是看其行为是否达到了"最大幸福原则":"判定人的行为对错的唯一道德标准,是所说的行为能够促进最大多数人的最大幸福;更准确地说,一个行为乃至一种行为规则或制度的正确与否,取决于它所达到的结果或追求的目标性对于其他选择来说,是否更加有利于'最大多数人的最大幸福'"[2]。

因此,实现功利主义正义观必须理解"最大多数人的最大幸福",该原则的实现有其背后的哲学基础。功利主义创始人边沁假定,"大自然将人类置于两位君王——快乐和痛苦——的宰制下。唯有他们,才能指明我们所作为,决定我们的将为。"[3]出于趋利避害的本性,私人的各项行动包括政府的每项措施都渗透着功利主义原理。此外,社会共同体的公理等于个体功利的简单算术之和,离开个人功利,公共功利就无从谈起。此时,"最大多数人的最大幸福"便呼之欲出。边沁认为,当一项行动增大公共体幸福的倾向大于它减少幸福倾向时,它可以说成是符合功利的。西季威客将该观点进行了进一步的阐释,因为人类快乐和痛苦的可通约性,因此"最大幸福原则"可被定义为"快乐减去痛苦后的最大值,痛苦被相同数量的快乐抵消,在伦理权衡上,这两种相反的感受能够相互冲抵"[4]。因此,"最大多数人的最大幸福"实际上就是社会利益或者说社会福利的总增长。功利主义进一步提出,只要总体福利最大,"负担和好处在社会成员的分配中便没有价值"[5],即功利主义正义观允许为了社会总福利的最大增长而牺牲一部分人的利益。但对于遭受不利者而言,这种正义模式本质上不过是强权的理论工具,对其不具备正当性。基于此,罗尔斯的社会正义论将最不利益者的利益置于社会整体福利之前。

回到案例中,方法一至方法五中,哪种分配方式更符合功利主义正义观呢? 从功利主义的严格意义上讲,上述 6 种分配方式实际上在功利主义看来

---

[1] [美]约翰·罗尔斯:《正义论》,何怀宏、何包钢、廖申白译,北京:中国社会科学出版社,1988年,第22页。

[2] [英]约翰·穆勒:《功利主义》,徐大建译,上海:上海人民出版社,2008 年,第 7、12 页。

[3] [英]边沁:《道德与立法原理导论》,时殷弘译,北京:商务印书馆,2000 年,第 12 页。

[4] Henry Sidgwick, *The Method of Ethics*, Book IV. Macmillian&Co,1922,p. 413.

[5] 余履雪:《平等与功利之争——评罗尔斯的最小受惠者伦理》,《北大法律评论》2016 年第 1 期。

并无明显区分,因为该社会的总福利为 132 头羊。在社会总福利已经确定的情况下,快乐和痛苦的总量是确定的,个体作为快乐或者痛苦的载体,如何具体分配在功利主义看来是毫无意义的。但如果将该案例放入线性发展的历史中,我们可以发现:八年前,A 有 25 头羊,B 有 2 头羊,C 有 6 头羊,该微型社会共有 33 头羊;八年过后,A 有 50 头羊,B 有 10 头羊,C 有 132 头羊,此时微型社会共有 192 头羊。因此,A 养羊的年增长率为 12.5%,B 养羊的年增长率为 50%,C 养羊的年增长率为 262.5%。在 C 已经去世的前提下,为了该微观社会的福利最大化,应该将资源分配至增长率最高的一方,即 B 一方。因此,在功利主义正义观看来,上午 6 种分配方式中,方法五(ii) > 方法二 > 方法一 > 方法三 = 方法五(i) > 方法四。方法五(ii)是最正义的分配方式,因为它能够保证该微观社会今后的总体效益最大化。针对"羊"(财富)并不能代表不同行为选择中的快乐和痛苦的质疑,边沁反驳道,快乐和痛苦不仅可以被量化而且可以换算比较,这种换算比较的参考标尺就是金钱。虽然边沁自己也认为财富并不是一个令人特别满意的标尺,但当前的技术手段只能选择金钱作为量度手段。

五、罗尔斯社会正义论:个人权利的重新发现

分配方法	A (初始境遇)	B (初始境遇)	A (改善后)	B (改善后)
方法一	50	10	118	74
方法二	50	10	116	76
方法三	50	10	138	54
方法四	50	10	160	32
方法五(i)	50	10	138	54
方法五(ii)	50	10	105	87

社会正义论认为,社会体制的正义是首要的正义。[1]社会体制是指一整套的社会制度、经济制度、政治制度、法律制度。在社会正义论者看来,正义的原则就是"一个社会分配权利与义务、利益与负担的根本原则"[2]。

〔1〕 参见张文显:《二十世纪西方法哲学思潮研究》,北京:法律出版社,2006 年,第 497 页。
〔2〕 李石:《罗尔斯差别原则的推导与质疑》,《道德与文明》2015 年第 4 期。

美国哲学家罗尔斯的正义论是"二战"后最系统和最有影响力的社会正义理论。

在推导正义原则的过程中,罗尔斯参照早期政治哲学和法哲学中的社会契约论,认为适用社会基本结构的正义原则就是人们之间的原始契约。罗尔斯试图以纯粹程序正义的方式来推导出正义的原则。所谓纯粹的程序正义,就是指不存在判断结果是否正当的独立标准,只存在一种正确或公平的程序。若该程序被切实执行,其结果也必然是正确的或者公平的。罗尔斯将其正义推导过程建构为纯粹程序正义的模式,而这一程序便是"原始状态"。

"原始状态"是从传统社会契约理论中自然状态概念抽象得来,在"原始状态"中,自然资源是有限的,不能满足每个人的所有愿望。这个原始状态对每个人都是不利的,弱者自不必说,强者也必须警惕对他的侵袭。这种客观情况促使人们同意签订契约,建立一套共同遵守的正义秩序。为了"以某种方式排除使人们陷入争论的各种偶然因素的影响,引导人们利用社会和自然环境以适于他们自己的利益"[1],罗尔斯还引入了排除各种偶然因素的工具"无知之幕"。由于"无知之幕"的遮蔽,处在原始状态下的人们并不知道自己的社会地位、阶级出身、天生资质、自身能力等,也不了解他们所生活的社会的经济或政治状况。他们唯一得知的信息便是有限自然资源需要根据某种原则进行分配,而人们彼此之间存在竞争。由于在社会发展中他们并不知道自己究竟身处社会阶层的顶端还是底端,因此他们会关心改善处于社会底层人们的状况;同样,由于未来的不可知性,他们在任何情况下为自己考虑的同时,必然也要为其他人的利益考虑。正是这些特点促成了公平观念和正义原则的生发。

罗尔斯指出,具有上述"原始人"特点的人们可能选择如下两个原则作为他们的指导原则:第一个原则,每个人对与其他人所拥有的最广泛的基本自由体系相容的类似自由体系都应有一种平等的权利;第二个原则,社会和经济的不平等应该这样安排,使他们被合理地期望适合于每个人的利益,并且依系地位和职务向所有人开放。[2] 罗尔斯将上述第一个原则称为"最大

---

〔1〕 [美]约翰·罗尔斯:《正义论》,何怀宏、何包钢、廖申白译,北京:中国社会科学出版社,1988 年,第 136 页。

〔2〕 参见[美]约翰·罗尔斯《正义论》,何怀宏、何包钢、廖申白译,北京:中国社会科学出版社,1988 年,第 60—61 页。

的均等自由原则",第二个原则称为"差异原则"。最大的均等自由原则指的
是基本自由如何进行正当分配的问题,包括如下两个主张:每个人都有平等
权利拥有同样数量的基本自由;这些基本的自由应尽可能广泛。而"差异原
则"也是由两部分内容构成。前半部分可称为"最大最小值原则",它要求社
会的经济的不平等分配应安排得对所有人都有利,特别是处于最不利地位
的人得到最大可能的利益;后半部分可称为"公平的机会平等原则",它要求
社会和经济的不平等与职位相连,而职位在公平的机会均等情况下对所有
人开放。罗尔斯进一步论证,这两种正义原则在社会政策中的重要性是不
同的,第一个原则优先于第二个原则。只有在实现最大的平等自由之后,才
能自由地实现最大最小原则和公平的机会均等原则的要求。

根据罗尔斯的正义原则,反观本文案例,应当在确保每个个体基本自由得
以实现的前提下,选择最有利于不利益者的分配方案。根据引向"差别原则"
的"最大最小值原则",我们应当选择方法五(ⅱ)作为最佳方案,因为该方案
中的最差情形(87)要优于其他方案中的最差情形。而方案四则是最不正义
的分配方式,在该方案中,最不利益者获得的分配利益却最小(32 – 10 =
22),不符合罗尔斯正义原则中"最大最小值原则"。

比较功利主义与罗尔斯正义论,我们可以发现两者在基本观点上的根
本分歧在于:功利主义将社会利益或社会福利的总增长视为道德的根本,主
张"正义的常识性规则和自然权利概念从属于社会利益"[1];而社会正义论
则把每个人的自然权利的不可侵犯性视为道德的根本,主张个人的自由和
权利优先于社会福利的总增长。换句话说,罗尔斯的正义论更强调自由平
等原则,而功利主义则对效率更加青睐。功利主义思想强调最大多数人的
最大幸福,在激励人们最大限度地创造、谋取利益的同时,也造成了社会的
两级分化,导致社会不稳定因素的增长。罗尔斯主张关注最小利益者的利
益,不能因为效率原则而产生先天的机会不平等,因此应该通过差别原则对
其进行调整。罗尔斯的思想,代表一种福利社会的主张,强调国家通过税
收、财政或其他补偿手段对最不利益者的利益进行补偿,以达致社会的整体
正义。

---

〔1〕 徐大建、任俊萍:《功利主义究竟表达了什么? ——从罗尔斯对功利主义与正义论分歧的论述
契入》,《哲学动态》2014 年第 8 期。

六、结语

正如考夫曼所言,面对诸如正义、人权等宏大概念,当非常抽象地进行思考时,它是一般的;而愈以实际既存状况为导向且愈具体化,则它愈具偶然性和相对性。[1] 概念具有自我衍生和繁殖的天然倾向,在其适应实际的过程中必然愈益精细化、专业化,彼此之间缺乏共同的论域,从而给理解概念本身涵义带来困扰。鉴于此,本文将正义概念的不同衍生理论放置于同一时空情境下,从而有助于厘清正义的形式与内容要件,还原概念本身的发展历程。

通过对案例的考量,可以发现正义概念的发展大致经历了三个阶段:第一阶段正义作为政治学概念与道德紧密联系,鉴于其发挥衔接国家与个体的枢纽作用,对正义的讨论逐渐扩展到法哲学领域。第二阶段的探讨起源于亚里士多德对分配正义与矫正正义的划分,此时对于正义的理解偏向于立法者方向,即依据不同的正义原则合理分配社会公共资源,使个人得其"应得"。第三阶段正义概念逐渐与目的理念相连,此时的正义视角转向了法官方向,即在个案中选择最有助于实现其目的的法律理念。基于对社会公益的不同理解,功利主义正义侧重于社会整体福利的增加,福利在具体社会成员间的分配不在考虑范围内;而罗尔斯社会正义论重新将个人的权利和自由作为关注重点,社会正义的实现在于"减少苦难"而非"增加幸福"。

(初审:丁建峰)

---

[1] 参见[德]考夫曼《法律哲学》,刘幸义等译,北京:法律出版社,2004 年,第 263 页。

评　论
Comments

古罗马作者精神权利

蔡晓东*

【提　要】　罗马法保护作者的"名誉"和"声誉"。罗马法的违法行为包括故意侵害他人人格；冒名或者虚假署名行为被看作剽窃，剽窃是一种严重侵权、损害作者声誉的行为。从古罗马开始就保护作品中创作者的人格，不过，那时还没有著作权和人格权保护。面对剽窃的泛滥，古罗马通过禁止剽窃来维护作者的声誉。

【关键词】　古罗马　剽窃　人格权　作者精神权利　模仿

引言

　　剽窃是剽窃者把他人的作品当作自己的作品，罗马人定义"剽窃"为诱拐和绑架，指"偷人的犯罪行为"，因为"公众污蔑剽窃为犯罪"。拉丁诗人马可士·瓦勒留·马提亚尔（Marcus Valerius Martialis）[1]（公元40年—公元104年）首次使用"剽窃"一词，写信给剽窃者，指控剽窃自己诗作的行为："你在朗诵诗歌的时候，总是把我的诗作说成是你的作品，如果你尊重我的署名，我可以把这些诗作无偿地送给你，如果你把这些诗作当成你的作品，你最好花钱购买，那时，这些诗作就不再属于我了"。古罗马五大法学家之一盖尤斯（Gaius）认识到了"思想的形式或者内容是一种无形财产"[2]，依据盖尤斯的观点，查士丁尼（Justinian）时期的法学家特里波尼安（Aemilius Papinianus）使用"精神"概念，保护作品的原状。因此，古罗马禁止作品剽

　　*　天津商业大学基础课部讲师，华中师范大学文学硕士，中南财经政法大学知识产权法学博士，研究领域为知识产权法学、民商法学。代表作有《欧美作者精神权利比较研究》《知识产权人格论》《反垄断与知识产权市场支配力法经济学探析》等，E-mail：caixiaodong5011@163.com。本文系国家社科基金项目"新兴媒体融合发展中的著作权制度应对与变革研究"（15BFX144）阶段性成果。

〔1〕　参见［荷兰］H. L. 皮纳《古典时期的图书世界》，康慨译，杭州：浙江大学出版社，2011年。
〔2〕　［古罗马］盖尤斯：《法学阶梯》，黄风译，北京：中国政法大学出版社，1996年。

窃,保护文学财产。

一、古罗马作者创作的社会经济背景

古罗马私法制度比较发达,许多大陆法系国家法律以此为基础。从 19 世纪后期和 20 世纪初期开始,学者们讨论古罗马法律是否保护知识产权,特别是是否保护文字作品,结论是古罗马法律不保护文字作品。明确保护作者利益的法律是随着现代的个人觉醒和印刷术的发展——文艺复兴而出现的。中世纪,人们知道少数学术权威,例如:亚里士多德,但是,大多数作者一般不为人们所知,这期间,许多文学大师一直保持匿名,虽说古罗马欣赏和盛赞作者的天才和创作,但是,作者没有受到特别保护。

(一)古罗马政治与作者[1]

作者的社会地位和文学体裁取决于作者写作的年代,在很大程度上受到政治环境的影响,从西塞罗开始,与文字作品保护和作者生活相关的情况就有据可查。从狭义上讲,直到公元前 3 世纪才出现了作家,从大约公元前 250 年到公元 2 世纪,罗马发展为一个帝国,雅典和亚历山大成了西方世界文化的中心。第一个艺术家是诗人,他即兴创作,宣称缪斯女神赐予他诗作,这种传统一直延续到文学写作的普及。

1. 西塞罗(Marcus Tullius Cicero)[2]时代,

在西塞罗时代,书面文字在罗马文化中赢得了真正的地位和意义,直到公元前 1 世纪,文学评论家认为,文学遗产的基础是罗马诗人李维亚斯尼科、普劳图斯和泰伦斯、埃尼乌斯建立的,由于卢克莱修、卡图卢斯的努力[3],公元前 1 世纪前半期,古罗马文学开始发生变化,逐渐失去了文学的本来面目,开始在议会斗争中发挥作用,服务于政治目的,在此期间,文学职业常常被看作政治职业的延续。从更广泛的意义上讲,因为社会动荡和社会纽带弱化,个人意识觉醒,作者个人也获得了更多自由,而自由是形成新文学作品形式和内容的关键因素。公元前 2 世纪,罗马诗人社会地位的变化、尊重文

[1] 参见亢西民《罗马文学生成论》,《山西师大学报》(社会科学版)1989 年第 2 期,第 72—76 页。
[2] 参见[法]皮埃尔·格里马尔《西塞罗》,北京:商务印书馆,1998 年。
[3] 参见李永毅《卡图卢斯与古罗马黄金时代诗歌》,《外国语文》2012 年第 6 期,第 7 页。

学的社会氛围与希腊文化的流行密切相关,古罗马教育的目的之一是提高希腊语言水平,年轻人受到希腊文化的熏陶。罗马统治阶级的教育除了希腊的修辞学,还有希腊哲学和罗马雄辩术,例如:学习希腊知名哲学流派,到亚洲的米诺学习,修辞学和哲学在罗马社会享有盛誉,一个人从事法律职业必须学习这些学科。希腊文学的发展是自生的,罗马文学的发展不是自生的,而是受到希腊文学很大的影响,罗马文学崛起的主要影响因素不是罗马文化而是希腊文化和希腊文学。西塞罗曾经问瓦罗(瓦罗特别关注哲学问题)为什么没有写哲学方面的作品? 瓦罗的回答很简单:有教养的罗马人阅读希腊哲学,不知道希腊哲学的人不可能对哲学感兴趣,希腊哲学已有自己的概念,包括有教养的人就不愿意使用拉丁式的概念。在罗马共和国衰落时期,许多元老院家庭失去了年轻人,随后,意大利当地的统治阶级和非元老院成员在罗马的影响越来越大,部分原因是他们具有作者身份。最典型的例子是诗人捷拉斯和维吉尔,前者是来自凯撒和屋大维作战的骑士阶级,后者则来自高卢,免于兵役并于公元前 49 年成为罗马公民。

2. 奥古斯都(Augustus)时期[1]

在奥古斯都时期,国家不再是罗马文化和知识分子生活的中心,诗人开始扮演新的角色,新的社会关系开始登场,人们更关注个人经验和新的自然概念,这使得诗歌获得了新的声誉和力量。例如:维吉尔的田园诗[2]。诗歌写作越来越复杂,完全成了一种书面形式,对于读者来说,通过朗诵很难理解诗歌的丰富意蕴。贺拉斯的作品和诗性人格见证了作者如何看待自己,贺拉斯的《颂歌》赢得了"国家思想的非官方代言人头衔",意指诗人有远见或者是先知。不过,早在两百年前——罗马第一次兴起希腊文化热期间,诗人埃尼乌斯就曾把它首次引入罗马文学。在贺拉斯眼里,"诗人有远见或者是先知",用来表示诗人作为公众人物和灵感权威的双重身份。这期间创作了大量的文学作品,不幸的是,在奥古斯都统治期间,诗人奥维德是第一个牺牲品,奥维德牵涉到胡里奥克劳狄皇帝家族的丑闻,至少他是知道年轻的茹丽亚一些轻狂之举的,因而他被放逐,他的作品《性爱艺术》被认定是不道德的。奥古斯都死后,虽有尼禄和图密善鼓励文学创作,但是,迫害政治作

---

[1] 参见蔡丽娟《文化与政治的互动:论奥古斯都统治时期的文化特征》,《中南民族大学学报》(人文社会科学版)2008 年第 5 期,第 147—151 页。

[2] 参见李永毅《卡图卢斯与古罗马黄金时代诗歌》,《外国语文》2012 年第 6 期,第 8 页。

家的趋势有增无减,后来,发展到罗马皇帝有计划地迫害。尼禄是当时最有风头的诗人,不过,那时与反对派相关的作者得谨言慎行了,许多罗马统治阶级成员因违反《叛逆法》而被审判,遭到放逐或者被判死刑。在这期间,文学更多转向了描写罗马的社会生活,例如:描写妇女肖像或者小普林尼的色情诗《雅戈尔》。作者们不仅关注公共行为和公民美德,而且转向私人生活,随着元老院逐渐丧失政治权力,对许多人来说,文学地位日趋尊崇。随着胡里奥克劳狄皇帝统治的结束,罗马人的文化生活获得了新的动力。在图拉真统治时期,塔西佗写了《罗马史》[1]和《罗马编年史》[2]。哈德良对文化兴趣浓厚,喜欢建造纪念碑,例如:建造万神殿。他还是个戏迷,给予演员一些特权,却没有改善作者的社会地位。哈德良喜欢希腊特别是雅典,他建造了很多纪念碑,并监督宙斯神庙的完工,在统治后期,他成立了希腊语法和修辞协会,结果是,罗马文化中的领军人物大多不是出身于罗马贵族,而是来自希腊语地区。从阿普列乌斯之后,到公元 3 世纪罗马危机,文学陷入停滞,直到查士丁尼时期,罗马才又成为文化的中心。

(二) 古罗马作者与庇护者

总体上看,罗马古典时期不到一半的作者依赖作品生活,有些作者是被释放的奴隶,他们把作品献给富人或者有影响力的人,以求收到回报或者馈赠,这种传统从罗马早期一直延续到公元 3 世纪罗马的衰落,庇护是罗马社会、作者与庇护者之间的基本纽带。[3]随着法律制度的成熟,通过庇护形成的社会关系的重要性开始下降,在公元前 1 世纪,庇护者和被庇护者之间的关系逐渐失去了意义,取而代之的是"法庭之友"一词,除了在法庭上,"庇护"意指社会不平等。诗人贺拉斯和庇护者之间存在特殊友谊,在公元 1 世纪,"法庭之友"一词成为文学鉴赏者和庇护者的代名词——一直延续到现在的法语、德语和意大利语。"庇护者"一词来自"保护者",按照他们关系的性质,贺拉斯的庇护者意指法庭之友。罗马监察官曾带着埃尼乌斯参加竞选,凯撒和西塞罗做过年轻诗人的庇护者。庇护者不仅在经济上帮助诗人,而且把诗人介绍给公众和当权者,诗人参加庇护者的家庭聚会逐渐形成了

---

〔1〕 参见[古罗马]塔西陀《塔西陀历史》,北京:商务印书馆,1981 年。
〔2〕 参见[古罗马]塔西陀《塔西陀编年史》,北京:商务印书馆,1981 年。
〔3〕 参见[德]M.雷柄德《著作权法》(第 13 版),张恩民译,北京:法律出版社,2004 年,第 14、15 页。

一个古老的传统。西庇阿和伊利乌斯多次组织了诗歌爱好者和评论者的聚会,西塞罗类似的聚会也曾盛极一时。庇护者、作者、法庭之友和其他文学群体组成非正式团体参加文学选读活动,这些活动的引导者是专业的评论者,评论者大多是被庇护者释放的奴隶。另外,作者是自由罗马公民,不受庇护者约束,不过,他们也需要庇护者的帮助和友谊。作者可以通过这些文学群体获得创作素材,出版作品;作为回报,作者把作品献给庇护者。从罗马帝国早期开始,出现了一些规模更小、更具私密性的团体,人们在那里公开表达政治观点,组建反对派,讨论当时最重要的问题。与西庇阿时期的文学群体类似,这些团体也是一些参入者组成的松散聚会,没有什么特定的目的、信念或者计划,因此,作者们可以不断扩大团体的规模,不必担心与其他团体发生冲突。在这种观念下,法庭之友概念和庇护概念作用重大,这些团体逐渐取代了旧的政治团体和传统的庇护关系,只要团体的组织者与元老院贵族保持良好的关系,这些团体的活动还是很活跃的,在动荡时期,团体成员只能秘密聚会,有时甚至受到帝国的压制。不仅私人从事文学创作达到了一些政治目的,而且罗马皇帝也对作者施加影响力,公元前 20 年,在维吉尔死时,《埃涅阿斯记》还没有完成,奥古斯都指示维吉尔的两个朋友续写了《埃涅阿斯记》。后来的罗马皇帝模仿奥古斯都,支持那些在政治上有利于自己的作者,提比略对希腊诗歌和语法感兴趣;克劳迪亚斯痴迷于朗诵,在亚历山大组建了高等学府;卡里古拉组织了罗马第一个希腊文诗歌和拉丁语修辞学;尼禄组织了尼禄尼亚诗歌和音乐竞赛;韦斯巴芗聘请了第一个修辞学教授;图密善修缮了图书馆,派人到亚历山大誊写罗马图书馆遗失的手稿;哈德良修建了雅典娜神庙;哈德良的继任者格拉提安提携文学家奥索尼乌斯;罗马皇帝还支持诡辩术、雄辩术以及像马可奥勒留和朱利安那样的哲学家。从帝国开始到古典后期,罗马政治文化中一个不变的东西是诗人受到庇护,作者离不开皇帝的垂青,皇帝影响着作品的风格、形式和内容。

二、古罗马作者精神利益类型

作者最重要的精神权利是有权决定作品何时和在什么条件下发表,有权确认作者身份,有权保护作品的完整性。

(一) 作品发表

第一个问题是古罗马作者是否能决定和如何决定作品发表的时间和条件,罗马法《国法大全》(*Corpus Juris Civilis*)[1]和案例都没涉及未经许可或者非法发表作品的问题,要回答这个问题就需要研究非法律方面的资料。

1. 经济上的考虑

从习惯上讲,在古罗马,出版商出版作品需经作者同意,作者决定作品的出版形式和标题,如果出版商的版本与作者的作品原件不同,可能会给作者造成经济上的损失。从经济上考虑,直接出版作者的手稿是不妥当的。作品出版之前,出版商一般只是临时性地占有作品手稿,那时,作者不能直接以手稿形式出版,作者习惯上邀请别人给作品提意见,希望从读者那里获得一些建设性的意见,如果作者把作品正式交给了出版商,一般就不会再修改了。例如:西塞罗曾经把《论善与恶之定义》手稿送给阿提卡斯,阿提卡斯是西塞罗的朋友,西塞罗想让阿提卡斯对作品提些意见,不过,阿提卡斯出版了《论善与恶之定义》手稿,西塞罗感到非常吃惊。

2. 道德规范

经济上的考虑是决定古罗马出版商、作者利益和知识产权的因素之一,与之相伴的是,道德上的考虑是作者阻止作品出版的重要因素。道德规范不仅关注作品非法出版、未经授权出版,而且关注作品提前出版。例如:阿提卡斯提前出版西塞罗《论善与恶之定义》手稿。

(1)"买卖《柏拉图对话集》[2]的勾当"

毫无疑问,古罗马承认作者一定程度的发表权,虽说学者们现在很难去确认、分析和证实,罗马人谴责他人未经作者授权发表作品,未经授权发表作品是不尊重作者的行为,可能导致公众的不满。有个非常有名的例子:他人不仅未经作者同意,获取了作品,而且未经同意出版了该作品。柏拉图(Plato)学院的一个学生听了柏拉图的学术演讲,记下了演讲内容,后来,该学生还在西西里出版了演讲内容(指《柏拉图对话集》),这个学生就此臭名远扬。西方有句谚语:"买卖《柏拉图对话集》的勾当"。柏拉图的学生不是

---

〔1〕 参见[意]朱塞佩·格罗素《罗马法史》,黄风译,北京:中国政法大学出版社,1994 年。
〔2〕 参见柏拉图《柏拉图文艺对话集》,朱光潜译,北京:人民文学出版社,1997 年。

从第三方得到了《柏拉图对话集》,而是亲自记录了柏拉图的学术演讲。在古希腊、古罗马,老师与学生之间存在道德规范约束,作为柏拉图的学生,即使柏拉图死后,还要对老师忠诚和尊重,学生不能滥用老师的信任。这个例子虽没有说明作者有权决定作品发表的时间和条件,但是,对于罗马人来说,未经授权发表作品,不具有最起码的道德性,违背了信任,显得特别卑鄙。

问题是,为什么古罗马"买卖《柏拉图对话集》的勾当"是道德卑鄙的典型? 一般民众对擅自出版他人作品持什么态度? 这些问题没有明确的答案,但是,给知识产权观念的形成提供了重要线索。有人认为,罗马人深感厌恶的不是他人未经同意而出版作品的行为,而是他人就此牟利致富。未经同意,复制和发行作品本身没有被看作道德卑鄙,构成道德卑鄙的是个人因此而牟利的行为。那时,作者或者作品不受法律的直接保护,未经作者明确同意,复制和发行作品不会造成直接的法律问题;他人未经同意,出版作品,为了牟利,即使没有获取利润,也违反了当时的道德规范,那时,只有经过作者允许,他人才能发表、出版作者的作品。在被放逐之前,奥维德感到还没有准备好发表《变形记》,他打算烧掉作品;在给阿提卡斯的一封信里,西塞罗抱怨,未经他的允许,有人出版和发行他的一份演讲作品;在《论雄辩家》一文里,西塞罗通过马克·安东尼之口,抱怨他的一部作品在他不知情的情况下,未经他的同意出版了;盖伦抱怨他的作品未经同意,就发表、出版了;狄奥多罗斯·西库路斯抱怨手稿被偷而且被他人擅自发表、出版了;《雄辩术原理》[1]在昆体良不知情的情况下,未经他的同意就发表、出版了,后来,昆体良亲自出版了《雄辩术原理》,以便读者尽快地、全面地、更好地了解雄辩术原理。

(2)西塞罗的《论善与恶之定义》

西塞罗送给阿提卡斯《论善与恶之定义》手稿,阿提卡斯是西塞罗的朋友,西塞罗想让阿提卡斯对作品提些意见,但是,在《论善与恶之定义》定稿之前,阿提卡斯让巴尔巴斯发表、出版了该作品。罗马人对于名誉和尊严特别敏感,西塞罗没有认为阿提卡斯的行为违法,而是尖锐地批评了他的朋友和出版商——阿提卡斯。与柏拉图的学生相比,阿提卡斯行为的性质不太

---

[1] 参见[罗马]昆体良《〈雄辩术原理〉选》,任钟印译,上海:华中师范学院教育系编印,1982年。

严重,柏拉图没有把手稿交给学生,是学生自己记下了柏拉图演讲的内容,并予以出版,获取物质上的利益,这种做法公开地违背了老师意愿,不尊重老师。另外,在作品定稿之前,西塞罗经常把手稿交给阿提卡斯,这次也是阿提卡斯从西塞罗那里拿到《论善与恶之定义》手稿,阿提卡斯没有出版该手稿,而是让朋友复制了一份——毫无疑问阿提卡斯不是为了金钱。真正让西塞罗指责的是,未经同意,阿提卡斯公开或者半公开了手稿。西塞罗与阿提卡斯之间的关系既具有私人性又具有职业性,私人性指西塞罗与阿提卡斯是朋友关系,职业性指出版商(阿提卡斯)对作者(西塞罗)的义务,阿提卡斯让巴尔巴斯复制《论善与恶之定义》手稿,没有履行出版商的义务,阿提卡斯滥用西塞罗的信任,违背了朋友的期望。

(3)维吉尔(Virgil)的《埃涅阿斯纪》[1]

罗马人认为作者与作品之间关系特殊,维吉尔花费了生命最后 11 年写作《埃涅阿斯纪》,在他死时,作品还没有完成,维吉尔死时知名度非常高,作品的口碑很好,他的文学遗产执行人是两个密友和有影响力的演员,在遗嘱里,他把未完成的《埃涅阿斯纪》交给两个朋友,叮嘱他们,在他死后,不要发表未完成的《埃涅阿斯纪》,两个朋友和文学遗产执行人本来遵照了维吉尔遗嘱,但是,奥古斯都对《埃涅阿斯纪》感兴趣,或多或少地强迫《埃涅阿斯纪》发表了。

维吉尔通过遗嘱让朋友继承未完成的《埃涅阿斯纪》手稿,这并不意味着把作者的权利也授予给了他们,占有作品复制件——例如占有作品手稿绝不等同于占有作品,相反,即使转让了作品有形载体,作者对作品的权利仍然没有转让,维吉尔以作品未完成为由,禁止他人利用《埃涅阿斯纪》手稿,表明当时的人们意识到,作者死后与作品之间的联系没有割断,作品独立于手稿的占有。另外,作为皇帝,奥古斯都感到不应受维吉尔遗嘱的约束(维吉尔决定发表《埃涅阿斯纪》的条件),权衡各方利益,觉得公共利益(公众阅读《埃涅阿斯纪》)更为重要。《维吉尔传纪》描述了作者死后,《埃涅阿斯纪》发表的一些细节,不仅是因为牵涉到奥古斯都,而且是因为死后发表违背作者意愿非常少见。罗马人意识到了,作者有权决定作品的命运,即使是作者死后。

---

[1] 参见[古罗马]维吉尔《埃涅阿斯纪》,杨周翰译,南京:译林出版社,1999 年。

（4）信件

在古罗马，信件的法律处理与作者的权利有关，发信人对信件拥有基本的作者权，问题是作者何时转让了信件所有权？罗马法学家见解不一，信件通过奴隶或者雇员交付给收信人，信件就成为收信人的合法财产，五大法学家之一保罗则认为，如果信件送达人是收信人的奴隶，发信人把信件交付给送信奴隶，信件所有权事实上转让给收信人了；乌尔比安持类似观点，如果信件被偷，谁有权提起盗窃之诉？信件交付给收信人的奴隶或者其他的代收人，表明信件所有权已经转移，盗窃之诉的法定受害人是收信人。有学者认为，罗马法学家没有区分信件内容与信件载体，只要占有手稿或者作品载体，作者就不会丧失对作品的权利，任何人只要合法占有信件或者未发表的手稿，就有权发表。上述学者的观点只考虑到了信件原件或者复制件的财产权，忽略了信件内容——知识产权问题，手稿的实际占有不能证明作者权利的发生和转让，例如：发信人可以保留收回信件的权利，在这种情况下，按照乌尔比安的观点，信件交付给收件人时，信件所有权没有转让，只是转移了合法占有，更重要的是，作者可以再次投送、发表信件。在古罗马，发信人和收信人之间是朋友关系，严格的道德规范要求收信人爱惜自己的名誉，尊重发信人，收信人只是合法占有信件，未经发信人同意，不能发表信件。这种事实表明，古希腊主流观点认为，作者与作品之间存在一种特殊关系——即使是作者没有实际占有作品。

（二）确认作者身份

还不能确定古罗马作者在多大程度上能够署名和表明作者身份，没有作者就此问题提起法律诉讼，但是，在法律之外涉及过此类问题，古代有许多抄袭的指控，涉及引文和借鉴他人作品没有注明出处或者标注错误。

1. 引文和借鉴他人作品没有注明出处

希腊人特别是喜剧作者彼此指责对方剽窃，罗马喜剧作者也讨论剽窃问题，他们把希腊语"剽窃"一词翻译为"盗窃"，罗马人讨论希腊戏剧改编问题、希腊戏剧的使用问题，肯定了合理引用他人作品的行为，批评了引用他人作品不注明出处的行为。老普林尼定义"盗窃"的字面意义是复制他人作品没有标注作品来源，例如：作品选集和作品简编标注作品来源是普遍的做法，对于那些纯文学作品，作者可以更加谨慎地标注作品来源（例如：把作品的人物形象与他人作品的人物形象比较）。希腊化时期，人们从更为广泛的角度看待剽窃问题，这部分工作是由哲学家来完成的，探讨相同的哲学话题不是直接借用他人作品，如果借鉴和引用其他哲学家著作被当作剽窃，那就是居心不良或者无知。阅读他人作品可能影响作者创作，贺拉斯劝告他的朋友关注自己的作品，告诫他不用太在意他人作品，否则，就会像乌鸦那样把偷来的羽毛用来装饰自己，成为其他鸟儿的笑柄。卡图卢斯声称离开了图书馆，就不能写作；被放逐后，奥维德痛苦地抱怨道，因为没有图书，他失去了创作的灵感和创作素材。古罗马作品独创性概念与现在不同，与现在相比，古罗马作品主题或者故事的独创性不重要，形式美和作品的完整性是重中之重，作品内容缺乏独创性无关紧要。一个诗人可能常常借用其他诗作的主题，更为重要的是，古罗马文学形式具有保守主义传统，主题新颖的作品实属罕见。

2. 挪用他人作品

与引用或者借鉴共有主题或者素材未注明出处不同，罗马人严厉谴责那些挪用他人作品当作自己创作的行为。剽窃一词最初指绑架自由人并卖之为奴。第欧根尼·拉尔修[1]指责斯多葛学派芝诺的文学剽窃，使用了"奴隶贩子"一词。在古罗马，剽窃不是一种常见现象，特别是那些知名作品为广大读者所知，不过，在整个帝国都有剽窃的例子。

3. 作者身份转移

对于罗马人来说，未发表作品的作者的权利与已发表作品的作者的权利是不同的。古罗马没有代笔，与在他人作品上直接虚假署名不同，罗马读者对第三方购买作品，然后在作品上署名持宽容态度。但是，不能说作者的权利可以转让。一方面，罗马法律没有确认上述行为的法律地位；另一方面，没有确凿的证据证明法律保护作者的权利。

（三）保护作品的完整性

古时作者非常关注作品的完整性，戏剧作家急切看到上演剧作忠实于剧本，戏剧性质上适用于舞台表演，戏剧表演的影响力远远大于剧本（许多

---

[1] 参见［古希腊］第欧根尼·拉尔修《名哲言行录》（上），马永翔等译，长春：吉林人民出版社，2003年。

剧本只是在作者死后出版）。散文作者关注作品出版有没有错误，有没有被他人增删。因修改作品或者作品出版误漏，主要涉及道德规范方面的评价，那时，既没有法律规范之，又没有作者就此起诉。西塞罗抱怨拉丁语图书作品出版的质量太差，罗马出版商根本不讲良心；斯特拉波哀叹罗马和亚历山大一样，出版商选择奴隶抄写员时，漫不经心，导致作品的出版校对不尽如人意；拉丁作家格利乌斯因《阿提卡之夜》一章而抱怨维吉尔的《乔治亚》抄写错误；昆体良写信提醒出版商，如果抄写没有错误，他的作品才能获得成功；当时，出版业的粗制滥造并不稀罕，为此，狄奥多罗斯一般把作品主要内容以摘要形式放在作品开头。不仅作者，而且读者也对保护和保留作品完整性感兴趣，广大读者喜欢抄写准确的作品复制件，亚历山大图书馆馆藏图书复制品质量上乘，在罗马，作者亲笔签名图书作品或者首印版图书作品的价格，远远高于那些简单的或者应急版的图书作品。在罗马，尽管作品传播引起了人们的广泛关注，但除了合同义务，还没有司法案例涉及作品出版商作品复制和发行质量方面的问题。

作者关注作品的忠实复制问题，开始，作者可以找那些工作小心的和负责的出版商，出版商也有办法保证作品出版的质量，出版商和校对者一起给作品复制件签名或者签章，在《雄辩术原理》前言部分，昆体良要求出版商雇佣技能熟练的校对员，向读者说明作品复制件来自作者授权的原稿。如果对某个出版商不满意，作者当然可以更换，使用更值得信赖的出版商，虽说作者和出版商关系密切，更换出版商也是常有的事情，与高效、有竞争力的出版商合作，作者可以提高社会知名度，扩大作品的影响力。如果对所有的出版商不满意，作者可以自己校对。对作者、出版商和读者来说，作者的亲笔手稿具有优势，广大读者喜欢作者的亲笔手稿，亲笔手稿销售价格较高，为了经济利益，高质量的作品复制件鼓励出版商参与到作者的校对工作中。剧作家没有法律方面的权利保护戏剧表演，至少，没有法律或者司法案例涉及这方面的问题，除了普劳图斯曾经抱怨剧院没有上演他的一个剧作。古时没有类似今天的导演文化，作为行业习惯，那时的戏剧演出忠实于剧作，作者没有什么理由抱怨，市政官保存戏剧作品手稿，组织和监督某个戏剧作品的首次演出。因此，剧院可以从市政官那里拿到剧作以供演出之用，很容易辨别剧作是否被改动过。乍一看，好像有一个政府机构保护剧作家的利益，确保戏剧上演忠实于剧作，实际上，通过市政官保护剧作，是忠实地传播共有文化财产,而不是保护作者个人。公元前 330 年,柏拉图的一个学生雅典的莱克格斯,制定了一部法律,要求埃斯库罗斯、欧里庇得斯和索福克勒斯剧作的精确复制件保存在城邦的档案库,这些复制件形成了城邦剧院演出的基础。在这部法律通过的时候,三大悲剧家已经死去,但是,通过市政官保护剧作家利益的实际效果显而易见。

三、古罗马作品创作的哲学理论

在各个时期,保护作者精神利益法律制度的发展有赖于作者概念和创作过程,一个社会不把作者个人当作作品的创作者,就不需要保护作者利益。在古罗马,创作概念受到希腊思想较大影响,最受尊敬的哲学老师和修辞学老师是希腊人,学生受到希腊传统训练,这种影响自然扩大到对诗歌创作本质和性质的认识,扩大到对诗歌功能和作者创作行为性质的认识,这些问题必定涉及诗歌创作在多大程度上来自作者的才华,在多大程度上来自天神的帮助。在荷马和赫西俄德时期的古希腊,诗歌作品被看作神的礼物——在阿波罗指导之下,缪斯送给的礼物。荷马不仅在诗歌中祈求于缪斯,寻求他们的帮助,而且在《伊利亚特》[1]和《奥德赛》[2]的开头就赞美缪斯之神。传统上,九个缪斯女神不仅是艺术的人格化,而且是宙斯和记忆女神(谟涅摩叙涅)的女儿。早在荷马时期,诗歌创作不仅有赖于缪斯的眷顾,而且,缪斯引导他并把他带上诗歌之路。在《奥德赛》中,荷马请求缪斯给予他灵感;在《伊利亚特》中,荷马的请求更多:他请求缪斯歌唱他的歌曲,讲述他的故事。在荷马的一些赞美诗和《奥德赛》中,荷马以赞美诗的歌者自居,而没有提到缪斯。有时候,荷马向缪斯提问。在《奥德赛》中,荷马通过弗米欧斯——奥德修斯宫廷的歌者宣称他自学成才,天神在他的灵魂里播下了诗歌的种子。缪斯启发灵感很快就成为一种神谕传统,赫拉克利特认为女巫神灵附体,从公元前 5 世纪开始,因受这种观念影响,诗人创作过程被认为是自我超越或者充满了激情,以至于凡体与神性融为一体。

---

[1]　参见[古希腊]荷马《荷马史诗·伊利亚特》,罗念生、王焕生译,北京:人民文学出版社,1994 年。
[2]　参见[古希腊]荷马《荷马史诗·奥德赛》,王焕生译,北京:人民文学出版社,1997 年。

（一）哲学与诗歌[1]

柏拉图一再使用诗性激情这个概念，在他看来，一方面，诗歌是直觉的一种粗略形式，哲学是理性之果、智慧的孩子，哲学优于诗歌。在《申辩篇》中，诗歌只是受天神启发而创作出来的，诗人不能解释自己的作品；在《美诺篇》中，柏拉图承认幻想者、诗人和政治家的确是非分明，但是，他们这样做不是出于理性，而是略加思考而已；在《伊翁篇》结尾，柏拉图再次声称，诗人不适合解释自己的作品，并半开玩笑地说，一个车夫比荷马史诗更了解战车；然而在《斐多篇》中，诗性激情概念不再带有轻蔑的意味，激情成了辩证法、诗歌甚至哲学的基础，尽管如此，柏拉图认为诗歌地位不如哲学。公元前5世纪理性主义兴起，柏拉图的学生亚里士多德试图调和创作过程中的激情或者迷狂状态与理性主义。亚里士多德主要关注创作过程中的技巧，技巧可以学习和研究，与柏拉图不同，亚里士多德不讨论哲学与诗歌地位高低问题。《诗学》写道，诗歌是通过技巧创作出来的，技巧创作出好作品，与柏拉图相似，亚里士多德认为技巧不是好诗的唯一来源；与柏拉图不同，亚里士多德没有过分关注诗歌创作的主观条件。

（二）诗歌本质——模仿

1. 柏拉图的"理念"

柏拉图不仅关注作者创作的环境，而且关注诗歌的本质，他的结论有些矛盾，本质或者理念不同于现象或者图像复制。理念具有永恒性，不可改变，地位最高，现象则具有否定因素和肯定因素两个方面；一方面，现象反映了理念，另一方面，现象取决于理念，艺术作品反映了现象，而现象反映了理念。因此，艺术是理念反映的反映，失去了理念世界的纯粹性和深刻性。柏拉图进而使用了模仿这个概念，模仿既指可以感知的图像，又指行动或者行为模仿，柏拉图使用模仿的双重含义，意在贬低诗歌价值。[2]柏拉图又转而谈论绘画艺术。他认为，绘画只是模仿现象，而现象又是模仿理念，理念世界离我们越来越远了，所以，不管艺术家技艺如何精湛，艺术作品只是理念

---

〔1〕 参见赵广明《柏拉图的理念》，《中国社会科学院研究生院学报》2003年第2期，第62—67页。

〔2〕 参见陈中梅《柏拉图对诗和诗人的批评——柏拉图诗学思想再认识》，《外国文学评论》1994年第1期，第7页。

的微弱反映。[1]

2. 亚里士多德的"实体"[2]

与柏拉图一样,模仿概念居于中心位置,在亚里士多德看来,模仿不具有贬义性,不是一个负面价值的概念,实际上,诗歌的终极根源和诗歌的模仿性不被看作一个缺点或者缺陷,诗歌的乐趣植根于学习的乐趣——一种积极向上的快乐,每次成功的模仿带来了学习的乐趣,即使故事或者模仿本身是不快乐或者不受欢迎的,有些事情看上去令人不快,但是,通过模仿,讲故事的方式是可以让人快乐的。与柏拉图不同,亚里士多德以仁爱之心对待诗歌,他对哲学和诗歌孰优孰劣不感兴趣。亚里士多德对柏拉图的"理念"概念持有异议,他用可能成为现实的"实体"概念替代了柏拉图的"理念",按照"实体"概念,形式自身现实化为物质,这样内容和形式整体栖居于事物的外表,在这个概念系统中,艺术作品不是复制现象,而是具有原创性,不是模仿,而是物质与形式/思想的现实化。

3. 贺拉斯的模仿[3]

公元 2 世纪,随着希腊文化在罗马社会中的流行,希腊思想传统特别是哲学概念占有重要地位,正如罗马文学盛行改编希腊文学,希腊思想在罗马被哲学界当作典范。西塞罗曾说,如果一个人不懂希腊,一个人就不能从事哲学,这种观点在当时很普遍,说明哲学思想与希腊语言之间关系密切。罗马军团的重要训练在希腊,他们带回了很多有文化的奴隶,这些奴隶后来成了罗马年轻人的老师和导师。在希腊,流行柏拉图和亚里士多德的诗歌创作概念和诗歌概念,这种文化传统随着罗马军团来到了罗马。从最早开始,拉丁诗歌就接受了希腊的缪斯女神,埃尼乌斯在《年鉴》中提到了缪斯;维吉尔在《埃涅阿斯》[4]和《乔治亚》中祈求缪斯女神;在《变形记》[5]中,奥维德请求所有的天神给他以灵感;在《性爱术》中,奥维德强调诗人与天神关系密切,天神进入诗人的灵魂;在《岁时纪》中,缪斯女神成了在奥维德、卡利俄

---

[1] 参见孙新强《论著作权的起源、演变与发展》,《学术界》2000 年第 3 期,第 68 页。

[2] 参见杨荣《试论亚里斯多德的艺术真实观》,《四川师范学院学报》(哲学社会科学版)1995 年第 2 期,第 34—36 页。

[3] 参见都本海《以古希腊为师在美学上的功过得失——贺拉斯新古典主义文艺纲领新评》,《东北师范大学学报》(哲学社会科学版)1989 年第 5 期,第 91—96 页。

[4] 参见[古罗马]维吉尔《埃涅阿斯纪》,杨周翰译,北京:人民文学出版社,1984 年。

[5] 参见[古罗马]奥维德《变形记》,杨周翰译,北京:人民文学出版社,1984 年。

珀、乌拉尼亚和波昌许谟尼亚之间的问答游戏;诗歌需要天神启发也是西塞罗的看法。贺拉斯的《诗艺》深受希腊影响,贺拉斯可能不知道亚里士多德,也可能通过其他作家了解亚里士多德。贺拉斯与亚里士多德一样,不认同诗性激情概念。对于柏拉图和亚里士多德来说,诗歌模仿现实,贺拉斯也认为诗歌接近现实,接近罗马风俗,模仿这个概念可能受到修辞学家的影响,不过,模仿是诗歌自身,或者更准确地说,模仿是文学的惯例和模式,很难想象有什么新的文学样式。文学模式不是盲目地模仿,更为重要的是,希腊文化是典范,诗歌是部分自我指涉的,不只是模仿现实,而且模仿文学范例。公元前 1 世纪,形成了古典时期经典作家的作品范例——不仅有助于哲学研究,而且指导和规范了文学创作的标准,古典派模仿作品范例,模仿文体,这绝不是剽窃。在新千年之交,拉丁文学不仅以希腊文学主题为典范,而且在文学形式上受到希腊作品的启发。在古罗马,文学模仿不仅是模仿自然,而且是模仿早期文学——刚开始,只模仿希腊文学,后来,模仿罗马作家的作品,罗马修辞学家开始讨论如何形成一种最为纯粹的文学风格。学习希腊文学有助于罗马培育古典风格,这就是拉丁文学的古典时期,所以,古典主义或者模仿希腊文学风格的作家成了罗马文学的经典作家。随着罗马接受希腊传统,作者不完全是独立从事创作的,作者的作用就是最大限度地忠实于某种现实以及现实之美,作者首先要认识到现实之美,并且模仿它,或者模仿自然,或者模仿其他作者的作品,在模仿中实现超越。按照古人的观念,真正的模仿需要天神的帮助,作者的创作过程或者进入创作状态,少不了天神的启发,作者在创作的时候,失去了自己,成了神的代言人,从某种真实的意义上讲,美不纯粹是作者个人创造的。按照古罗马流行的观念,不是作者而是作者的艺术创作活动地位突出,罗马人因而特别小心地保护作品的完整性,反对质量低劣的复制品,赋予市政官保护戏剧作品手稿的任务,鼓励作者在作品手稿上签章。但是,这些做法主要不是为了保护作者的利益。

(三)名声与声誉——创作动机

事实上,在古罗马,作者不被看作创作的来源,而是神的传声筒,或者模仿自然。从社会角度看,这不意味着作者没有名誉和声誉,作品的确是作者个人创作的,作者从肯定和否定两个方面对作品负责。前面说过,奥维德因

《性爱艺术》而遭放逐,虽说创作受神的启发,但是作者还应对创作负责。许多诗人通过诗歌盛赞不朽,庇护者高度评价诗人的这种能力,他们也想通过诗歌颂扬他们不朽的业绩,许多作者因诗歌而声誉日隆。在基督教时代之前,不朽概念不是完全指向超越、永恒和原罪,而是部分指向世俗。对于罗马人来说,不朽或者在人们的心里,因此,人们建纪念碑,奥古斯都在有生之年修复罗马城、刻铭文、立遗嘱……

创作活动是确保不朽的一种手段,作品描述英雄、赞美英雄,英雄因此而不朽。罗马文学的英雄形象常常有真实原型,文学形式(史诗)特别适合保留人们的记忆,作者以温和的笔调,客观地描叙人们喜爱的人物形象、行为,文学作品也让作者不朽。当作者因作品而享盛誉时,他也在英雄形象与他自己之间建立了某种联系,这种联系和他的作品、英雄形象永远在一起,更为重要的是,作者可以通过文学而成名、受人尊重和不朽。神赋予诗人以灵感,创作过程哲学概念解释每个诗人对灵感有不同的喜好,所以罗马人知道各个作品之间存在差异,社会也高度评价作者与神亲近,如果让作者决定作品首次发表,也就是承认作者有能力决定何时最有利于灵感的爆发。读者努力获得校对最好的作品复制件,作者和读者抱怨作品被篡改,都是因为作者受到神的眷顾,作品各个版本不得违背神的意愿,这就容易理解:剽窃玷污了作者的名声与不朽。当我们知道作者是为了声誉、名誉和不朽而写作,金钱就不是创作的基本激励因素了,写作具有更高的目的,寻求经济利益无助于此,因为这个原因,古罗马作者对著作权法和知识产权法保护经济利益没有兴趣[1],作者们的兴趣是让尽可能多的读者接触到作品、真正的原作,后来的作者的经济权利与那时作者的基本权利是相悖的。

毫不奇怪,那时,作者没有去法庭保护自己的利益,声誉是靠他人的口耳相传,作者们的名声和声誉是靠大众认可的,而不是法院给予的,所以,剽窃被谴责,不是因为法官。

(初审:杨彪)

---

[1] 转引自徐国栋《优士丁尼罗马法与绘画、雕塑——罗马艺术法综论》,《法学》2010 年第 3 期,第 30 页。

争　鸣
Academic Debate

国有企业腐败治理体系建构:误区、变革与进路

——基于对 D 国企的实证考察

赵炜佳*

【提　要】　法学界对贪腐现象的考察多聚焦于公务部门,而对国企腐败治理的研究暂付阙如。国企人员往往兼行政权与市场决策权于一身,其权力叠合的特殊性意味着对国企反腐体系的研究范式必须实现从理论到实证的转型。塔尔德模仿理论能够阐释国企中腐败风气的横向传播、纵向传播以及插入替代规律。与党政机关相比,国企更容易通过培育廉洁文化达致"不想腐"的釜底抽薪式的治理策略,譬如 D 国企于腐败窝案爆发后的"壹贰整改"出色地实现了从偏颇"不敢腐"与"不能腐"到"三不腐"三足鼎立式的变革。而在微观治理层面,亦有必要依托 PDCA 循环管理机制,将"三不腐"之宏观方针渗透浸润至国企运行的每一个环节。

【关键词】　国企　腐败治理　实证研究　不想腐　刑事风控

一、研究对象与研究范式

腐败问题是自人类社会"国家"概念衍生后如影相随的顽瘴痼疾,古今中外,概莫能外。苏轼曾劝诫统治者,"物必先腐,而后虫生"[1],以此警醒宋朝君王对彼时朝野上下的腐败现象予以高度警惕,否则后患无穷。英国阿克顿勋爵则更为一针见血地指出腐败与权力的关系,"绝对权力导致绝对

---

* 北京师范大学刑事法律科学研究院硕士研究生,研究领域为刑法史、犯罪学,E-mail: 947920073@qq.com。

[1] [宋]苏轼:《范增论》,《古文观止》(卷十)。

腐败"〔1〕。毋庸置疑,腐败与反腐败(anti-corruption)在国家治理语境中的持续紧张关系亟须缓解。

　　诚然,共和国成立以降,执政党对腐败治理的资源投入不可谓不多。然而,由于举国上下在市场经济主体意识方面尚付阙如,无论是在决策层抑或学界视野中,国有企业腐败问题始终得不到与公务职能部门程度相当的重视。以笔者在"中国知网"的检索结果为例,关于"腐败犯罪治理"的法学论文多达三百余篇,其中关涉"国企腐败治理"主题的相关法学论文〔2〕数量仅为九篇,且论述多偏向政治话语而缺乏法学维度尤其是实证犯罪学层面的深入分析。但就事实而言,"官商勾结"始终是权力设租与寻租的天然来源,而国企工作人员,尤其是管理层人员素来能够"不勾自结",其往往同时掌握着行政决策权力与市场交易决定权,"社会资本(social capital)"〔3〕异常雄厚,二者的叠合处极容易成为贪贿攫取的藏污纳垢之地。

　　2017 年 4 月,北京师范大学中国企业家犯罪研究中心发布了《2016 年中国企业刑事风险分析报告》(以下简称"《报告》")〔4〕,位列"高风险罪名清单"前五大高频罪名分别是受贿罪、贪污罪、挪用公款罪、私分国有资产罪、职务侵占罪,合计占国有企业家所犯总罪数目的 78.1%。在市场运行中,"一大批富有才干的企业家没有失败于商业风险的冲击,而是倒在了刑事风险的爆发之中"〔5〕。十八大后,蒋洁敏、宋林、廖永远等省部级国企"掌门人"先后落马。在过去一年中,共发生 30 例亿元级腐败案,其中国有企业 15 例,占据着特别严重腐败现象的半壁江山。这警示着我们:国企高管的权力集中程度甚于公务职能部门,在监督制约尚不够严密和有效的条件发酵下,很容易脱离规则的约束,滑向贪污挪用、权钱交易的泥潭。

　　如前所述,法学界对国企犯罪成因及其对策的专业化研究寥若晨星,且

〔1〕 Dalberg-Acton, John Emerich Edward (1949), *Essays on Freedom and Power*, Boston: Beacon Press, p. 364.
〔2〕 根据检索结果,对国企腐败治理的研究大多集中于企业管理与思想政治学科领域,在法学专业上深入展开的研究的确付之阙如。
〔3〕 熊琦、莫洪宪:《"官商勾结"现象中的法律权威与治理措施问题研究——基于我国实证数据与域外法治经验的综合分析》,载《第八届中部崛起法治论坛论文集》,武汉:武汉大学出版社,2007 年,第 1 页。
〔4〕 参见中国企业家犯罪研究中心《2016 年中国企业家刑事风险分析》,北京:北京师范大学刑事法律科学研究院,2017 年 4 月。
〔5〕 张远煌:《企业家何以能行稳致远》,载《法制日报》2017 年 1 月 25 日,第 4 版。

均为抽象的理论论证,为避免纸上谈兵而保证切触关键,对国企腐败治理的研究范式亟须转型至实证分析。本文的实证研究对象 D 国企位于北方中部 H 省某煤炭资源丰富地区,在世界冶金业范围内都堪称行业之翘楚,登记造册员工 13 万余人,2016 年实现营业收入 2850 亿元。在职务犯罪风控层面,一方面,2012 年全面整顿之后,先进的管理理念与较强的刑事风险防控意识使得该企业在廉洁建设上逐渐领先于同类企业;但另一方面,2012 年之前,D 国企曾爆发过几起较为严重的腐败窝案,而该企业现行的腐败治理模式也不可避免地陷入墨守成规的误区,致使近两年在刑事风控上屡屡陷入瓶颈而不能取得进一步突破。D 国企与"壹贰整改"前后的腐败治理模式有着巨大的转型,这个分水岭意味着该企业十分适合成为研究国企反腐体系变革的"试验田",现有的瓶颈效应更是为进一步探究国企反腐面临的种种问题提供了素材。

"不敢腐、不能腐、不想腐"的腐败治理策略在十八届四中全会上正式成为奠基性的,这高屋建瓴样式的反腐方针对消弭国企腐败现象有着宏观层面的巨大指导价值。基于此,本文将采用实证研究之方法,以《报告》的数据为依托,从 H 省 D 国企的具体腐败治理模式切入,以"三不腐"为指南针,从宏观指导渗透至微观思考,力求通过精研覃思为破解国企腐败犯罪难题作出点滴贡献。

二、犯罪学视阈下对 D 国企腐败现象及治理模式之解读

参照中央《国有企业领导人员廉洁从业若干规定》等相关规定,国有企业腐败犯罪的主要形式包括:企业人员利用职权之便,通过经营、投资、中介、兼职、受贿、索贿等各种形式谋取私利,致使企业利益遭受损失;违反决策程序或有关规定,在人事、采购、资产管理和项目安排等方面滥用职权,损害国有资产权益;不正确行使经营管理权,使本人的配偶、子女及其他特定关系人获取利益,侵害公共利益、企业利益;违反规定进行职务消费;铺张浪费、假公济私、弄虚作假、侵害职工合法权益和从事有悖社会公德的活动等。由此可见,与政府公职人员相比,国企领导人员腐败手段与潜在的市场经济破坏力有过之而无不及,在犯罪学视野中探索建立一套成熟的国企腐败治理体系势在必行。

根据法国著名犯罪学家塔尔德(Gabriel Tarde)的观点,模仿(imitation)是人类的本能,可以解释人类社会中的一切现象。而犯罪即为人际交往中通过模仿衍生的遗毒,亦可表述为"犯罪是受范例影响而做出的不法行为"[1]。在其理论中,模仿规律有三,申述其说:第一,个体模仿关系密切的人的行为,亦即群体中的"距离规律";第二,下层模仿上层,乡村模仿城镇,亦即"方向规律";第三,互斥的行为共存时,一种行为代替另一种,此为"插入规律"。实践证明,模仿理论对深度解读犯罪原因有着无可替代的指导价值。

(一)国企腐败现象的横向社会传播可以用"距离规律"来阐明

塔尔德旗帜鲜明地主张,倘若群体中存在某些不良行为,那么另一些人就有走向犯罪悬崖的倾向。[2]距离规律的内涵可以进一步表述为:人与人之间在密切接触时会互相模仿,个体置于群体之中总是难逃示范作用的浸染。人际距离越近,接触频率也就愈加频繁,模仿的潜在可能性也就愈大。塔尔德同时如是解释"距离"一词,不能仅从空间几何学上理解,而应该更注重其心理学意义[3]。不可否认,公共权力是一把锋芒毕露的双刃剑,一旦缺乏有效制约便极有被滥用的巨大风险。此处可以援引西方经济学家的"经济理性人"之理论假设;人作为社会的一员,都有趋利避害的本性,经济学上的理性人,尤其是掌握着大权的国企管理层,一旦介入市场交易领域,便同时掌握着个人权利与公共权力。公共权力转化为私人权利之伊始,便迈出了公权异化的第一步。

譬如,在 D 国企中,曾发生过采购部门四位副经理与两位职工同时在交易中收受回扣的腐败现象(见表一)。最令人吃惊的是,六位采购人员的交易对象均为同一个工厂,而且第一次作案时间大体呈现同时性。为了进一步还原具体案情,笔者通过该国企的纪律检查部门了解到详细信息:最初,李甲在从 W 厂购入冶金设备时,W 厂负责人韩某为了与行业巨头 D 国企形成稳固的交易联系,先后以现金、购物卡、珠宝等形式送予李甲财物折合共

---

[1] 吴宗宪:《西方犯罪学史(第一卷)》(第二版),北京:中国人民公安大学出版社,2010 年,第 97 页。

[2] 参见康树华《犯罪学——历史、现状、未来》,北京:群众出版社,1998 年,第 85—103 页。

[3] Gabriel Tarde, *Penal Philosophy*, trans. by Rapelje Howell, New Tersey Copyright, 1968, p. 326.

计人民币 67.9 万元。D 国企为了分散采购权而不致集中于一人,特有规章明令规定"采购部门洽谈采购事宜时实行轮流负责人制度"。然而,道高一尺魔高一丈,李甲向李乙和李丙暗示从 W 厂进货"有好处捞",于是,李乙、李丙二人在采购时分别模仿李甲的行径,利用职务之便从 W 厂大肆敛取财物。尔后,李丁、支甲、支乙通过饭局了解到上述三人收受贿赂的具体手段,非但没有向纪检部门告发,反而仿照三人的行为途径收受回扣合计 59.3 万元,D 国企因而流失大量的国有资产。直至 2011 年底,D 国企纪律检查部收到举报线索,经初步核实后移送司法机关,最终采购部六人受到司法追究,除此之外,另有两位职工因为受贿数额未达到刑事立案标准而接受企业内部辞退处理。

表一:采购部 2005 年受贿案详情

	李甲	李乙	李丙	李丁	支甲	支乙
第一次受贿时间	2007 年 3 月	2007 年 6 月	2007 年 7 月	2007 年 9 月	2008 年 9 月	2008 年 12 月
案发时间	2011 年 11 月	2011 年 11 月	2011 年 11 月	2011 年 11 月	2011 年 11 月	2011 年 11 月
交易对象	W 厂	W 厂	W 厂	W 厂	W 厂	W 厂

由上表不难看出,六人第一次受贿时间接近,"轮流负责制"固然本意在于分散采购权,但正是因为人们之间的"模仿"行为,使得追求利好的国企员工在初尝好处后形成"被模仿效应"。值得注意的是,支甲与支乙最初忌惮于司法责任而"不敢腐",但在看到李甲被企业评为"年度业务标兵"后,心态彻底失衡,最终坠入贪贿犯罪的深渊。当下社会的交往媒介日益便捷,人与人之间的互相应激心理使得动机和行为在扩散时呈现"铁索连环状",从个体渗透到群体。事实上,当腐败行为没有被及时追究,甚至腐败者被授予荣誉时,"晕圈效应"横向扩散,弥漫至国企市场行为的每个区域甚至角落。此外,基于义气、情面、共享利益与避免责任等利害关系的考量,腐败群体一旦形成,便具备先天的牢固黏性。如此蔓延,一旦其中有一人东窗事发,"拔出萝卜带出泥"式的腐败窝案便不足为奇。

(二)国企腐败现象的纵向社会传播可以用"方向规律"解释

塔尔德认为,人们之间的模仿并非毫无规律,而是存在着一定的倾向,即"方向规律"。其基本含义是下层人士模仿上层人群,社会中经济水平较低的人模仿较高的群体,乡村模仿城镇,青少年模仿成年人。当上层阶级过着物质丰富的优越生活时,下层阶级的一些人为了积累财富便走上盗窃、抢劫的犯罪歧途。[1]纸上得来终觉浅,塔尔德通过实证调查研究考察了酗酒、流浪、抢劫和谋杀的发展脉络史,得出了与方向传播模仿理论一致的结论:上述犯罪滥觞于宫廷贵族,及至塔尔德生活的 19 世纪下半叶,大城市成为犯罪源头,这些罪行被乡村地区大量模仿,尔后分散于社会中的各个阶级。

塔尔德同时主张,一旦官僚体系缺乏有效监控,社会地位低者便会以社会地位高者为"榜样",并参照和仿效其各种各样的行为,此所谓权威的示范作用。在国企中,下级职工常常模仿董事会、监事会、高管等体制地位较高的人员的行为,这正是"上行下效"。

为验证这一理论,笔者对 D 国企记录在册的职务犯罪发生清单进行了梳理,整理出如下柱形图(见图一)。在图中,所选取样本为 2006—2016 年该国企人员职务犯罪在部分业务部门的发生状况,"部门负责人"指部门经理与副经理,部门中的其他人员为"普通员工"。显而易见,当部门负责人腐败案发人数较多时,普通职工发生职务犯罪的情况愈为恶劣。为进一步呈现二者的正态分布关系,兹制 X—Y 散点图如下(见图二)。

图一: 部门负责人腐败对普通职工影响表

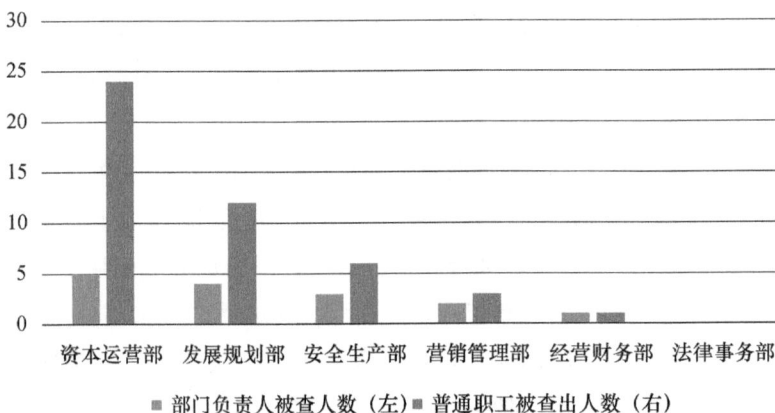

■ 部门负责人被查人数（左）■ 普通职工被查出人数（右）

在散点图中,横坐标(x)代表部门负责人腐败案发人数,纵坐标(y)代表普通职工案发人数,直线为正比例参考系,曲线为 X—Y 散点分布状态与增

---

[1] 参见康树华《犯罪学——历史、现状、未来》,北京:群众出版社,1998 年,第 67—71 页。

减趋势。经计算可得 $y = 4.3143x - 3.2857$，其中平方差为 $R^2 = 0.85381$，表明 x 的数值越大，y 的数值愈大且斜率渐增。由此可以得出结论：D 国企中，腐败现象具有一定的权威示范性，部门负责人的贪贿情况对下级职工大体呈正相关影响，且影响度不断激增。

图二：普通职工受部门负责人影响散点图

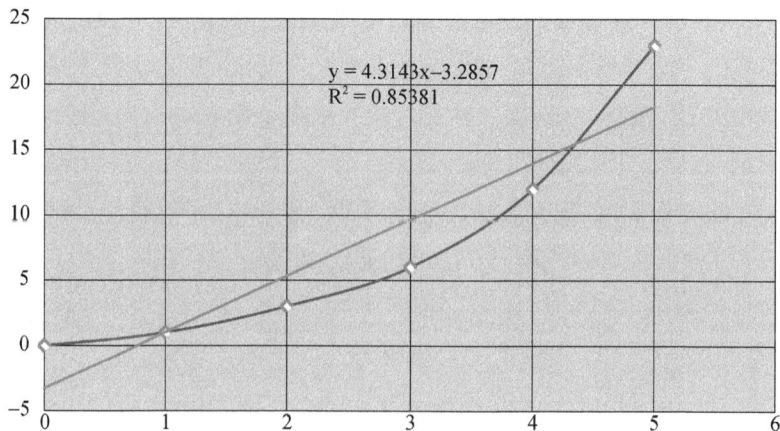

由此可见，D 国企内部的腐败蔓延并非杂乱无序，而是有着"下模仿上"的方向规律。要想标本兼治，有赖于在"上游"对部门负责人贪腐实现早日查处，尽早切断腐败纵向传播的源头。

（三）插入规律导致企业廉政文化的转变

经济水平的高速增长必然导致人们的物质需求与日俱增，这是人类社会亘古不变的发展规律。塔尔德认为，当人们对金钱的需求量增大时，摆在面前的有两种途径——劳动与偷盗。当盗窃通过"模仿"而实现横向与纵向传播扩散后，社会环境便四处弥漫着犯罪。长此以往，"通过劳动合法收益的风气便可能被强盗之风代替或掩盖"[1]，整个社会的价值导向在悄然中逐渐扭曲。

笔者就这一规律的具体发生途径采访了 D 国企分管纪检的集团副总，详细掌握了该国企"壹贰整改"的历史渊源。在 2011 年底采购部腐败窝案爆发后，正如上文三个图表所呈现那般，职工与负责人相互包庇隐瞒，采购

〔 1 〕 Gabriel Tarde, *Penal Philosophy*, trans. by Rapelje Howell, New Tersey Copyright, 1968, p. 217.

部贪腐情况竟然潜匿数载而未被发现,而且几乎各个职能部门均存在较为严重的贪腐现象。主管政府部门对此大为震惊,立即派出工作组前往 D 国企进行调查,发现该企业"腐败的不正风气已经污染了企业文化",并作出"D 国企亟须重视企业廉洁文化的培育"之整改意见。于是,D 国企在 2008 年 9 月正式成立"企业文化部",通过廉洁教育讲座、民主生活座谈会等形式逐步扭转不良风气,并通过联谊晚会等形式增强员工对企业的归属感(各种途径的具体实现方式详见下文),力求防微杜渐,在根源处实现堵截,使得企业员工在观念上"不想腐"。如图三所示,2011 年窝案集中爆发后,"壹贰整改"的效果较为显著,最终实现"否定之否定"——企业风气第二次实现"插入替代","企业文化部"的设立成为 D 国企内部风尚得以不断好转的分水岭。

图三:2012年整改前后贪腐涉案人数

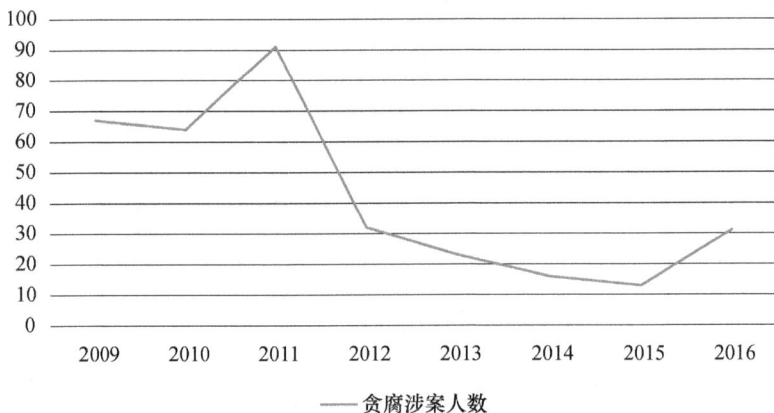

——贪腐涉案人数

三、窠臼:过于倚重"不敢腐"与"不能腐"

(一)D 国企廉洁风险防控问题归纳

如前所述,D 公司在廉洁风险防控方面渐入佳境,但进步之余亦难掩盖其中的一些问题,概言之便是轻视在"不想腐"层面的源头治理。现归纳总结如下:

1. 职务犯罪风控系统缺漏

现代风险管理科学认为,国企应当倚靠 PDCA(plan-do-check-adjust)循环管理机制(详见图四),在前期预防、中期监控、后期处置等环节实现"杀腐剂"的全面覆盖，此机制能够保证国有企业反腐工作的科学化、流程化、制度化、常态化。从前期的筹备，到中期的控制，再到后期的处理，这是一个闭合且循环的体系。

然而，笔者通过考察 D 国企的廉洁风险防控的具体实施状况，发现该企业仅对风险点进行了摸底与排查，在此基础上划分了廉政等级，并制定了相应的防范措施，但这些内容仅是 PDCA 系统中的"Action"阶段，故 D 国企在前期与后期的风控工作尚未落实，尤其是对"不想腐"层面的战略规划（Plan）几乎完全疏漏。于是，尽管《企业廉洁纪律规章》明文规定了"严惩内部贪腐行为，一经发现立即依法移送至司法主管机关，绝不姑息"，并且 D 公司在实践中确实严格贯彻了这一规定，但在"壹贰整改"前，该企业的腐败涉案人数一直居高不下（正如图三所示），贪腐风气一直没有得到根本性扭转。

图四：PDCA循环管理机制图

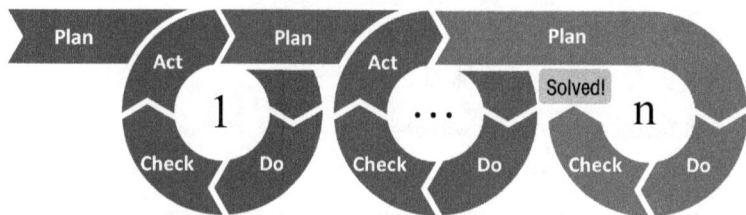

2."互联网 +"运转理念缺乏

现代企业刑事风险防范理论认为，将"互联网 +"模式运用到国企职务犯罪治理中具有重大的工具价值。一方面，反腐工作网络信息化能够使企业运作流程公开透明。在信息网络平台上，从项目规划，到原材料采购，再到招投标公告、资金使用，企业的所有运转途径都有机融入数据平台中，这种整合资源的工作模式使得办公效率得以提升，更意味着公司的权力运作均在阳光之下。另一方面，"互联网 +"不失为一种宣传廉洁文化的崭新途径，这种方式便捷高效且更能够深入人心。

但遗憾的是，D 企业在 2012 年以前并没有充分关注信息网络平台的公开作用，公司的采购、生产、经营等环节均在封闭中进行，隔绝空气的密合状态极容易发酵出暗箱操作。工欲善其事，必先利其器，若充分利用信息网络技术，D 国企的市场行为便会处处在监管之下，清新廉洁的企业文化也会因此蔚然成风。

3. 思想政治教育工作薄弱

由于有着与生俱来的"国字头"地位和得天独厚的政策支持,国有经济组织在市场经济中往往扮演着强势角色。这使得不少国有企业的人员,尤其是高级管理人员常常以居高临下的傲慢姿态审视手中的权力,认为"自己在为国家赚钱","偶尔捞一些也没关系"。于是,脱离了道德束缚的国企员工挖空心思谋取不正当利益,或直接收受回扣,或与亲友进行明显不符合市场规律的非法交易。这难道要归咎于现行法律对贪腐犯罪的责任规定不够严格吗?作为高级知识分子,国企管理层往往深谙法律对贪腐犯罪的严惩(最高法定刑为死刑),但还是以身试法,不惜冒险走上犯罪的歧途。

归根结底,当国企人员的思想一旦出现松动,便犹如脱离缰绳的马匹,一步为谬而步步皆错,最终坠落至万劫不复的犯罪深渊。因此,"加强思想道德教育"绝不是"假大空"的纸上谈兵,倘若这一工作能在实践中得以认真落实,腐败现象便会在源头处被遏制,从而大大节约治理资源的投入。

(二)D 国企腐败治理旧体系之反思

1. 偏重"不敢腐、不能腐"式策略评述

为进一步了解 D 国企的风控建设工作,笔者经许可查阅了 2006 年至 2011 年该公司法务部与纪律检查部联合制定的《年度廉政建设工作总结》,笔者发现,几乎每一年的工作总结报告均有"进一步完善相关内部规章,严惩贪腐行为"这千篇一律的未来规划。而在已有的关于国企腐败治理问题研究的学术成果中,更是无一例外存在着"健全反腐法律法规,对腐败分子严厉打击"这模板样式的"立法与司法建议"。所谓"完善立法",就是期望使得腐败的预防与惩治"有法可依",所谓"严格司法",就是不姑息不放纵,执法必严,并由此以儆效尤,形成威慑效应,以达到一般预防之功效。易言之,通过立法与司法体系的完善使得国企人员"不敢腐""不能腐"。那么,偏重上述"两不腐"的治理模式是否科学高效呢?

梳理中华人民共和国成立以来的相关立法,在新中国成立伊始,刑法典的制定尚未提上立法议程,1952 年便颁行了《中华人民共和国惩治贪污条例》。改革开放后,在 1997 年刑法典的基本框架下,《关于严惩破坏经济的罪犯的决定》于 1982 年颁行,1988 年进一步制定了《关于惩治贪污贿赂犯罪的补充规定》。为进一步对企业实现针对性立法,1995 年出台了《关于严惩违反公司法的犯罪的决定》，"实现了从自然人到单位，从国家机关工作人员到公司、事业单位人员的腐败犯罪罪名体系"[1]。及至 1997 年刑法典以及九部修正案，其中刑法修正案六、七、八、九均关涉贪腐犯罪。除了刑事法领域，全国人大常委会于 1997 年制定了《行政监察法》，2000 年《招投标法》生效。此外，据媒体统计，1997 年刑法典施行后至 2008 年，中央与地方各省级行政单位指定的党内规章有 3000 余部。[2]

2. 不应迷信"震慑式"腐败治理模式

在反腐司法操作方面，国家积极投入大量治理资源，其中不乏对国企内"苍蝇"与"老虎"的两手抓，"国企系"落马官员中，既有省部级老虎蒋洁敏，亦有科级苍蝇马超群。然而，刑罚的投入非但没有取得预想的遏制腐败的成果，反而形成反腐运动中"刑罚过饱和"的顽疾。在常态化持续投入国家资源之外，决策层还在全国范围内，以专项集中治理方式集中倾注司法资源，对腐败现象实行高效率、高强度、暴风骤雨式的运动式治理。[3]

立法与司法资源虽在不断耗费，但腐败犯罪的蔓延之势却未曾改观。有学者统计，自 1998 年以来我国腐败案件数量依然保持明显上升的趋势。[4]"不敢腐"与"不想腐"的治理策略过于依赖刑罚一般预防之功能。但是，威慑的效果很难通过科学来加以证明。"对于职业犯、冲动的机会犯而言，刑罚的威慑几乎毫无意义"[5]，"没有人能计算出死刑与终身监禁究竟有多大的震慑力量"[6]。最重要的是，几乎所有的犯罪者都未经过合理的"苦乐估算"，大多数人是基于不被发现的侥幸心理。因此，我们必须对倚重"一般预防"的"不敢腐、不能腐"治理方针作出深刻反思。

---

〔1〕 刘艳红：《中国反腐败立法的战略转型及其体系化构建》，《中国法学》2016 年第 4 期，第 39 页。

〔2〕 参见陈心尘《反腐需要顶层设计与技术操作的完美结合》，载《东方早报》2012 年 3 月 28 日，第 A22 版。

〔3〕 这种大规模反腐运动共有五次：第一次为 1982—1983 年打击经济领域中严重犯罪活动的斗争；第二次是 1983—1987 年开展的"整风纠风"运动；第三次为 1988 年开始并于 1989 年末达到高潮的反腐斗争；第四次发生在 1993—1995 年；第五次为 1997 年后开展的反走私与反腐败并举的斗争。参见江琳《中央编办主任详解中纪委机构改革方案：编制不增　反腐提速》，载《人民日报》2014 年 4 月 16 日，第 5 版。

〔4〕 参见孙国祥、魏昌东《反腐败国际公约与贪污贿赂犯罪立法研究》，北京：法律出版社，2011 年，第 115 页。

〔5〕 张明楷：《刑法学》（第五版），北京：法律出版社，2016 年，第 513 页。

〔6〕 ［美］理查德·波斯纳：《波斯纳法官司法反思录》，苏力译，北京：北京大学出版社，2014 年，第 75 页。

晚近以来的腐败治理确实取得了一定成绩,但我们必须同时理智地认识到:基于震慑作用而设计的"不敢腐""不能腐"不能在根源遏制腐败现象,我国腐败犯罪治理体系亟待变革。

四、变革:同时重视"不想腐"之提倡

如前所述,D 国企在"壹贰整改"后逐步培养起企业的廉洁文化,腐败现象得到根本性扭转。究其根源,该企业实现了从曾经的偏重"不敢腐"、"不能腐"到"三不腐"并驾齐驱的腐败治理策略转型。"不想腐"语境下的廉洁文化建设具有举足轻重的价值,申述如下:

(一)廉洁文化是腐败治理体系的重要基础

正所谓"公生明,廉生威",国有企业文化建设须以廉洁为切入点,制定廉洁文化建设长远目标,细心谋划,全方位、多角度、分层次地弘扬廉洁思想,拓展企业廉洁文化的宽度并加深其广度,以防止不良文化的浸染,切实做到"综合治理、惩防并举、标本兼治、预防为先"之方针,并构建教育、制度与监督三方面并重的惩治与预防相结合的腐败治理体系。

(二)加强廉洁文化建设有益于培育员工社会意识

培育社会的主流价值观是构建企业廉洁文化的目标,那么,如何使得职业道德教育、理想信念教育、家庭美德教育、社会公德教育等内容与企业员工的思想相契合,廉洁文化就是一把关键的钥匙。它以文化独有的传播规律(横向、纵向与插入替代),在寓教于乐的氛围里陶冶情操,充实精神内涵,于潜移默化中扭转甚至消解腐败意识。而培育清洁廉明的社会秩序是制度文化的目标,在廉洁文化的熏陶下,普通民众与国家工作人员的行为都将在制度的笼子中得到规范,利益各异的不同群体各司其职又各得其所,权利与义务相一致,权力与职责相统一,整个社会的权力运转便会更加井然有序。

不可否认,国有企业的腐败现象目前日益严重,在贪腐之风的慢性侵蚀下,首当其冲的就是企业职工群体。由于腐败必然带来企业内部资源与利益分配的失范,员工的工作积极性大打折扣,"懒政"式的不作为致使国有企业的各方面工作失信于民。民众开始质疑国有企业的公信力,甚至产生"凡

招投标必有暗箱操作"的惯性印象,这种情形一旦发生则必然带来严重的负面社会评价,因而国企对此必须高度警惕。廉洁文化以传统文化为基础,又立足于企业实际,其教化员工恪守廉洁准则,在此基础上使思想得以净化与升华,最终达致企业市场行为的规范有序[1]。企业的稳步发展有赖于公正廉洁的内部环境,而这种良性发展又将更多福利分享给企业员工,二者相得益彰,相辅相成。

综上所述,通过企业廉洁文化培育实现"不想腐"能以最少的资源投入换取最大的反腐效益,"三不腐"在国企腐败治理体系中应当并重,绝不可偏颇。

五、从宏观到微观:国企腐败治理进路的条分缕析

(一)国企廉洁文化的培育路径

态度形成理论主张,社会中个体对事物的认知并非与生俱来,而是在后天环境中不断习得。对应到国企腐败治理中,企业文化是员工日常工作的"空气",廉洁的企业文化当然犹如清新的氧气般让人如沐春风,但污浊混沌的企业氛围必然成为"二氧化碳",进而动摇企业的文化与思想根基。组织学理论则认为,组织文化是影响组织成员态度和行为的独立变量,这随着制度变化的产生而逐步成型。申言之,组织文化是所有成员的整体信仰与价值观念的行为准则。所以,组织文化对其成员来说具有强烈的整合、适应和激励功能。

因此,如果企业能够形成较强的反腐执行文化,那么,大部分员工在廉洁企业文化的潜移默化下也会逐渐形成"不想腐"的主动意识。就事实而言,长期以来国企反腐不利的关键原因之一便是企业廉洁文化的阙如,如上所述,D 国企 2011 年以前的腐败窝案即是鲜明的证成。以 D 国企为示范,改善国企形象必须从企业文化抓起。

具体而言,应当将廉洁文化逐步渗透融入企业文化中,将廉政教育始终贯彻至职业道德教育、诚信经营教育、行业自律教育等方方面面。而且,应

---

[1] 参见谭雅《对财政权力运行中廉政风险的分析与思考》,《经济研究参考》2014 年第 5 期,第 17—20 页。

当结合国企的特点不断进行教育方式的创新,譬如线上与线下双重推广,通过微信公众号、微博等自媒体进行别开生面的趣味宣传,不致给人枯燥生硬的教义形象。此外,通过联谊活动增强员工对企业的归属感对廉洁文化的形成确实大有裨益。当企业中大部分员工将企业作为"家"一样的温馨港湾时,所有关于腐败的思想便会扼杀在萌芽阶段。

(二)资产管理流程

为防止资产管理权被任意瓜分而缺乏有效制约,D 企业对企业资产实施统一严格管理。下面,笔者结合 D 国企在"壹贰整改"后在微观层面反腐工作的具体进路,作出如下论证。

首先,在国企资产配置工作程序方面,资产存量由国有资产管理部门与 D 国企财务部门联合审查,同时详细列明拟购置资产的产品数量,之后计算经费额度,在单位负责人审核同意后报财政部门审查批准。在取得国资部门审批后,将资产购置项目列入年度预算规划,之后依法纳入政府采购计划。

其次,在国企资产使用程序上,D 国企在占有、使用的国有资产对外出租、出借时加强监督与制衡,审批异常严格。而且,对于出租、出借的收入形成两条泾渭分明的管理支流。

最后,在资产处置程序上,D 国企建立了面面俱到的管理制度,包括各类资产无偿赠予、出售、置换、报损、报废时的资产产权及核销制度等。最重要的是,一切均在公平、透明的环境中运行。对于任何资产的处置,都应当向国有资产管理部门、技术部门、财务部门同时汇报,并取得审核鉴定。当企业发生分立、合并、撤销、改制等商事法律行为时,应对其占有、使用的国有资产实行清查登记,报送国资部门处置,并在法定期限内办理产权转移手续。

概言之,D 公司通过在资产管理的各个流程严格把关,谨防国有资产流失,这种微观维度上的腐败治理模式值得推广。

(三)费用管理程序

首先,在企业费用报销程序方面,D 国企建立了完整的运转流程:提交费用报销清单——报所在部门负责人签字——财务部门负责人审查(侧重于单据、数据等)——主管财务副总审批(侧重于合理性、真实性)——出纳复核并进行报销。非经上述完整流程,有关人员均有权拒绝付款。

其次,在单据整理程序上,申请报销人首先必须依照规章要求整理汇总好所有单据。审批部门在核查时应先对单据的类别、时间、项目、批次等进行分类,尔后按照具体要求将单据粘贴于报销清单之后,并在目录中写明所附单据的页数。对于单据不清晰、粘贴方式不符合规范的,审批部门应当要求对方纠正,对于拒不纠正的有权拒绝受理。

最后,在金额的管控分流方面,D 国企规定:单笔拟报销金额不足 5000 元时依照上述正常程序进行;超过 5000 元时,必须交由主管财务的总经理或副总经理审批。审批负责人发现不符合金额要求的,禁止向申请人予以报销。

总之,费用管理程序是国企的生命线,稍有不慎便会沦落为滋生贪腐行为的温床。国有企业对费用管理程序绝不可松懈,而应当时刻提高警惕,恪守规范准则。

(四)人事任用程序

首先,在招聘申请及其审批方面,D 国企的做法是:先由拟招聘部门提交职位空缺申报表,经部门负责人审批后,报人力资源部门负责人审批,之后再由主管人事的副总审核,通过后交由人力资源部具体执行。

其次,在对应聘者求职材料初次筛选方面,由人力资源部门全面负责。在分拣与初筛后,将材料交由部门负责人,之后递交至拟招聘部门,由其根据任职资格、岗位要求等进行再次筛选,最终确定入围面试者名单。

最后,在面试与录取方面,人力资源部门负责协调面试各个环节,面试官绝对禁止来自同一部门,一般由用人部门经理、人力资源部门负责人与分管副总联合组成,并在必要时实行回避制度。若是关键岗位或部门副经理以上级别的岗位,人力资源部必须对候选者进行素质测评,之后再由部门负责人及其分管领导、人力资源部门负责人及其分管领导共同进行面试。另外,所有环节均应当记录在册,以备查看。确定最终拟录用名单后,及时进行公示,并设定合理的提出异议期。

总而言之,国企应当形成环环紧扣的人事任用程序,防止滥用权力,任人唯亲。

六、小结

亨廷顿曾入木三分地指出,"腐败对发展极为有害,它妨碍公共政策的制定,并降低行政运转速度,更危及政权的稳定,涣散民心"[1]。在过去,由于历史问题的不断积淀,国企反腐制度执行文化素来较弱,民众对国企总会贴上"低效、裙带关系"等标签。要想扭转这种根深蒂固的不良形象,必须改变以往治标不治本的治理模式。本文以 D 企业的具体案例与治理方式为实证研究对象得出了"三不腐应当并重"之结论;具体而言,需要从"根"处进行治理,也就是将企业廉洁文化的培育放在首要位置,进而使得"不想腐"蔚然成风,这不失为"低投入高产出"的腐败犯罪应对策略。当然,这并不意味着可以将"不敢腐"与"不能腐"束之高阁。古人云,"治其微,则用力寡而功多",将"三不腐"置于宏观指导方针地位,在微观层面将腐败治理模式渗透至企业权力运行的每个领域。突破陈旧模式,从国际反腐经验中汲取养分,并促使腐败治理本土资源化,切实实现国企腐败治理模式的深刻变革,唯有如此,才能逐步破解国企领域中权力衍生腐败的历史宿命。

(初审:谢进杰)

---

[1] 塞缪尔 · P. 亨廷顿:《变化社会中的政治秩序》,王冠华等译,北京:华夏出版社,2003 年,第 93 页。

阅读经典
Reading of Classic Works

道德哲学家能向刑法学家学到什么？

道格拉斯·胡萨克(著)/高山林(译)[*]

　　有一小部分学者,他们既会读法学评论(law review),也会看哲学期刊(philosophy journal),我就属于这部分人。可以说,本人对刑法理论和道德哲学同样熟悉。因此我认为自己颇有资格来评论一下,其中一门学科能从另一门身上学到些什么。

　　我所仰慕并效仿的刑法学家,他们所采用的论证思路(argumentation),与道德哲学家类似。拿法律评论家(legal commentators)所写的任一话题来说,比如,不知法(ignorance of law)是否能够成为阻却刑事违法性(criminal liability)的抗辩事由? 在何种情况下能够成立? 大多数刑法学家用这样的方式来思考这个问题:想办法明确,在哪些情况下去谴责那些不知法而犯法之人,是公平(fair)、正义(just)或合理(reasonable)的。我并不是说刑法学家会认为,不知法的相关理论应当完全是道德分析的产物。很多考量都会影响法律教义(legal doctrines),但在道德分析中,并没有与这些考量明显类似的部分。刑法学家必须敏锐地捕捉到,对某一抗辩事由的肯定,会如何影响守法文化(a culture of conformity to law)。他们还必须确保新的抗辩事由不会带来证明上的难题。同时,这些问题的产生,还存在一个前提:我们要能提出一个案例,令该抗辩事由得到道德基础上的认可。因此,要解决的首要问题是,倘若有人并不知道某些规则(rules)的存在,同时又触犯了这些规则,那么谴责(blame)他们是否正当? 在多大程度上是正当的? 在这一背景下,道德和法律谴责并没有明显的区分。因此,这一问题,与道德哲学家们提出的问题基本是一致的。

---

　　* 作者道格拉斯·胡萨克(Douglas Husak),男,罗格斯大学(Rutgers University)哲学系教授。
译者高山林,男,重庆大学人文社会科学高等研究院 2016 级法学硕士研究生。
本文系重庆大学人文社会科学高等研究院研究生科研项目(项目号 IASP1704)成果。原文发表于 *Rutgers Law Journal*,Vol. 36:191,2004-2005。本文翻译得到了作者胡萨克教授的授权,译者在此表示感谢。

如果他们提出的问题非常接近,有人就会猜想,道德哲学家能给出比刑法学家更好的答案。这个想法基本上是准确的。道德哲学家更加细致,更加系统,同时,对于他们得出结论所依靠的历史传统(historical traditions)有更深厚的知识。更重要的是,道德哲学家对观点的道德形而上学意涵(metaethical implications)更加了解。可是即便如此,我坚信,至少在本文提到的一个方面,刑法学者能够给出比道德哲学家更好的伦理学论证。

在考虑一个给定的原则或信条(principle or doctrine)是否公平、正义或合理,道德哲学家和刑法学家倾向于使用类似的方法。他们都非常重视人类的道德直觉(moral intuitions)。他们常常在开头先叙述案例,然后提问,这些案例中,应该如何评价行为人的行为。他们认为答案或直觉能较好地解释:我们为何肯定某种原则,否定另一种原则。道德直觉就如同数据(data),那些彼此充满纷争的理论(competing doctrines)必须想办法把这些数据纳入考量。有些评论者认为这种思维实验(thought-experiment)得到的结论与科学实验得到的结论是类似的。我们应对这些观点持怀疑态度:我们愿意相信我们的直觉,但这应当受到更多的审视。我们的道德直觉的本质及其来源,或者为什么我们应当如此重视道德直觉[1]——对于这两个问题,还没有人能够给出充分说明。即便如此,我们不应对诉诸直觉这种方法完全排斥。如果我们完全拒绝,我们恐怕不知道,什么东西可以替代这种方法。相反,我们应该致力于尽可能地使道德直觉远离偏好(bias)和偏见(prejudice),以改进这种方法。如果把他们与通过科学实验获得的数据相提并论,我们就必须小心地避免实验设计中的常见问题,防止其损害我们获得的结果的价值。从这一点来看,在论证某些道德观点时,我猜想刑法学家可能会比道德哲学家做得更好。换言之,在刑法学家的使用下,这种方法会更加可靠。这一猜想,乃是源于这两个学科所审查之案例在种类上存在的两点差异。首先,刑法学家讨论的案例是真实的,而非想象的。此外,刑法领域中的回答者(respondent)通常会被要求从中立法官(a neutral judge)的立场来解决这些案例,而不是争议所涉及的任何一方。接下来,我会简要地阐明这两点差异,同时解释,为何我会认为这两点差异对于我们提升直觉的准确性具有重

---

[1] Jonathan Baron, Nonconsequentialist Decisions, 17 *Behavioral and Brain Sciences* 1(1994), pp. 1-42。某些对道德直觉来源和实质的思考,认为道德直觉"作为哲学探究的基本数据,是可疑的",参见该文第 8 页。

要意义。

　　首先，我将挑战直觉的可信度。假设，我们遇到了一个案件，有一个人被他人置于伤害危险（risk of harm）之下，回答者需要回答，案例中的这个行为是不是合理的。对于合理性的判断，在很大程度上取决于风险大小，以及风险是否正当。我们知道，回答者的特征（characteristic）会在很大程度上影响回答者在这些问题上所产生的直觉的内容。[1]尤其是人对于风险的感知，以及对"多大风险才是可接受的"这一问题的判断，经常是错误的，或者不理性的。[2]对于这一点，已有大量的经验证明。我们对于风险的错误估计，遵循一些著名的范式。思考下面一些例子[3] 人们倾向于高估他们所面对的实际上较小的风险，比如龙卷风和洪水。与此不同，人们也会低估生活中一些较大的风险，比如心脏病和癌症。若问题被大力向公众宣传，就会变得夸大；而媒体给予它们较少的关注时，它们又会被淡化（downplay）。对于自认为在掌控之外的风险，人们会更加担忧，比如人们更多地担心空难而不是车祸；对于那些毁灭性的风险，人们则总会夸大，比如核电站。当人们习惯了某些风险，人们就会觉得可接受；同时，新的风险则会带来更大的担忧。人们倾向于从自己的经验中总结风险的大小，当人们开车多年，却没有经历一场严重的车祸，他们就会觉得，驾驶并不那么危险。若风险是由显而易见的原因导致，人们就不会接受这些风险。人们若觉得某一行为有益，就会淡化其危险；但若觉得无益（have no utility），则会夸大其风险。

　　最后一个或许是最重要的一个因素：对于回答者及其所归属或认同的社会群体中的人，若被问及他们亲自参与的行为，回答者就不太会认为这些行为在道德上有问题。我们更倾向于对那些与我们不同的人的行为加以指责，说他们是不合理的[4]。相比于否定并改变我们自己的行为，挑别人的毛病是更容易的。进行某一改变，如果越需要某一个人作出牺牲，我们就越不

〔1〕 John M. Doris & Stephen P. Stich, As a Matter of Fact: Empirical Perspectives on Ethics, in Frank Jackson & Michael Smith eds. , *Oxford Handbook of Contemporary Analytic Philosophy*, Oxford University Press, 2007.

〔2〕 Daniel Kahneman & Amos Tversky, Prospect Theory: An Analysis of Decision under Risk, 47 *Econometrica* 263(1979), pp. 263-92; Thomas Gilovich et. al. eds. , *Heuristics and Biases*, Cambridge University Press, 2002.

〔3〕 Paul Slovic, *The Perception of Risk*, Earthscan Publications, 2000(作者为接下来的每个观点都提供了经验上的证据)。

〔4〕 Paul Slovic, *The Perception of Risk*, Earthscan Publications, 2000.

会认为这种改变在道德上是必要的(morally obligatory)。正如 Paul Rozin 所观察的,"人们不想为德性付出很多!"[1]

虽说这些错误和缺乏理性的思考难以避免,基本可以说,它们很多都会对应用伦理学产生有害影响[2] 除了提醒回答者警惕这些问题的影响之外,我不知道有什么办法去保证我们的直觉不会被这些问题所控制。当然,我并非认为刑法学家比道德哲学家更容易避免这些心理上的倾向。即便真的是这样,也只是一部分会扭曲我们直觉的因素能够被轻易地纠正。相比于道德哲学家研究的案例,刑法学家所研究的案例更容易使人回避偏见和偏好,虽然他们可能没有意识到这一点。

我们的经验(empirical date)告诉我们,一个问题阐述的方式,对人们回答问题的倾向有非常关键的影响。换言之,问题的回答在很大程度上被议题的表达(frame)方式所影响。这种关于表达的现象有许多维度。一个有充分研究支撑的结论是:我们对于假设性问题的回应,会被我们所采取的视角(perspective)所影响。[3] 道德哲学家为唤起我们的直觉会提出一些假设性案例。而在我所了解的范围内,这项研究并没有对道德哲学家表达案例的方式产生太大影响。

有许多例子证明这一点,我们这里仅考虑其中的一个。许多道德哲学家都试图通过举出这样一个例子来加深我们对防卫行为(self defense)范围和限度的理解:"无辜的攻击者"(innocent aggressor)威胁了其他人,于是这个人就使用致命武力对"无辜的攻击者"进行了攻击。[4] 比如我们假设,一个疯狂的科学家把一个本来遵纪守法的人暂时变成了杀人狂魔。那么,假设这个人被(所宣称的)防卫行为杀死了。我们的直觉会怎么评价这个案子? 这一杀人行为是错的,凶手应受谴责? 或者,它是正当的,也就是说,杀人(permissible killing)是被允许的一个例子? 又或者,本案中杀人是不被允许(impermissible)的,但凶手不应该受到谴责,因此可以被宽恕? 这样一个

---

[1] Paul Rozin, Moralizing, in Allan M. Brandt & Paul Rozin eds. *Morality and Health*, Psychology Press, 1997, pp. 379、394.

[2] Douglas Husak, Vehicles and Cashes: Why Is This Moral Issue Overlooked?, 30 *Soc. THEORY & PRAC*. 351, 2004.

[3] 表达方式等因素可以产生重大影响。*Jonathan Baron, Thinking and Deciding*(3d ed.), Cambridge University Press, 2000。

[4] 这一问题已有众多文献探讨,例如可参见 Michael Otsuka, Killing the Innocent in Self-Defense, 23 *PHIL. & PUB. AFF*. 74(1994)。

问题丛生的案例,哪里隐藏了偏好呢? 我认为,回答者是在想象他们自己——而不是他人——在这样的例子中所扮演的某个角色,他们给出的特定答案乃是反映了他们自己的行为倾向。在任何情况下,他们都不会站在狂怒的攻击者的立场上考虑,而是把自己置于杀人者的处境:即为了保全自己的生命而被迫杀人。如果他们更容易与杀人者取得认同,我认为他们就更可能肯定此次杀人。不过,倘若这样假设:道德哲学家们被一个疯狂的科学家抓走,去威胁一个无辜的杀手——这时,道德哲学家们恐怕就不太会同意,杀手杀死他们是可以被允许的。证明我的这些猜想并不困难,但我承认:我只是在本科生课程上询问了我的学生的想法,并没有进行系统的证明。

既然我们对于这些案件的直觉,能够被自己想象中所扮演的角色所影响,为什么我会认为刑法学家比道德哲学家能够更好地排除这些影响呢? 答案是,法律问题中所描述的案例,都是体现在司法判决(judicial opinion)之中的。这些案例是从法官而不是争议之两造的角度来写的。倘若明确地要求一个回答者思考,法官会如何解决这一争议,就更容易避免。当然,道德哲学家或许也可以想象他们自己在充当一个类似的角色。不过,法律层面的法官对于我们来说更加熟悉,我们会自然而然地(automatically)去扮演这种角色。而道德层面的法官,就会存在一个想象的差距。[1]倘若没有明确的指示,回答者恐怕就会很自然地以为,他们被要求回答的问题不需要从中立法官的角度来看。

除此之外,法官所裁决以及刑法学家所讨论的案例是真实的,这就给一种哲学恶疾(philosophical malady)带来了一味解毒剂:哲学家总是虚构(devise)一些非常怪异的假想案例(hypotheticals),这些案例与我们在这个世界中的真实经验非常遥远。我能够理解哲学家们编造出这些案例的用意:令某些无关的因素保持不变,从而能够突出我们应该关注的某一因素。不过,我们对刑法学家所给出的案例更加熟悉,因此最终能够对这些案例产生可信的直觉。我们不必担心法律没有办法给出充足的案例来让我们得出结论,是故也不必坠入想象的世界(realm of the fanciful)。刑法学家可以高兴地告诉道德哲学家一大堆真实的案件争议。

---

[1] 原文为 a leap of imagination,直译应为想象的跳跃。——译者注

为了阐明我的基本观点,我将讨论 Judith Jarvis Thomson 的名作《为堕胎辩护》(*A Defense of Abortion*)[1]。我选择这篇文章的原因很简单:读者对它应该比较熟悉。我可以确定地说,《为堕胎辩护》是应用伦理学历史上重印次数最多的一篇文章。它得到了广泛的评论,其中既有正面的,也有负面的。不过,我的主要想法不是进一步地讨论 Thomson 的文章。我可以轻松地举出其他几篇关于道德哲学的文章来对我的观点进行论证,甚至可能比 Thomson 的例子更好。同时,我将会把我的观察限定在这一论点之中。

人们或许会想起来,Thomson 提出了著名的"小提琴家之喻"[2],借这个例子来唤起我们的直觉,进而论证大多数堕胎是应该被允许的。她这样写道:

> 我们来想象这样一个案例。你在早晨醒来,发现自己与一个失去知觉的小提琴家在一起,背靠背——一个著名的失去知觉的小提琴家。他被发现罹患某种严重的肾病,音乐爱好者协会仔细翻阅过所有掌握的医疗记录,发现只有你才有适合的血型能够帮助这位音乐家。于是乎他们绑架了你,昨夜,这位小提琴家的血液循环系统接到了你身上……如果你把这个系统从自己身上拔下来,你就会杀死这位音乐家。不过也别介意,这事只会持续九个月:当这位音乐家从疾病中恢复过来,你就可以安全地拔掉这个系统。你有没有道德上的义务(morally incumbent)同意这件事呢?[3]

这个比喻的确值得称赞。这在一定程度上是因为,她预设了对于大多数堕胎支持者来说无法接受的事实。这位与你相连的小提琴家无疑是一个人,他拥有与你这个被绑架的受害者完全相同的生存权(right to life)。大多数读者在直觉上似乎都会认为,你可以拔掉与这位音乐家相连的系统。这也就意味着,胎儿的人格(personhood)并不必然说明堕胎是应被禁止的(impermissibility of abortion)。

对这一想象出来的案例形成直觉,并考量(consult)这些直觉,我们究竟

---

[1]　见于 1 *PHIL. & PUB. AFF.* 47(1971)。

[2]　Judith Jarvis Thomson, A Defense of Abortion, 1 *PHIL. & PUB. AFF.* 47(1971).

[3]　Judith Jarvis Thomson, A Defense of Abortion, 1 *PHIL. & PUB. AFF.* 47(1971), 48-49.

从中能够学到多少关于现实世界的东西？本科学生很快就发现了这里的主要问题。这个案例对我们来说，太怪异（peculiar）、太陌生（unfamiliar）了，我们不能过于相信我们这里的反应。如果这种事情在现实中真的发生了，人们应该期待警卫（safeguard）和司法程序（procedures）出来解决这个问题。可能会出现的众多问题中，有一部分会是这样的：通过另一个人的血液循环系统去过滤某一个人肾脏中的血液，音乐爱好者协会肯定没有这个能力去进行这样一个手术。显然，这个复杂的过程需要具有相关执照、经验丰富的医生来做。那么，为什么这个医生不在手术之前告知并征得病人的同意呢？这个被绑架的受害者能够同时起诉医院和音乐爱好者协会的民事过错吗？刑事过错就更不用说了。我们是否会觉得，这个人得不到损害赔偿（compensation）？除非民事损害的赔偿数额不够，否则，遭受他人之过错又得到赔偿，与没有遭受过错也没有得到赔偿对于受害者来说，是否应该都是一样的？我们很容易确定引申出来的问题的数量。由于对于 Thomson 所描述的这个困境之细节缺乏详细了解，我很怀疑我们真的可以认为，我们在这个案例中的直觉反应是很可信的。

第二个问题在于她的方法，这不是那么明显。我们对这些场景所产生的直觉必然会被我们所采取的视角所影响。注意，Thomson 显然想让读者去设想被劫持的受害者的处境，而不是那个受折磨的小提琴家或者中立的（dispassionate）第三方。换言之，Thomson 想要从我们的直觉中了解的是：如果你醒来发现，自己正处于与小提琴家连在一起这样一个困境当中，对于你而言，怎样做是可被允许的（permissible）？这个假定没有让我们去设想那个失去意识的小提琴家的处境，这绝非偶然。为了提升学生假设自己处于后一种境况中的能力，下面这个假设或许是有益的：这个受折磨的人并不是小提琴家。毕竟，很少有回答者会演奏小提琴。相反，我们设想这个罹患肾病的人是一个本科生，帮助他的也不是音乐爱好者协会，而是学生处主任（dean of the students）。接下来，比如我们要求回答者想象：如果你就是那个罹患致命肾病的人，醒来发现，你自己和另一个被院长绑架来的人连接在一起。如果那个人把连接系统断开，你们二人分离，导致你的死亡，这样做是可以被允许的吗？如果从防卫行为的角度出发，你是否可以阻止他断开这个系统？Thomson 明确提出的问题会把读者代入被劫持的受害者，而不是那个失去意识的小提琴家的处境。如果我们把 Thomson 的问题换成上文这些，我们的答案会在多大程度上有所变化,恐怕就难以估计。我的猜想是:答案会有实质性的变化。我进一步推断,Thomson 为其读者所选择的角色并不是完全无辜的(innocent),她会增加读者产生其所期望的那种直觉的可能性。

总结一下:如果所给定的行为来自现实案例,而不是那些与我们现实经验相差太远的想象案例,那么,所产生的道德直觉就会更可靠。更重要的是,当问题的回答角度会决定我们的答案时,如果我们的直觉对此有所警觉,那么此时直觉就更可信。[1] 倘若道德哲学家更倾向于从刑法学家所描述的那类案件中获得直觉,那么伦理学探究就会因此而获益。总之,从这一角度看,道德哲学家能够从刑法学家那里学到一些东西。

（初审:丁建峰）

---

〔1〕 如果堕胎问题是我所提出的原则的一种例外情形,那么,其原因就在于堕胎问题中只需要考虑怀孕的妇女这一个方面。毕竟,胎儿或许会被认为是没有思维的,而 Thomson 承认胎儿是具有生存权的人。所以,上面的回应就削弱了 Thomson 所提出的假想案例的重要方面。

稿 约

孙中山先生创办中山大学，以博学、审问、慎思、明辨、笃行为训，立灌输及研究高深学理与技术并因应国情力图推广其应用为旨，勉励学者诸君立志要做大事，不可要做大官，肩责之道，勉术学问，琢磨道德，爱惜光阴，发奋读书，研究为人类服务之各种学问，非学问无以建设。《中山大学法律评论》学术集刊为中山大学法学院创刊自 1999 年，秉承学术乃天下公器，谨遵孙逸仙先生之激励，倡导学术自觉，追求学术品质，提倡关怀世界、著立经典，立志为学问，力求为法学学术及法治进步贡献点滴。本刊设主题研讨、论文、评论、争鸣、阅读经典等固定栏目及笔谈、论坛、判例等机动栏目，实行匿名投稿制、初审编辑与同行专家匿名审稿制和一票否决制，对来稿不限体裁和篇幅，不考虑作者身份和背景，特别看重思想原创、关注现实、观点独到、论证严密、问题意识强烈，重视学术水准和学术规范，一切从学术出发。

本刊竭诚欢迎持续赐稿。为贯彻学术标准及学术质量至上，公正对待每一篇来稿，为作者和读者奉献经严格审查的高质量文稿，本刊倡导匿名投稿制。所有来稿请一律隐去作者信息，确保不出现姓名、单位、学历、职称、职务、地址、基金项目和注释中的"拙著""拙文"等任何表明作者身份与背景的信息，且请勿以投稿程序以外的任何方式影响审稿。来稿请以文稿标题为主题的电子邮件，发送至 sysulawreview@ 126. com 抄送 lawrev@ mail. sysu. edu. cn，并附有内容提要、关键词和英文标题。编辑部将在对每一篇来稿组织匿名评审程序以后，按照您投稿的电子邮箱回复审稿意见及是否用稿的通知，并在通知决定用稿时方才请您补充刊发文稿所必要的作者信息与通信方式。我们坚信，这是我们刊物对任何一篇来稿、对广大作者和读者最为真诚的负责和崇敬，恳请每一位投稿作者鼎力支持，敬请广大作者和读者对所刊发的文稿进行关注。

本刊发表的著述观点均属作者本人，不代表本刊立场，作者应保证对其来稿享有著作权且尚未发表，译者应保证译本获得授权许可且未侵犯原作者或出版者权利。除来稿声明保留外，视为同意本刊拥有以非专有方式向第三人授予所发表作品电子出版权、信息网络传播权和数字化汇编、复制权，以及向各种文摘类刊物推荐转载的权利。欢迎对所刊文章的转载、摘登、翻译和结集出版，但应尊重原作者著作权利，且注明系转自本刊及原作者、译校者署名并进行通知。

《中山大学法律评论》注释体例

一、一般规定

1. 全文采用脚注,注释序号以阿拉伯数字上标;标题及作者简介信息注以星号上标。

2. 引用文献的必备要素及一般格式为:"[国籍]责任者与责任方式:《文献标题》(版本与卷册),出版地:出版者,出版时间,起止页码。"

3. 所引文献若为撰著,不必说明责任方式,否则应注明"编""主编""编著""整理""编译""译""校注""校订"等责任方式。

4. 非引用原文者,注释前应以"参见"引领;非引自原始资料者,应先注明原始作品相关信息,再以"转引自"引领注明转引文献详细信息;凡有"参见""转引自""摘自"等引领词者,作者与书名之间不用":"隔开。

5. 引证信札、访谈、演讲、电影、电视、广播、录音、馆藏资料、未刊稿等文献资料,应尽可能明确详尽,注明其形成、存在或出品的时间、地点、机构等能显示其独立存在的特征。

6. 外文文献遵循该语种通常注释习惯。

二、注释范例

1. 著作

季卫东:《法治构图》,北京:法律出版社,2012 年,第 56 页。

参见季卫东《法治构图》,北京:法律出版社,2012 年,第 56 页。

2. 论文

王利明:《惩罚性赔偿》,《中国社会科学》2000 年第 4 期,第 116 页。

3. 集刊

贺卫方、苏彦新、徐忠明、任强:《法治及其西方资源》,载谢进杰主编《中山大学法律评论》第 9 卷第 1 辑,北京:法律出版社,2011 年,第 56 页。

4. 文集

陈光中:《中国刑事诉讼法的特点》,载陈光中《陈光中法学文集》,北京:中国法制出版社,2000 年,第 258 页。

5. 教材

江平主编:《民法学》(第二版),北京:中国政法大学出版社,2011 年,第 96 页。

6. 译作

[美]贝勒斯:《法律的原则——一个规范的分析》,张文显等译,北京:中国大百科全书出版社,2002 年,第 156 页。

7. 报纸

徐忠明:《学术训练与大学时光——2011 届新生开学典礼致辞》,载《中山大学法学院院报》2011 年 9 月 25 日,第 8 版。

8. 古籍

沈家本:《沈寄簃先生遗书》(甲编),第 43 卷,第 123 页。

9. 学位论文

吴洪淇:《证据法的运行环境与内部结构》,北京:中国政法大学博士学位论文,2010 年,第 26 页。

10. 会议论文

黄瑶:《military intervention under the doctrine of the Responsibility To Protect(R2P)》,发表于"亚洲国际法学会第三届双年会",北京,2011 年 8 月 27—28 日。

11. 学术报告

陈弘毅:《香港特别行政区与台湾地区的法治和民主:比较与反思》,发表于中山大学法学院"方圆大视野"系列高端公益论坛第十九期,广州,2013 年 1 月 8 日。

12. 研究报告

丁利:《理性、进化与均衡:博弈论解概念及其基础》,中国社会科学院经济研究所博士后工作报告,北京,2002 年 9 月,第 23 页。

13. 网络文献

《中国法学会国际经济法学研究会 2011 年年会在中山大学隆重召开》,登载于"国际经济法网",网址:http://ielaw.uibe.edu.cn/html/yanjiuhuizhichuang/20111120/17079.html,访问时间:2011 年 12 月 21 日。

14. 外文文献

D. James Greiner, Cassandra Wolos Pattanayak and Jonathan Hennessy, The Limits of Unbundled Legal Assistance: A Randomized Study in a Massachusetts District Court and Prospects for the Future, 126 *Harvard Law Review* 901 (2013).

Larissa van den Herik and Nico Schrijver(eds.), *Counter-Terrorism Strategies in a Fragmented International Legal Order: Meeting the Challenges*, Cambridge: Cambridge University Press, 2013, p. 156.